"青春师院·立德树人"系列丛书

大学之情：用校园文化点燃青春
——遵义师范学院共青团工作实践

主　　　编	唐露萍			
副 主 编	李　星			
顾问委员会	王大忠	吴次南	洪　涛	娄胜霞
	曾伯平	雷昌蛟	李正旭	吴有富
	胡贵勇	颜永强	王春华	
编辑委员会	罗红梅	申茂庆	邱学宗	罗　进
	唐德才	江国海	胡　陵	邓崇阳
	何德超	张　乔	王　宏	李中学
	翁小勇	李洪超	周小旗	安　玉
	刘　焱	王洪叶	红　静	苏　秀
	叶　颖	贾　婷	唐占应	余　昊
	李湘丽	尹金伟	刘　红	任贞嫦
	王　凯	何雪恒	杨　陶	杨　莎
	刘　畅	王　丹	谢　波	张丽娜
	孔　丽	代　颖	詹　剑	

西南交通大学出版社

·成都·

图书在版编目（CIP）数据

大学之情：用校园文化点燃青春：遵义师范学院共青团工作实践 / 唐露萍主编. —成都：西南交通大学出版社，2017.3
ISBN 978-7-5643-5332-2

Ⅰ. ①大… Ⅱ. ①唐… Ⅲ. ①中国共产主义青年团－高等学校－共青团工作－遵义 Ⅳ. ①D297.6

中国版本图书馆 CIP 数据核字（2017）第 051956 号

大学之情：用校园文化点燃青春
—— 遵义师范学院共青团工作实践

主编　唐露萍

责 任 编 辑	郭发仔
助 理 编 辑	孟　媛
封 面 设 计	何东琳设计工作室
出 版 发 行	西南交通大学出版社 （四川省成都市二环路北一段 111 号 　西南交通大学创新大厦 21 楼）
发 行 部 电 话	028-87600564　028-87600533
邮 政 编 码	610031
网　　　　址	http://www.xnjdcbs.com
印　　　　刷	成都勤德印务有限公司
成 品 尺 寸	170 mm × 230 mm
印　　　　张	16.25
字　　　　数	300 千
版　　　　次	2017 年 3 月第 1 版
印　　　　次	2017 年 3 月第 1 次
书　　　　号	ISBN 978-7-5643-5332-2
定　　　　价	48.00 元

图书如有印装质量问题　本社负责退换
版权所有　盗版必究　举报电话：028-87600562

序言

自 1935 年的遵义会议以来,遵义这座古城以新的光芒让黔北大地孕育了深厚的红色文化。地处遵义的遵义师范学院是一所拥有百年师范传统的学府,在红军长征时,毛泽东、朱德等老一辈革命家在原校址召开过万人大会,受到革命精神感召的师生们纷纷踊跃参与到革命的洪流中,遵义师范学院在当时也成为了黔北新文化、新思想的传播中心。

一直以来,遵义师范学院团委秉承红色文化精神和革命先贤的光荣传统,在全校团学干部与广大团员青年的精诚团结下,为遵义的文化生活、学校的改革和发展、学生的成长成才奉献了青春与热血。近些年来,校团委在上级团组织的和学校党政的领导下,紧紧围绕着学校中心工作,与全校师生一起取得了骄人的成绩:全国艺术展演先进集体、省级校园文化活动月先进集体、"挑战杯"全国科技作品大赛优秀组织奖和单项作品奖等。此外,为了丰富学生们的校园生活,宣传当代大学生文明向上的青春风貌,校共青团打造了校园文化精品"青春师院",创建了《青春师院》刊物。在系列活动中,我校广大学子的个性得到彰显,才艺得到展示,青春的旋律在广阔的舞台上激扬!

一个精品活动的打磨需要在实践中不断地检验和完善。本书开篇文章(由唐露萍、范星佑等团干撰写)奠定了遵义师范学院精品校园文化活动之"青春师院"系列活动的理论基础和发展方向。在长时间的探索中,又增添了"创新创业"板块,并将"我是教师"板块名称改为"秀我风采","多彩社团"改为"缤纷社团"等,再次凝练和阐释"青春师院"的内涵为"红色青春 多彩校园 美丽人生"。本书在出版过程中责任编辑对部分板块的名称给予了新的定义和建议,这些仍然有待于全校团员青年在未来的实践中检验和完善。

本书编辑成稿是遵义师范学院组织青年、凝聚青年、引领青年、服务青年活动的生动例证。期望在记录一批批"青春师院"人共同青春记忆的同时，能为"青春师院"更好的发展贡献绵薄的力量，助力全体团员青年更好地成长和成材。

目录

论特色校园文化的打造——以遵义师范学院"青春师院"精品活动为例 ········ 1

第一部分　青春师院·多彩校园

活动一　知识竞赛 ·················· 12
活动二　演讲比赛 ·················· 15
活动三　"我的贵州'中国梦'"征文活动 ·········· 17
活动四　诗词楹联大赛 ················ 20
活动五　摄影比赛（一）··············· 23
　　　　摄影比赛（二）··············· 25
活动六　"我的梦·中国梦"优秀微博评选活动 ······· 27
活动七　跳蚤市场活动（一）············· 30
　　　　跳蚤市场活动（二）············· 34
活动八　女生文化节（一）·············· 38
　　　　女生文化节（二）·············· 41
　　　　女生文化节（三）·············· 45
活动九　校园好声音 ················ 48
活动十　"弘扬宪法精神·建设法治中国"征文比赛 ······ 51

第二部分　青春师院·文明学子

活动一　全国大学生辩论赛 ·············· 55
活动二　"感动校园十大人物"评选 ··········· 57
活动三　2015年"感动校园十大人物"评选活动 ······· 61
活动四　优秀大学生社会活动成果评选 ·········· 63
活动五　优秀大学生社团评选 ············· 66
活动六　十佳文明大学生评选 ············· 69

活动七	寝室文化活动月	75
活动八	"健康饮食·文明就餐"活动	83
活动九	第十二届寝室文化活动月"科学饮食·健康生活"系列活动	93
活动十	清明扫墓活动（一）	94
活动十一	2015年清明扫墓活动（二）	98
活动十二	学生联合会素质拓展活动	99
活动十三	素质拓展文艺晚会	112
活动十四	"五四"表彰	117
活动十五	"一二·九"表彰大会（一）	121
活动十六	"一二·九"运动79周年活动暨志愿者表彰大会（二）	125
活动十七	告别陋习，任书香溢满校园	128
活动十八	辩论赛（一）	130
活动十九	十佳辩论赛（二）	139
活动二十	"八字真经"主题黑板报	146

第三部分 青春师院·秀我风采

活动一	大学生"青春·使命"艺术展演活动	149
活动二	实习服设计大赛	153
活动三	主持人大赛	155
活动四	"青春遵义——我有我的Young"篮球比赛	162
活动五	"我的生活·我来导"首届表演大赛	164
活动六	田径运动会	168
活动七	2013级学生即兴演讲比赛	171

第四部分 青春师院·爱心公益

活动一	"爱心家教"工程	174
活动二	春晖情满师院·反哺黔北大地	178
活动三	"红城聚爱"志愿服务活动	183
活动四	"传承雷锋精神，参与志愿服务"主题活动	186
活动五	海龙囤国际山地自行车挑战赛志愿服务	188
活动六	"绿丝带"校园卫生活动	191

第五部分 青春师院·歌舞飞扬

活动一	舞动青春舞会周	199

活动二 "红fans"大学生艺术团汇报演出 …………………………… 203

第六部分 青春师院·创新创业

活动一 创业设计大赛 …………………………………………………… 208
活动二 大学生科研训练计划 …………………………………………… 211
活动三 "挑战杯"全校大学生课外学术科技作品竞赛 ……………… 214

第七部分 青春师院·缤纷社团

活动一 "青春师院·缤纷社团"文化月活动 ………………………… 219
活动二 "青春师院·缤纷社团"启动仪式 …………………………… 220

第八部分 青春师院·激情实践

活动一 2013年暑期文化科技卫生"三下乡"社会实践活动 ………… 223
活动二 2014年暑期文化科技卫生"三下乡"社会实践活动 ………… 242
活动三 寒假"情暖学子——共青团新春关爱行动"活动 …………… 247

后 记 ……………………………………………………………………… 250

论特色校园文化的打造
——以遵义师范学院"青春师院"精品活动为例

[摘 要] 校园文化是以学生为主体,以课外文化活动为主要内容,以校园为主要空间,以校园精神为主要特征的一种群体文化。结合学校特色和地域特色打造的特色校园文化,有助于延伸校园文化活动的意义,有助于引领地方文化建设,有助于提升学生的思想政治素养和人文素养,有助于拓展校园文化建设之路。遵义师范学院"青春师院"精品活动凸显师范特色、彰显红色文化风采,其目标与思路、方法与内容、工作成效与基本经验,为特色校园文化的打造提供了多方位、多层次的借鉴依据,开拓了特色校园文化建设的研究视野。

[关键词] 特色校园文化;青春师院

校园文化活动是高校思想政治教育工作的鲜活载体,而结合学校特色和地域特色而打造的校园文化活动,有助于延伸校园文化活动的意义,并能有效拓展校园文化建设之路。作为贵州省的一所百年老校,历史名城遵义唯一的师范院校——遵义师范学院一直以"立足西部、服务山乡"① 为己任,以培养高质量的"留得住、下得去、用得上"的应用型人才为目标②,紧紧围绕培养社会主义合格建设者和可靠接班人的办学宗旨,在2009年至2010年间,在新文化、新风尚的契机下,该校积极探索新形势下加强校园文化建设和提升大学生文化素养的新途径、新载体,推出了彰显青年主体特征和遵义地域文化特色的"青春师院"精品校园文化系列活动,注重了成果的提炼和转化,推动了学校的校园文化建设,为特色校园文化活动的打造提供了理论研究的实践基础。

---

① 袁利民,周帆. 立足西部 服务山乡 [J]. 求是,2007(13):58.
② 袁利民,周帆. 为西部山乡培养留得住、下得去、用得上的基础教育师资 [J]. 遵义师范学院学报,2008(5):1.
(注:该文发表于《遵义师范学院学报》2011年第3期。)

一、设置具有学校特色和地域特色的目标，开拓思路，不断创新

（一）以地域文化为依托，建设具有特色的校园文化，培养特色专业人才

十年树木，百年树人。高校的根本任务是要培养高素质的人才。遵义师范学院党政领导高度重视校园文化建设及其育人效果，提出校园文化的育人目标：培养"立足西部、服务山乡"、高质量的"留得住、下得去、用得上"的应用型人才。在这个目标的指引下，该校结合遵义红色文化，与遵义青年活动品牌"青春遵义"接轨，推出"青春师院"精品校园文化系列活动，通过形式多样、内容丰富的具有遵义师院特色的校园文化活动，引起全校师生对遵义的关注、激发他们对遵义师院的热爱，充分发挥了校园文化活动在全校思想政治教育工作中的教育功能、承载功能和维系功能。其主要步骤为：首先，通过"青春师院"系列活动，以遵义会址、红军山为思想政治教育基地，对大学生进行爱国主义、集体主义的教育。其次，通过开展"青春师院·多彩社团""青春师院·我是教师""青春师院·青春讲坛"等活动，彰显师院特色，提升学生的职业技能；通过"青春师院·志愿行动""青春师院·文明学子"等倡导文明、奉献的活动，增强大学生的奉献意识，培养文明习惯，使其真正明白"学高为师、德高为范"的真谛。再次，"青春师院"系列活动的开展，使大学生的组织能力、协调能力以及各种才艺得到充分展示，进一步提升大学生文化素质。同时，丰富的校园文化活动使广大师生走出书斋，走出自我封闭状态，在活动中增强团队意识、合作意识，增进相互了解，共同构建和谐校园。最后，通过《青春师院》等团学刊物的提炼，形成校园文化活动成果的转化，为校园文化建设提供理论支撑。

（二）精心规划、优化场地、动态把握、强化实效，促使校园文化多元并存，使校风学风呈现青春、昂扬之势

1. 精心研制活动规划

在打造"青春师院"精品系列活动中，做到精心筹划，精心安排，将活动的内容和形式有机统一，融思想性、娱乐性于一体，寓教于乐，贴近学生实际。如为了体现师范特色，夯实学生的师范技能，该校特别设计了"青春师院·我是教师"活动。活动内容包括提升师范生职业技能的演讲、朗诵、

主持人大赛、辩论赛、书画展、剪纸展等,使学生走出理论的课堂,在实践活动中丰富自己的师范技能。该校学生创作的巨幅剪纸《大会师》长达7米,成为中央电视台《五月的鲜花——永远跟党走》的一个亮点。

2．创建多功能型活动场地

在场所的建设上,遵义师范学院坚持功能先进性、生态性、经济性、文化性和艺术性五项原则。先进性,即校园文化活动场地既能满足大型活动的需要,又能适应小型活动的要求,与校园内教学、生活设施相配套。如该校的体育馆、学术报告厅、音乐厅和大礼堂,在满足校内活动开展的基础上,还开展了"国际傩文化研讨会""尚雯婕演唱会""遵义、毕节赛区十佳歌手大赛"等丰富校园文化生活的活动。生态性,即场地的设计和规划既有硬化地面,又有绿草碧水;既清洁卫生,又环保漂亮。经济性,即场地建设"经济、适用、美观"。文化性,即场地建设充分挖掘学校办学历史的优良传统,既延承了地域文脉和地方文化精髓,又熔铸了校园文化精神。艺术性,即场地建设具有艺术的典雅气质。

3．动态把握活动过程

近年来,遵义师范学院先后改善和建设了学生社团活动室、学生活动中心等载体,以满足学校师生开展校园文化活动的需要。在活动气氛的营建上精心烘托、精心发动,鼓励学生积极主动参与。活动前,充分做好前期发动,通过海报、校园广播等媒介宣传活动,吸引学生主动、积极地参与。活动中,联系校内外媒体对活动开展的状况进行及时宣传报道,扩大活动影响,营造浓郁的活动氛围。活动后,通过总结经验、表彰先进,进一步延续活动的影响,以达到用氛围教育人,潜移默化地影响人的目的,使大学生和教职员工置身于校园文化的熏陶之中。

4．全方位强化活动实效

遵义师范学院高度重视活动的开展,校园文化活动有专门的组织机构来统领和指挥。根据活动的预期目标,制定活动整体方案,按照方案的总体规划,落实相关部门制订详细的实施计划,并明确和落实活动的责任单位和责任领导。活动结束后,学校会进行活动效果的调查,了解大学生和教职员工对活动的真实感受,认真听取他们的意见和建议。此外,还充分发挥校园文化的"辐射源"作用,在地方形成一定的文化影响,提高吸引力并主动邀请遵义市其他兄弟院校参与该校的校园文化活动,如在"青春师院·多彩社团"

中，开展三校（遵义师范学院、遵义医学院、贵州航天职院）社团文化月活动，形成高校与高校间的文化互动，进一步丰富学校的校园文化内涵。这些活动的开展，成为遵义师范学院校园文化建设的一大特色和亮点。

小结：具有校园和地域特色的目标和思路是打造特色校园文化的重要前提和关键要素。具有学校特色和地域特色的目标，将成为打造特色校园文化的指引方向。科学的、缜密的、具有创新意识的工作思路，有利于成功打造具有特色的校园文化。

二、注重方法的有效性和内容的特色性、贴切性

（一）以活动品牌建设促进校园文化建设

1．打造精品活动，提升学生综合素养

从2009年开始，"青春师院"这一精品校园文化活动以其活动目标的明确性、活动内容的多元性、活动意义的多样性迅速成为该校校园文化建设的领头军。其中，"青春师院·缤纷社团"活动不仅满足了学生天天有活动的愿望，还以此为载体，开展了以社团、协会为主体，全校学生参与的子活动"艺术展演""创业计划""科研训练计划"主题征文和摄影大赛、阳光体育等活动，使得整个校园充满着青春的气息。

2．集合全校力量开展活动，促使校园文化建设深入人心

为确保校园活动顺利开展，遵义师范学院每年都根据实际情况制定了活动实施方案。由于活动涉及的工作部门很多，学校确定团委为带头部门后，活动组委会成立了相关机构，明确了职责。各小组在组委会的统一指挥下，分工协作，各司其职。

3．创设贴近师生生活的活动，促使校园文化多姿多彩

校园文化活动中，既有反映时代精神的"歌舞飞扬"，又有高雅的曲艺、器乐展演；既有师生共同喜好、内容健康向上的书画展、相声、小品、经典朗诵，又有团体操、武术等体育类活动；既有综合文艺演出，也有各种形式的比赛、有奖问答等；既有参观遵义会议会址、瞻仰烈士陵园、学习校歌校史等具有红色意义的活动，又有"劳动实践""文明六个一"等人人参与建设文明校园的具有深远教育意义的活动。

4．丰富活动举办方式，促使校园文化与地域文化接轨

举办方式有系部自办、学校主办和内外联办等。为检验活动效果，该校

在各单位开展活动的基础上进行宏观调控,举办综合性活动,对优秀组织单位进行表彰。为服务地方文化,把"青春师院"带到校外,还开展了"文艺下乡""走进高墙""走进社区"等活动,并与其他单位及地方文艺团体联合举办各种精彩纷呈、新颖别致的文艺活动,如纪念遵义会议文艺晚会、红歌会等。在活动中,校园文化与地域文化有效地接轨,丰富了校园文化。

(二) 以特色校园文化活动的开展,凝聚校园文化精神

遵义师范学院以"青春师院"系列活动为载体,建设文明校园、和谐校园,使该校的校园文化富含青春气息,显得生机勃勃。

1. "青春师院·缤纷社团"彰显校园文化主体

让全校学生都能参与校园文化活动,这是"缤纷社团"的活动宗旨。一方面,"缤纷社团"天天有活动,月月有精彩,让莘莘学子的大学生活更加丰富多彩;另一方面,以"缤纷社团"为平台开展的专题活动,又给学生提供了展示才能、开拓创新的平台。"缤纷社团"是遵义师范学院校园文化活动的主体,成为该校学子大学生活的美好记忆。

2. "青春师院·我是教师"印证师范院校校园文化内涵

师范院校校园文化的建设与师范特色密切相关。"我是教师"活动使师院学子树立起主人翁意识,既让学生提高了教师职业技能,又领悟到了师德的深远含义。为学生的成长成才提供了实践的平台,为师范院校学生顺利过渡为教师角色奠定了基础。

3. "青春师院·志愿行动"传承校园文化精髓

遵义师范学院的毕业生绝大多数留在了西部偏远山区从事基础教育工作,教师是太阳底下最光辉的职业,崇尚奉献,早已是该校学子不变的情怀。"青春师院·志愿行动"涵盖各个系列的志愿服务活动,校内有"绿丝带"环保活动、"红丝带"防艾宣传活动、百年校庆志愿服务、爱心家教等;校外有"国际登山节""酒博会""茶博会"等大型志愿服务活动,该校的志愿者深受国内外友人的好评。该校教师唐勇远赴突尼斯志愿服务教授武术,获得"贵州省优秀志愿者"称号。学校的志愿者工作也多次获得了国家、省、市级表彰,被评为"全国大中专学生志愿者暑期'三下乡'社会实践先进单位""全省青年志愿者行动先进集体""遵义市无偿献血先进单位"等。

4. "青春师院·文明学子"积聚校园文化风尚

"文明学子"活动的开展,是对遵义师范学院学子优良传统的传承。该校

的"劳动实践课"是"文明学子"活动的典型代表。校园卫生人人扫，每个学生都在为创建美丽、干净、舒适的校园环境奉献自己的力量。"文明六个一"主题校园文明建设活动主要包括：树一种意识——体味"文明"的厚度；做一次实践——触摸"文明"的温度；扫一间寝室——开启"文明天下"的步伐；擦一块黑板——温习"师"字的认识；收一个餐盘——"整洁"就餐的秩序；行一身正气——"放大"文明校园的建设等六项子活动。在"文明学子"活动开展的同时，遵义师院及时地进行提炼，使每个学生成为言行文明、关爱他人的人，让文明校园长期文明，让校园文化风尚在文明中积聚、永存。

5. "青春师院·团学刊物"凸显校园文化精神

师院精神是遵义师范学院校园文化的核心所在，通过团学刊物《青春师院》《汇川》《青年心理素质报》等，充分展现了遵义师范学院的优良校风和师院学子的创新才能，凸显了师院"青春、和谐、科学、发展"的校园文化精神。

小结：以特色校园文化建设的目标和思路展开的各项建设工作，最终必将落实到各项具体的活动内容与形式的设置上去，而正确处理两者的关系，是特色校园文化建立的保障。发掘活动的内涵，实现活动形式、传递内容方式方法的有效性，甚至升华活动形式本身的意义，是特色校园文化活动中"特"的有力体现。

三、注重活动成果的理论提升和及时转化

（一）工作成效的理论升华

遵义师范学院通过持续开展"青春师院"精品活动，培养了大批"立足西部、服务山乡"的高质量"留得住、下得去、用得上"的应用型人才，有效实现了预期目标，并通过工作成效的理论提升，提取出打造特色校园文化活动的价值和意义。

1. 特色校园文化活动能有效提升学生的思想政治素养

"青春师院"系列活动寓教于乐，巧妙地把开展校园文化活动与红色遵义革命老区的特色结合起来，并与加强青年学生的爱国主义、集体主义、形势政策教育结合起来，让青年学生每参加一次活动，就受到一次深刻教育，从而增强对祖国的热爱和对社会的责任感，提高学生的思想政治素养。遵义师

范学院的毕业生积极参加西部计划志愿者行动，到祖国最艰苦的地方去工作，为西部偏远山区的基础教育事业贡献热血的青春。

2. 特色校园文化活动能有效提升学生的人文素养

"青春师院"系列活动已成为遵义师范学院校园文化活动的主体，涵盖面广、内容丰富。许多参加了活动的同学在总结中不约而同地提到：校园文化活动培养了青年学生团结协作、争先进、维护集体荣誉的强烈意识，增强了他们学习的自觉性。该校学风较以前有明显的好转，考研率一年比一年高。不仅如此，校园文化活动还培养了学生广泛的学习兴趣，参加声乐、器乐、舞蹈、体育、科技等活动的学生越来越多。由大学生艺术团组织排演的经典朗诵剧目《现当代诗文朗诵》在贵州省"多彩校园·闪亮青春——大学生经典诵读大赛"上取得了二等奖的好成绩。

3. 特色校园文化活动能有效提高学生的综合能力

"青春师院"系列活动的开展使得广大青年学生积极参与校园文化活动，在整个活动的组织、安排、现场调度、安保等各个环节中，学生得到了充分的锻炼，能力素质显著提高。许多学生在全省校园文化月、"青春动力十佳歌手大赛"等活动中频频获奖。

4. 特色校园文化活动能有效创设健康向上的动态校园文化氛围

"青春师院"系列活动贴近师生生活，活动形式丰富多样，师生乐于参与。师生同台演绎，展示了当代高校人的风采。各类文化社团茁壮成长，社会影响不断扩大：遵义师范学院荣获全国大学生艺术展演活动优秀组织奖、全国美术作品优秀集体奖、"多彩校园·闪亮青春"贵州省大学生校园文化活动月先进集体奖、贵州省高校校园文化建设成果三等奖等荣誉。校园中形成健康向上的文化氛围，让广大师生拥有丰富的精神世界、愉快的心情，使他们充满着青春的朝气和旺盛的工作（学习）斗志。

5. 特色校园文化活动能有效引领地方文化建设

享有"全国双拥模范城市""历史文化名城"等美誉的遵义，正在努力开展"六大环境"和"一建双创"等工作。作为黔北地区唯一一所师范本科院校，遵义师范学院在城市文化建设中发挥着重要作用。校团委组织的"青春师院·文明学子"活动还面向全市设计了子活动："文明青年""平安使者""环保行动"等，让学生更多地参与到遵义城市文化建设中，从而拓展校园文化建设。该校学生演员多次参加遵义市组织的大型文艺演出，学生礼仪队多次参加遵义市的大型活动,给全市人民留下了深刻印象,有关领导也非常重视,并对活动给予了高度评价。

"青春师院"系列活动凝聚了遵义红色文化和学校百年师魂的活动精神,诠释了"青春、和谐、科学、发展"的校园文化建设理念,使学校形成青春、昂扬的校风学风。"青春师院"系列活动的开展,展示了遵义师范学院这所百年老校的不老情怀和师院人的青春志向,延伸了校园文化活动的意义,注重了成果的提炼和转化,有效推动了该校的校园文化建设,为构建文明和谐的文化校园打下了坚实的基础。

(二)基本经验的成果转化

在开展校园文化精品活动、加强校园文化建设方面,为了使特色校园文化活动的打造符合学生成长成才的要求,符合学校发展和地域发展的要求,遵义师院注重将"青春师院"活动中的基本经验转化为理论成果,进一步实现其推广意义。

1. 合理规划特色校园文化活动的硬件设施

在进行校园建设规划时,要充分考虑校园文化特色,加强校园文化活动的设施建设和景观建设。预先制订建设的总体规划,投入充足资金,建成布局科学、格调高雅、独具特色的校园。如遵义师范学院建造了"百年广场""音乐广场""春晖园""叠翠园""九贤园""社团活动室""大学生文化活动中心"等活动场地,不仅丰富了学校的校园景点,更为开展丰富多彩的校园文化活动提供了必要的场所。

2. 特色校园文化活动的打造要坚持可持续发展的原则

首先,要从活动的策划上狠下功夫,结合学校的办学特色与师生的兴奋点和关注点,从活动理念、构架、项目和形式等方面精心设计,以达到"有看头、有收获"的效果;其次,校园文化活动的主体是学校师生,只有师生的共同参与才能保证活动的持续开展,才能发挥活动的教育功能和维系功能。

3. 特色校园文化活动的打造要与地方文化建设保持一致性

在校园活动方案的策划上,应当充分考虑市情以及省情,力争使校园文化在与社区文化、城市文化的对接中提高融合度和扩大辐射面。如遵义师范学院坚守"立足西部、服务山乡"的办学理念,充分诠释了地方院校为地方服务的发展导向。因此,特色校园文化的建设要坚持以地方为依托,服务于地方经济和文化的发展。

4. 特色校园文化活动的打造要坚持领导重视原则

学校应把校园文化活动作为每年的一项常规工作，纳入工作要点，划拨专项经费。如遵义师范学院为加强对校园文化活动的领导，成立了由党委书记、校长为组长的领导组织机构。此外，学校领导班子还在百忙之中抽出时间亲临活动现场，帮助协调解决活动开展过程中遇到的困难。领导的重视和带头参与，可以有效调动广大师生的积极性。

小结：特色校园文化活动的成果转化对于校园文化的深化建设有着积极的意义。从遵义师范学院"青春师院"特色校园文化活动中取得的成果中，我们不难发现，特色校园文化活动对于学生的成长成才具有重大意义。其中充分的准备和必要的保障，是打造特色校园文化活动的必备条件。

结合学校特色和地域特色开展校园文化活动，有助于延伸校园文化活动的意义，并能有效拓展校园文化建设之路。遵义师范学院"青春师院"精品活动的实践成果，为特色校园文化活动的打造提供了很好的参考和借鉴，推动了特色校园文化活动的理论研究。在强调以学生为主体、培养全面发展人才的当今社会，对此课题的关注有着积极的理论与现实指导意义。高校要积极探索校园文化活动的吸引力和有效性、特色性和创新性，在开展校园文化活动的过程中，不断积累经验，并及时提炼最新成果，使特色校园文化活动的打造进一步系统化和科学化。

第一部分　青春师院·多彩校园

"青春师院·多彩校园"系列活动是"多彩校园·闪亮青春"遵义师范学院大学生校园文化活动月的系列活动之一。活动内容包括知识竞赛、演讲、征文、摄影、诗词楹联比赛、微博评选、跳蚤市场和女生文化节等丰富多彩、风格各异的活动，这一系列活动充分反映了学校的办学特色，为大学生提高素质以及健康成长创造了良好的校园文化环境。各个活动都奉行"多彩校园·闪亮青春"的活动宗旨，推动了和谐校园的建设，培养了学生创新精神，提高了学生人文素养，熏陶了学生道德情操，并且为当代青年学生提供了展风采、长才干的舞台，营造了环境育人的良好氛围，促进了校园文化向更高层次发展。

"党的十八大精神"知识竞赛通过极富特色的竞赛方式和丰富多彩的竞赛内容，引导广大学生积极参与学习并领悟党的相关知识，从而推动了我校精神文明建设的步伐，为我国社会主义建设注入新的力量。

演讲比赛进一步增强了我校大学生的写作能力和语言表达能力，帮助了他们树立正确的世界观、人生观、价值观，表达了他们的爱国之心、强国之愿和报国之志，强化了广大学子对自身责任和使命的认识，并促使他们树立实干兴邦的精神，奋力实现中华民族伟大复兴及贵州与全国同步全面建成小康社会的光荣梦想。

征文活动让我校学生深刻理解习近平总书记对"中国梦"的深情阐释，并自觉践行当代贵州大学生核心价值观，用文章表达爱国之心、强国之愿、报国之志。征文比赛强化了广大学生对自身责任和使命的认识，同时，教育和引导了当代大学生树立社会主义核心价值观以及凝练、培育并践行核心价值观，进一步提升了大学生的综合素质。

诗词楹联大赛引导广大学生学习、宣传、贯彻党的十八大精神，围绕赞美祖国、赞美家乡、赞美人民等主题，进一步推动了我校青年学生创作思想健康、积极进步、富于时代精神和创新精神的作品，从而达到传承中华优秀传统文化，普及、推广传统诗词创作，推进我校思想政治教育工作和精神文明建设的目的，从而更好地引导我校大学生塑造文化内涵，修身养性。

摄影比赛展现了遵义师院学院的青春活力，不管是2010年的"青春师院·春意盎然"校园风光摄影大赛，还是2013年的"多彩贵州·美丽校园"大学生摄影比赛无不彰显了我校学生的青春活力。许多优秀的摄影作品在校园大道进行展示，让更多的同学感受到了艺术的魅力，这对构筑我校丰富多彩的校园文化平台有着重要的意义。

优秀微博评选活动充分利用了校园网络，以简易、迅速、便捷的方式发布了我校大学生对"中国梦""贵州'中国梦'"和"美丽师院梦"的理解和阐释，并进行广泛交流，自觉地将个人梦想融入到共同理想之中，发展积极健康向上的网络文化，唱响网上思想文化的主旋律。此外，利用微博传播快、覆盖面广、互动性强的特点，该活动引导我校大学生利用微博抒发爱党爱国的情怀以及走中国特色社会主义道路和实现中华民族伟大复兴的信心和决心，促进我校青年学生更好地成长成才，展现了我校学生健康向上的精神面貌和青春风采，提高了我校大学生的社会洞察力和创作能力，营造了浓厚的校园"微文化"氛围，进一步培养了在校大学生的创新意识、创意思维和创作能力，引导并激发大学生实现"我的梦·中国梦"的热情，同时也使同学们正确认识网络的力量，积极运用这个庞大的平台传递青春正能量。

毕业生跳蚤市场倡导节约资源，旧货再利用，为方便毕业生处理生活物资搭建一个旧货交易的平台。通过在活动期间买卖物品，展现校当代大学生勤俭节约的精神风貌，培养了学生创业和市场经济的意识。

女生节引导广大女生更加关注自身的道德修养、文化内涵、心理健康、自立意识等综合素质，彰显我校女生魅力风采，帮助女生走上成长成才之路。此外，女生节搭建了一条女生与男生之间沟通的纽带，为男生女生提供一个相互交流的平台，促进了男女同学间真挚的交流，体现了我校尊敬女生、重视女生的风尚。

校园好声音的举办是为了让学生的才艺得到发挥。每个学生都有一个属于自己的音乐梦，学校给了他们一个展现自我的机会，让学生的爱好和特长得到一定的认可，这是对他们最大的鼓励。书本上的学习不应该是学生生活的全部，学生该响应国家十八大精神，在学好基本知识的同时，为实现中国梦，也应该全面发展，发挥自己的特长和爱好，成为一个中国特色社会主义社会的合格人才。

"弘扬宪法精神·建设法治中国"征文比赛紧密结合当代大学生学习成长的实际，让广大学子在文章中畅谈对宪法的认识。运用言语文字开展法治宣传教育，不仅可以为学生提供锻炼文笔的机会，也可以让学生充分学习宪法，增强法律意识。

活动一

知识竞赛

一、活动综述

"党的十八大精神"知识竞赛的开展，旨在通过极具特色的竞赛方式和丰富多彩的竞赛内容，引导广大学生积极参与学习并领悟党的相关知识，从而推动我校精神文明建设步伐，为我国社会主义建设注入新的力量。因此，我校非常重视"党的十八大精神"知识竞赛活动的开展。从活动初期的宣传工作到最后拉下帷幕，我校各学院团总支学生会都投入了大量精力去了解十八大精神，并充分发动全校同学参与到活动中来。2013年，我校经过初赛、复赛、决赛等环节的层层选拔，最终推选出三名优秀的同学代表我校参加贵州省"党的十八大精神"知识竞赛，并在比赛中以总分第二名的好成绩荣获本科组二等奖，为我校赢得了荣誉。"党的十八大精神"知识竞赛的开展，不但丰富了我校校园文化生活，而且全面提高了我校学生的思想素质，对加强学风、校风的建设有着重要意义，成为我校影响深远的活动。

二、活动文件

主办：遵义师范学院。

承办：历史文化与旅游管理学院。

（一）活动宗旨

通过在大学生中广泛开展"党的十八大精神"知识竞赛，掀起学习、宣传、贯彻党的十八大精神的热潮，引导我校广大学生积极响应党的号召，热爱祖国、热爱人民、热爱中国共产党，积极投身于中国特色社会主义建设和我省科学发展、后发赶超、同步小康的主战场，在实践中增长见识、砥砺品质、增强本领、永葆生机活力，为我校"三推两申一巩固"的中心工作贡献青春力量。

（二）参赛对象

全校学生。

（三）赛制安排

本次"党的十八大精神"知识竞赛分为抢答赛和网上知识竞赛，具体要求如下：

1．抢答赛

1）参赛方式

（1）各学院根据校园文化活动月安排开展本学院的预赛，通过预赛选拔优秀选手，组织一支代表队（3人）参加全校复赛。

（2）参赛队员要求具有良好的精神风貌，能说流利的普通话。

2）比赛规程和时间安排

比赛分为预赛和决赛。

（1）预赛：

时间：2013年4月18日前完成选拔赛和组队工作。2013年4月19日前将各代表队领队及参赛队员名单报至校团委组委会。

（2）决赛：

时间：2013年4月22日，各学院抽签决定场次。2013年4月25日前承办单位组织比赛。

（3）赛程安排：

各学院选送一支队，共14支队。

3）竞赛规则

预赛由各学院自行组织，决赛采取现场必答、抢答和风险选答等方式进行，具体规则待定。

4）奖项设置

竞赛根据参赛情况，设一等奖1名，二等奖2名，三等奖3名和优秀奖5名。

5）比赛内容

（1）党的十八大报告，十八大修改后的《新党章》，习近平同志在党的十八届一中全会、二中全会上的讲话，贵州省第十一次党代会报告，赵克志同志在中共贵州省委十一届二次全会上的讲话，贵州省十二届人大一次会议，政协十一届一次会议等主要文献或讲话。

（2）试题题型为判断题、选择题、简答题等。所有题目均提供标准答案，并在复赛、决赛时当场提供给主持人。

6）工作要求

各学院要认真在本院内组织开展好选拔赛工作。要确定一名领导具体负责相关工作，指定专人作为联络员，并将具体负责的领导、联络员名单于2013年4月20日前报承办单位。

2．网上知识竞赛

（1）参赛对象：全校学生。

（2）参赛时间：2013年4月15日—2013年5月17日。

（3）参赛规划：全校广泛发动和组织学生登录网上知识竞赛网站进行网上答题，题型为单选题、多选题及判断题。同一选手可以反复登录进行比赛，以最高成绩作为比赛的最终成绩（规则和要求在登录系统时详见操作说明）。

（4）奖项设置：根据答题成绩由高到低依次随机抽出：一等奖100名，二等奖200名，三等奖300名，均由省组委会颁发证书。

（四）报名方式

各学院于2013年4月16日前将各代表队领队及参赛队员名单报至承办单位。

三、活动报道

2013年5月3日下午，遵义师范学院大学生校园文化月活动之"党的十八大精神"知识竞赛在教学楼102教室举行。本次竞赛由历史文化与旅游管理学院负责承办。参赛方式为每个学院派三名代表参加，参赛内容为：党的十八大报告，十八大修改后的《新党章》，习近平同志在党的十八届一中全会、二中全会上的讲话，贵州省第十一次党代会报告，赵克志同志在中共贵州省委十一届二次全会上的讲话，贵州省十二届人大一次会议，政协十一届一次会议等主要文献或讲话。

比赛结束后，老师随即进行了批改，并根据每个学院的总成绩评出优秀学院，再从中选出前5名同学评为优秀奖。通过此次知识竞赛，同学们更深刻地领会了党的十八大精神。

四、活动总结

我校通过开展极具特色、富有成效的"学习习近平同志系列讲话精神、践行社会主义核心价值观"知识竞赛，充分发挥了习近平同志系列讲话精神对广大学生的教育引导作用，有力地推动了我校精神文明建设。作为校园文化活动月的一个重要版块，我校非常重视此次活动的开展。无论是初期的宣传工作还是活动最后的成功落幕，我校各学院团总支、学生会都投入了大量精力去了解学习习近平同志系列讲话精神，并充分发动全校同学参与到活动中来。通过开展此次活动，同学们用自己的行动诠释着个人对国家、对社会的责任，以向上的力量给人心灵的震撼。本次活动促进了学风、校风建设，繁荣了校园文化生活，全面提高了我校学生的思想素质，同时有利于弘扬中华优秀传统文化，培养我校广大学生践行社会主义核心价值观，并成为我校影响深远的活动之一。

活动二

演 讲 比 赛

一、活动综述

为进一步推动高校精神文明建设，我校以全省大学生校园文化活动月为契机，开展了高教社杯"我的价值观""科学发展、成就辉煌"大学生演讲比赛，锻炼和培养大学生的演讲及写作能力，营造浓郁、积极、文明、和谐、进步的校园文化氛围，为激励大学生积极投身校园文化建设提供有效的保证。征文比赛由我校校团委牵头，全校学生以"我的贵州'中国梦'"为主题，把中国梦与贵州发展相结合，写出一篇篇优秀的文章，然后进行演讲。参赛的同学在校内演讲比赛基础上，择优推荐参与全省的比赛。

二、活动文件

主　办：遵义师范学院。
承　办：教务处、校团委、校学生联合会。

（一）活动宗旨

为引导广大学生深刻理解习近平总书记对中国梦的深情阐释，把中国梦与贵州发展相结合，遵义师范学院以"我的贵州'中国梦'"为主题，在我校学生中开展演讲比赛，以帮助学生树立正确的世界观、人生观、价值观，表达其爱国之心、强国之愿、报国之志，强化他们对自身责任和使命的认识，同时树立实干兴邦的精神，奋力实现中华民族伟大复兴和贵州与全国同步全面建成小康社会的光荣梦想。

（二）活动内容

（1）活动对象：全校学生。

（2）演讲主题：以"我的贵州'中国梦'"为主题，以灵活的思辨、激昂的语言表达对祖国的热爱、对党的忠诚、对实现中华民族伟大复兴和贵州与全国同步建成小康社会的自信心、自豪感、成就感，展现大学生积极进取、全面发展、勇攀高峰的热情，传递大学生的青春正能量，充分展现当代大学生的风貌。

（三）活动要求及相关事宜

（1）要求参赛学生必须是我校在校大学生，由各学院推荐1名同学参加全校比赛。

（2）演讲分准备部分和即兴部分：准备部分即根据学生事先准备好的稿件进行演讲，时间控制在5分钟左右；即兴演讲题目现场抽签决定，演讲时间为3分钟。

（3）演讲内容需围绕"我的贵州'中国梦'"主题，参赛选手一律脱稿并用普通话演讲，要求主题鲜明、语言流畅、感情充沛、表达完整。

（4）比赛时间：2014年4月7日—2014年5月10日。

（5）比赛地点：教学楼101教室。

（6）由校组委会邀请相关教师组成评审团当场评分，根据得分高低依次评奖，一等奖1名，二等奖2名，三等奖3名，优秀奖5名，均颁发证书。

（四）承办单位注意事项

（1）请于2014年4月2日之前交活动计划，5月12日前将活动总结、简讯（一式一份含电子版）报送至校组委会办公室（校团委）。

（2）在校内比赛的基础上，推荐1名优秀选手参加全省比赛。于2014年月 12 日前通过电子邮件将报名表（格式附后）递交大赛组委会。

三、活动报道

我校于 2014 年 5 月 10 日在教学楼 101 教室举行"高教社杯""我的价值观""科学发展、成就辉煌"大学生演讲比赛的决赛。经过激烈的竞争，我校推选出人文与传媒学院陈晓洁与音乐与舞蹈学院张静参加省级演讲比赛。

本次参赛选手的表现都很出色，他们都是各学院推选出的优胜者。他们表现得自信、儒雅、落落大方，尽显各学院的风采与实力。演讲内容表达了对祖国的热爱、对党的忠诚、对实现中华民族伟大复兴和贵州与全国同步全面建成小康社会的自信心、自豪感和成就感。同学们用最虔诚的情感抒发了对人生观、价值观、世界观的态度，用最真诚的语言传递着对"我的贵州'中国梦'"主题的正确理解，用最严谨的态度道出了当代大学生对贵州发展问题的深刻认识。这次比赛不仅锻炼了同学们的语言表达能力，更重要的是使我校广大学子受到了思想上的熏陶，使他们在毕业后能够在复杂的社会环境中切实地找到自己的定位。

四、活动总结

通过本次活动，我校正确引导了广大学生树立正确的世界观、人生观、价值观，使其自觉践行当代贵州大学生核心价值观，展现了青年学生立志成才的良好精神风貌。在演讲比赛中，我校学生积极参与、认真准备，不仅学到了知识，积累到了经验，还拓宽了视野，坚定了理想。

活动三

"我的贵州'中国梦'"征文活动

一、活动综述

以"我的贵州'中国梦'"为主题，引导广大学生深刻理解习近平总书记对中国梦的深情阐释，自觉践行当代贵州大学生核心价值观，在思想上、感情上、行动上认知、认同我省与全国同步全面建成小康社会的"贵州'中国梦'"，我校协办了由省教育厅（省委教育工委）、省文明办、团省委主办的"我的贵州'中国梦'"为主题的大学生征文比赛。我校学生围绕近代以来中华民族坎坷追梦历程的深刻启示，用文章表达爱国之心、强国之愿、报国之志。征文比赛强化了广大学生对自身责任和使命的认识，同时，教育和引导当代大学生树立社会主义核心价值观，凝练、培育并践行核心价值观，进一步提升大学生的综合素质。经过组委会讨论，我校最终从数千篇文章中评选出优秀作品参加全省比赛。

二、 活动文件

主　办：遵义师范学院。

承　办：政治经济与管理学院。

（一） 活动宗旨

高举中国特色社会主义旗帜，深入学习贯彻党的十八大精神，以邓小平理论、"三个代表"重要思想和科学发展观为指导，引导广大学生深刻理解习近平总书记对中国梦的深情阐释，树立正确的世界观、人生观、价值观，坚定不移地走中国道路、弘扬中国精神、凝聚中国力量，自觉践行当代贵州大学生核心价值观，在思想上、感情上、行动上认知、认同我省与全国同步全面建成小康社会的"贵州'中国梦'"，并为之奋斗。

（二） 活动内容

（1） 参赛对象：全校学生。

（2） 征文主题："我的贵州'中国梦'"。

围绕近代以来中华民族坎坷追梦历程的深刻启示以及新中国建立以来特别是改革开放 30 多年以来的辉煌成就，广泛发动我校大学生讲述自己亲见亲闻的"中国梦"，用文章记录和表达爱国之心、强国之愿、报国之志，强化自身责任感和使命感，并树立以实干兴邦的精神奋力实现中华民族伟大复兴和贵州与全国同步全面建成小康社会的光荣梦想。

（三） 征文要求

（1） 内容：思想健康，紧扣主题，题材新颖，视野开阔，条理清晰，语言优美。

（2） 原则：原创，严禁剽窃、抄袭、代笔，一经发现取消参赛资格并通报批评。

（3） 体裁：文章体裁不限。

（4）字数：3 000字左右。

（5）其他：文末另一页纸附作者个人简介，包括作者姓名、性别、院别、专业、年级、联系电话、邮箱等。

（四）比赛流程

第一阶段：校内比赛。我校于2013年3月—4月开展"我的贵州'中国梦'"征文比赛及评选优秀作品，优秀作品将刊登于团刊《青春师院》上。

第二阶段：专家评审。2013年4月22日，校组委会组织专家对参赛稿件进行评审。

第三阶段：表彰奖励。主办单位对获奖作品给予表彰奖励，并根据文章质量推荐发表、结集出版。（注：主办单位有权对参赛作品汇集出版和在报刊上发表，不另支付稿酬；有关作品著作权和名誉权等法律责任由作者自负。）

（五）奖项设置

一等奖1名、二等奖2名、三等奖3名、优秀奖5名，均颁发证书。

（六）承办单位注意事项

（1）请于2013年3月30日前报送活动计划，4月22日前报送参赛作品到承办单位，5月8日以前承办单位评选出10篇优秀作品、活动总结、简讯（一式一份含电子版）报送至校组委会办公室（校团委）。

（2）在校内比赛基础上，择优推荐5~10篇作品，所推荐作品均上交一式5份（打印格式附后，含电子版），于2013年5月10日前统一报送遵义医学院团委。来稿须注明某某学校"高教社杯""我的贵州'中国梦'"大学生征文，恕不接受个人投稿。

三、活动报道

2013年3月—4月期间，我校协办了由省教育厅（省委教育工委）、省文明办、团省委主办，遵义医学院承办的"我的贵州'中国梦'"为主题的大学生征文比赛。

本次比赛活动由我校政治经济与管理学院负责举办，共收到稿件近百份。4月底由经管学院统一核对电子、纸质稿件。5月1日至5月10日由专家评审小组评稿。经管学院严格按照工作流程，通知各学院负责人认真收集、整理，并本着对参赛作品认真负责的态度，在公平、公正、公开的基础上进行层层评选。

最终，评选出一等奖1名，二等奖2名，三等奖3名，优秀奖10名。其中，教科学院2011级应用心理学（2）班李希僖的《我的中国梦》脱颖而出，获得本次征文比赛的一等奖。

在老师们、同学们的全力支持下，此次活动顺利进行并圆满结束。征文比赛活动成功的背后凝结着老师和同学们的汗水。本次征文不仅锻炼了学生的写作能力、展示了我校大学生的文采，更为重要的是通过同学们的文章，讲述了你、我、他的贵州中国梦，并描述了改革开放30年来贵州取得的辉煌成就，记录和表达了贵州人民的爱省之心、强省之愿，以及以实干兴邦精神奋力实现中华民族伟大复兴和贵州与全国同步全面建成小康社会的光荣梦想。

四、 活动总结

本次重温习近平同志"5.9"重要讲话精神的征文活动，从拟定全面详尽的活动策划，到活动宣传，到心思缜密、有条不紊的稿件整理，再到认真负责、公开公正的稿件审核，最后收获累累、成绩显著的活动总结，无不彰显着我校师生的青春与活力。此次征文比赛进一步表现了青年大学生的崇高理想，阐述了社会主义核心价值观的内涵和意义，展现了我校青年学子的追求及文明进取的精神风貌，繁荣了校园文化生活，推动了我校精神文明建设，同时锻炼了同学们的写作思考能力，提升了我校学生的综合素质，也使得广大青年学生在活动中得到最充分的参与和展现自我的机会，激励着他们积极投身于社会实践，对构筑我校丰富多彩的校园文化平台有着重要的意义。

与此同时，回顾不足，我校认真结合实际情况，总结经验，不断完善，积极地为同学们提供更多更好的条件，并希望下一次征文比赛能举办得更加成功。

活动四

诗词楹联大赛

一、 活动综述

为引导广大学生学习宣传党的十八大精神，我校围绕赞美祖国、赞美家乡、赞美人民等主题开展了诗词楹联大赛，鼓励我校青年学生创作出思想健康、积极进步、富于时代精神和创新精神的作品，从而达到传承中华优秀传统文化，普及、推广传统诗词创作，提升大学生的综合素质，推进我校思想政治教育工作和精神文明建设的目的。在此活动中，同学们纷纷展示自己的才能，充分体现了我校青春向上的校园文化氛围。经过严谨的评选，我校评选出的"鹧鸪天·新农村盛景""新农村气象""七律·书愤""七律·清明泪""七律·情寄雅安""采桑子·芦山地震感怀"等30篇优秀的诗词作品报送至省里，参加全省大学生中华诗词创作及展示大赛暨第二届诗词楹联大赛。同时，在贵州省第三届中华诗词大赛中，我校喜获多个奖项。

二、活动文件

主　办：遵义师范学院。

承　办：人文与传媒学院，遵义师范学院诗词学会。

（一）活动宗旨

为加强我校校园文化建设，增强学生的创作热情，我校引导广大学生围绕赞美家乡、赞美祖国、赞美人民等主题，创作思想健康、积极进步、富于时代精神的作品，同时传承中华优秀传统文化，普及、推广传统诗词创作，推进社会主义文化强国建设，推动诗教活动深入开展，促进我校思想政治教育工作和精神文明建设，提高我校大学生的综合素质，树立良好的学风和校风。

（二）参赛对象

全校学生。

（三）作品内容

歌颂祖国、人民、共产党，歌颂中国特色社会主义事业和改革开放的伟大成就，讴歌为全面建成小康社会辛勤劳动和向文明新时代迈进的新人、新事、新气象，赞颂反腐倡廉，赞扬勤俭节约，维护主权正义，赞美江山胜迹，感事抒怀，励志勉学，褒扬真善美、贬斥假恶丑，写出思想健康、积极进步、富有时代精神的作品。

（四）作品体裁及相关要求

（1）参赛作品必须为原创且未经发表的作品，严禁剽窃和抄袭，作者文责自负。

（2）体裁包括近体（格律）诗，含五言、七言律诗、绝句；古体诗，含四言、五言、七言及杂言古风，五言、七言古绝；词；新古诗、自度词、自度曲；行数不得超过60行。新诗（自由诗）不属参赛范围。

（3）参赛作品一律采用以普通话为审音标准的新声（阴平、阳平、上声、去声）新韵（《中华诗词》2004年第6期发布的《中华新韵（十四韵）》）。

（4）每人参赛作品不得多于3首，需标明作品体裁并注明参赛者简介（100字以内）：姓名、地址、邮编、电话。

（5）每个学院需报送作品不少于20首，不超过30首。

（6）各学院要通过多渠道和多形式，做好活动宣传、思想发动、师资培训、学生辅导等工作，动员学生积极参赛，赛出好成绩、高风格。

（五）举办时间

第一阶段：3月底—4月20日为各学院初赛阶段，各学院应做好宣传动员工作，在全校范围内征集作品，经评审后推荐优秀作品参加全校比赛。

第二阶段：4月22日，各学院将参赛作品、汇总表及电子文档报送到承办单位。

第三阶段：5月10日，评选出30首优秀作品报送到省组委会。

三、活动报道

近日，从贵州省教育厅传来喜讯，在贵州省第三届中华诗词大赛中，我校喜获多个奖项。此次大赛由贵州省教育厅主办，贵州省诗词楹联学会和贵州大学承办，分初中组、高中组、大学组。我校诗词学会积极组织学生参赛，在大学组的比赛中共有7件作品获奖。其中，人文与传媒学院黄勇的《反腐倡廉》荣获一等奖；历史文化与旅游管理学院张胡荣的《情系雅安》和美术学院吕庆荣的《读书有感》荣获二等奖；历史文化与旅游管理学院赵之荣的《咏新农村》、美术学院尧在通的《雅安地震有感》、外国语学院熊官云的《清廉吟》以及政治经济与管理学院余强辉的《瞻仰遵义会议会址有感》荣获优秀奖。我校与贵州大学、贵州师范大学、安顺学院荣获优秀组织奖。

近年来，我校师生在各级各类诗词大赛中频频获奖，成绩喜人。在首届全国百诗百联大赛中，有7件作品荣获最具人气奖，20件优秀作品入编《全国百诗百联大赛作品选》一书；在第二届全国百诗百联大赛中，有8件作品获奖；在第一、二届贵州省中华诗词大赛中，累计19件作品获奖，我校诗词学会副会长兼秘书长王林获第二届大赛优秀指导教师奖。

"我校在多次大赛中参赛作品获奖数量和质量的提高,充分体现了学校对于加强诗词文化进校园工作的重视。学校诗词学会的成立,更为广大诗词爱好者提供了交流的平台,激发了师生们的创作热情,为更好地弘扬中国传统文化和增强我校人文氛围作出了一定贡献。"在我校从事诗教工作10余年、长期开设公共选修课——《诗词曲联鉴赏》的王林老师欣喜地说。

四、活动总结

此次诗词楹联大赛的圆满结束,表明我校学生的诗词创作具有一定水平,在升华校园文化的同时,并使同学们的生活充满了文学内涵,丰富了同学们的思想内涵,并使校园生活多姿多彩。此次活动之后,同学们更加明确了自己的人生目标,推动了"三推两申一巩固"中心思想的深化。该活动在引导同学们在学习专业知识的同时不忘增加自身文化修养,塑造文化内涵,修身养性。为毕业之后面对就业问题奠定了坚实的心理素质、正确的态度以及扎实的专业技能。希望此后的活动能够让同学们得到切实的成长。

活动五

摄影比赛(一)

一、活动综述

为了丰富我校师生校园文化生活,展现青春活力的遵义师院,我校所举办的颇具特色的摄影比赛取得了骄人的成绩。不管是2010年的"青春师院·春意盎然"校园风光摄影大赛,还是2013年的"多彩贵州·美丽校园"大学生摄影比赛,无不展现了我校学生的青春活力。同时,这也使广大青年学生在活动中得到最充分地展现,丰富了我校学生的文化生活,提高了学生的综合素质,对构筑我校丰富多彩的校园文化平台有着重要的意义。

二、活动文件

(一)活动宗旨

围绕党的十八大提出的努力建设美丽中国、实现中华民族持续发展的宏伟目标，我校以"多彩贵州·美丽校园"为主题开展大学生优秀摄影评选活动。通过学生的独特视角和全新创意，对充满激情、充满艰辛、充满希望的"中国梦""贵州'中国梦'"和美丽"师院梦"进行形式多样的演绎，进一步丰富中国梦的时代内涵，展现"中国梦""贵州'中国梦'"和美丽"师院梦"的强大凝聚力以及感召力，提升学生群体的文化追求。

（二）参赛对象

全校学生

（三）作品要求

（1）作品形式、风格不限，彩色、黑白均可，涉及真人真事的，需要配文字说明（50字以内）。

（2）作品选送：各学院将推荐到组委会参赛的作品，发送至指定邮箱。

（3）投稿作品为电子文件（JPG格式文件3兆以下）。

凡没有按照以上标准投递的电子文件，视为自动放弃参赛资格不予接受。

（四）参赛要求

（1）作品有关版权、肖像权等法律责任均由作者自负。

（2）大赛主办方和承办方有权对参赛作品进行复制、展览、报纸刊载及非营利性的公益宣传，不另付稿酬。

（3）参赛作品不退稿。

（4）凡投稿参赛者视同承认本大赛的有关要求。

（5）主办单位对本次摄影大赛活动拥有最终解释权。

（五）比赛流程

（1）2013年4月，各学院组织学生摄影作品在本校展示。

（2）2013年4月24日前，承办单位将展示作品中优秀的5幅作品即时报送。

（3）评选出优秀作品，参与省内摄影比赛的评选。

（4）2013年5月28日，省内将组织专家对入围作品进行评选。

（六）奖项设置

（1）设一等奖1名、二等奖2名、三等奖3名、优秀奖5名，均颁发证书。

（2）优秀作品可在新华网贵州频道、贵州大学生频道和贵州大学生手机报上进行展示。

（3）特别优秀者有机会被新华社贵州分社聘请为签约摄影师。

三、活动报道

围绕党的十八大提出的努力建设美丽中国、实现中华民族永续发展的宏伟目标，进一步丰富中国梦的时代内涵，由贵阳中医学院承办的面向全省高校在校学生，以"多彩贵州·美丽校园"为主题的大学生优秀摄影评选活动于2013年4月开始。摄影的风格、形式自由。

遵义师范学院相关工作由美术学院承办。4月，我校组织学生作品展示，并选出5幅作品送至新华网贵州频道进行评选。5月2日至26日，作品在新华网贵州频道上进行展示、投票，得票前100名的作品获得专家评选资格。5月28日，组织专家对入围作品进行评选。优秀作品可在新华网贵州频道、贵州大学生频道和贵州大学生手机报上进行展示，特别优秀者将有机会被新华社贵州分社聘为签约摄影师。

此次活动，通过学生的独特视角和全新创意，对充满激情、充满艰辛、充满希望的"中国梦"和"贵州'中国梦'"进行多样的演绎。

四、活动总结

此次活动从拟定策划到总结结束，同学们都以实干兴邦为工作理念，以丰富校园文化生活为工作目标，积极投身于校园文化建设。同时，同学们也积极响应学校号召，许多优秀的摄影作品在校园大道进行展示，这让更多的同学感受到艺术的魅力，感受到丰富的校园文化，感受到许许多多默默无闻地为校园工作付出努力的同学所传递的无私奉献的精神。希望在以后的活动中涌现出更多优秀的同学。

摄影比赛（二）

一、活动综述

为了丰富我校师生校园文化生活，展现青春活力的遵义师院，我校举办的许多活动和比赛都取得了很好的成绩与效果，让同学们在发展自己爱好的同时学到了许多有用的东西，让学生的生活不那么单调。摄影比赛的开展，展示了同学们的摄影才能，提高了同学们的综合素质。

二、活动文件

主办单位：遵义师范学院。

承办单位：各二级学院。

（一）活动宗旨

积极培育和践行"富强、民主、文明、和谐、自由、平等、公正、法治、爱国、敬业、诚信、友善"的社会主义核心价值观，用摄影的形式形象和艺术地展示中华优秀传统文化和社会主义核心价值观，使其融入高校师生工作学习生活的全过程，内化为广大师生自觉行为习惯，外化为推动我省教育事业发展的强大力量。

（二）参赛对象

全校学生。

（三）征稿时间

征稿截止时间：2015年6月5日。

（四）作品要求

（1）本次摄影比赛围绕"弘扬中华优秀传统文化和践行社会主义核心价值观"开展，风格不限，内容积极健康。

（2）数码影像，彩色、黑白均可。组照限4幅。

（3）数码文件不低于3MB，JPG格式。

（4）凡参赛作品除可进行色调、影调调整外，不得进行其他修改，否则不予参评。

（5）本次摄影大赛以学校为单位组织选评报送，不接受个人报送作品。每所高校限报5件作品。

（6）参赛作品须注明标题、高校名称、姓名、联系电话等信息，并附拍摄地点、过程及体会等不超过100字的简要说明（见附件1），并填写作品统计表（见附件2）。

（7）参赛作品不得使用他人作品，如涉及著作权、肖像权、名誉权或其他法律方面的纠纷，均由作者本人负责。

（五）奖项设置

设一等奖、二等奖、三等奖、优秀奖，均颁发证书。

三、活动过程

围绕党的十八大提出的努力建设美丽中国、实现中华民族永续发展的宏伟目标，进一步丰富中国梦的时代内涵，我校参与协办了第十届全省大学生校园文化活动月之"弘扬中华优秀传统文化和践行社会主义核心价值观"摄影大赛。

我校参赛作品：

"多彩校园·闪亮青春"第十届全省大学生校园文化活动月之"弘扬中华优秀传统文化和践行社会主义核心价值观"摄影大赛作品统计表如下：

序号	作品标题	作者姓名	联系电话
1	《等待》	吕　某	1388520××××
2	《下午时光》	吕　某	1388520××××
3	《长征诗》	吕　某	1388520××××
4	《社会主义新农村的孩子》	杨　某	1558503××××
5	《社会主义新生活—茶农》	杨　某	1558503××××

我校参赛作品获得了较好的名次，为我校争得荣誉。

四、活动总结

此次活动从参与协办到总结结束，同学们都以实干兴邦为工作理念，以丰富校园文化生活为工作目标，积极投身于校园文化建设。同时，同学们也积极响应，创作出许多优秀的摄影作品，让更多的同学感受到艺术的魅力，感受到丰富的校园文化，感受到许许多多默默无闻地为校园工作付出的同学们所传递的无私奉献的精神。希望在以后的活动中涌现出更多优秀的同学。

活动六

"我的梦·中国梦"优秀微博评选活动

一、活动综述

微博评选活动是"多彩校园·闪亮青春"文化活动月的一个特色活动。

我校充分利用校园网络，开展以"我的梦·中国梦"为主题的优秀微博评选活动，促进学生通过广泛的交流，自觉地将个人梦想融入到共同理想之中，发展积极、健康、向上的网络文化，唱响网上思想文化的主旋律。同时利用微博传播快、覆盖面广、互动性强的特点，引导我校大学生利用微博抒发爱党爱国的情怀以及走中国特色社会主义道路、实现中华民族伟大复兴的信心和决心，同时促进我校青年学生更好地发展。微博评选活动有利于教育和引导当代大学生树立社会主义核心价值观，进一步提升大学生的综合素质。经过组委会讨论，我校最终从数百条微博中评选出优秀作品参加全省比赛。

二、活动文件

主　办：遵义师范学院。

承　办：大学生新闻中心。

（一）活动宗旨

充分利用校园网络，开展以"我的梦·中国梦"为主题的优秀微博评选活动，以简易、迅速、便捷的方式发布我校大学生对"中国梦"和"贵州'中国梦'"的理解和阐释，并进行广泛交流，自觉将个人梦想融入到共同理想之中，发展积极、健康、向上的网络文化，唱响网上思想文化的主旋律。利用微博传播快、覆盖面广、互动性强的特点，引导我校大学生利用微博抒发爱党爱国的情怀以及走中国特色社会主义道路、实现中华民族伟大复兴的信心和决心，同时促进我校青年学生成长、成才。

（二）参赛对象

全校学生。参赛者需在新华网贵州频道或新浪、腾讯网站注册微博账号（可用已有账号）。

（三）活动时间

2013年4月—5月。

（四）评选办法

1．初评

（1）活动启动后，各学院、分院积极组织学生参赛。

（2）4月12日前，各学院、分院将评选出的10条最具代表性的微博参赛作品发送至遵义师范学院团委指定邮箱。

2．终评

（1）在校内评选的基础上，选取优秀作品参与省内评选。

（2）4月18日，新华网贵州频道汇总各高校报送的参赛作品后，将作品统一上传至新华网贵州频道微博平台。

（3）在微博上设置"我的梦·中国梦"微博作品投票系统，各高校组织广大师生积极投票。

（4）5月20日，投票截止。评审团根据参赛作品的内容及投票数，评出一等奖、二等奖、三等奖及优秀奖。

（五）作品评选要求

（1）作品须以"我的梦·中国梦"为主题，并自拟参赛作品标题。

（2）作品要以真实的笔触，抒发对祖国的深厚感情、自己对未来的无限展望。文字优美细腻，语言生动感人（可配图），思想积极向上，微言之中见真情，具有较强的可读性和启示性。

（3）作品要有影响力、转载量及关注度。

（4）每条微博的篇幅须控制在140字之内。

（六）注意事项

（1）作品必须为原创首发，发生任何法律纠纷，法律责任均由参赛者本人承担，主办方有权取消其参赛资格。

（2）主办单位有权对所有入选作品编辑成册、举办展览及其他相关宣传工作使用。

（七）奖项设置

一等奖10名、二等奖20名、三等奖30名、优秀奖40名，由省组委会颁发证书、校级不评奖及颁发证书。

三、 活动报道

由大学生新闻中心承办的"我的梦·中国梦"微博评选大赛活动于4月份正式启动。

此次微博评选活动以"我的梦·中国梦"为主题，以微博为载体，引导我校大学生利用微博抒发爱党爱国的情怀以及走中国特色社会主义道路、实现中华民族伟大复兴的信心和决心，同时促进我校青年学生成长成才。

此次大赛的参赛对象为我校全校学生，参赛者需在新华网贵州频道或新浪、腾讯网站注册微博账号。参赛作品需以"我的梦·中国梦"为主题，并自拟参赛作品标题。大赛分初评和终评，比赛最终将以投票的方式进行评奖。

四、活动总结

此次评选活动积极响应了我校强力推进"三大工程"的号召，深受学校领导重视，同时得到各学院（分院）团总支和学生会的大力支持，共收到700余条参赛微博。评选进一步推动了我校大学生的思想政治建设，展现了我校学生健康向上的精神面貌和青春风采，提高了我校大学生的社会洞察力，增强广大学生的创作能力，活跃了校园文化生活，营造了浓厚的校园"微文化"氛围，进一步培养了在校大学生的创新意识、创意思维和创作能力，激发了广大学生实现"我的梦·中国梦"的热情，也使同学们正确认识网络的力量，积极运用这个庞大的平台传递青春正能量。

活动七

跳蚤市场活动（一）

一、活动综述

跳蚤市场（flea market）是欧美等西方国家对旧货地摊市场的别称。它由一个个地摊摊位组成，市场规模大小不等。出售商品多是旧货、人们多余的物品及未曾用过但已过时的衣物等，小到衣服上的小装饰物，大到完整的旧汽车、录像机、电视机、洗衣机，一应俱全，应有尽有，且价格低廉，仅为新货价格的10%～30%。跳蚤市场的主要作用就是把自己不需要的东西以低价卖给需要它的人，既体现了物品的价值，也节约了资本和资源，很好地发扬了勤俭节约的传统美德。

随着经济的发展，人们生活水平的提高，有些人把勤俭的美德当作"过时"，这种观念是错误的。历史的教训告诉我们，即使国家足够发达，我们的生活足够富足，勤俭节约的美德也是不能丢的。因此，在艰苦的年代，我们要用勤俭节约渡过难关，在富裕的年代，更要用勤俭节约的习惯培养我们的品德。从我国的现实国情来看，我国仍然是一个发展中的人口大国，人均资源短缺，艰苦奋斗、勤俭节约是要永远倡导的精神，因此，要在全社会提倡勤俭节约、珍惜劳力、创造财富的意识，培养为达到目标而不畏艰难、锐意进取的意识和思想品格，使这种对工作、对事业、对生活积极有为的人生态度和锐意进取的世界观、人生观、价值观深入人心。

在我校，为了传承和弘扬我国勤俭节约的优秀传统美德，做一名合格、优秀的大学生，由共青团遵义师范学院委员会主办、遵义师范学院学生联合会承办的跳蚤市场活动在我校影响甚广。这个活动也是我校的传统活动，每当毕业季来临的时候，我校都会开展跳蚤市场活动，而通过此项活动的开展，既满足了一些同学的需要，节约了资源，又增进了同学们的节约意识，并让同学们树立起正确的价值观和人生观。

二、 活动文件

（一） 活动目的

在大四的师兄师姐离校之前开展欢送毕业生系列活动之"跳蚤市场"，以此形式在同学们之间提供互利互惠的交易平台，把大家一些有价值而自身不再需要的物品通过跳蚤市场转移到有需要的同学手中，实现资源再利用，让节约、环保之风充满校园。

（二） 活动时间

2013 年 5 月。

（三） 活动地点

学校篮球场。

（四） 活动对象

遵义师范学院全校学生。

（五） 活动具体安排

1. 活动的前期宣传及准备

（1）2013 年 5 月 3 日，将跳蚤市场的文件挂在网上，并通过各院的微博和各个组织群进行宣传。

（2）2013 年 5 月 6 日，利用海报（写真海报）形式进行宣传，加大宣传力度。

（3）2013年5月6日至11日利，用广播在休息时间进行宣传。

（4）2013年5月7日晚上召集各院主席开会，请各院主席把消息传达到各班。

（5）同时向外宣传，寻求赞助商，在活动期间让其在指定场地内进行健康商品的促销活动，既能满足活动需要的经费，又扩大了活动面。

（6）报名时间为2013年5月8日至10日，要求想要参加本次活动的同学在规定的时间内到指定地点处进行报名登记。经工作人员检查为可以出售的物品后，将给予卖方在活动开展期间进行销售的资格。工作人员将物品进行统计和划分。

（7）合理安排工作人员，包括维护现场秩序的安保人员及活动结束后清场的后勤人员等。同时联系温情小分队的成员帮助不能到现场又有物品需销售的大四同学进行分类销售。

2．报名方式及要求

（1）大四同学可以直接在寝室长处报名，由室长统计后将报名表交到学生联合会办公室。

（2）各班同学也可在班长处报名。统计后以各院为单位将报名表交到学生联合会办公室。

（3）各位同学可以在报名处报名（男生公寓和女生公寓楼前）。

（4）报名时应详细填写报名表。如联系方式、所售商品属性、数量等。大四的同学还需注明是否需要温情小分队的无偿代售服务。

（5）在活动还未正式开始之前，若已报名的卖家提前将商品卖出，必须及时与主办方联系并取消报名，以便主办方准确进行商品的统计。

3．活动具体流程

（1）同学们将以各院为单位成立营销小组，在划分的区域内各自进行个人物品的销售，并负责好本学院销售区域的环境卫生。

（2）因时间紧张而不能到现场进行销售的大四同学，由温情小分队将他们的东西经过检查并做登记后收集到一起进行分类，在活动日代其销售，售后所得的全额将如数交给卖家。

（3）我们将组织同学收集衣物，活动结束后统一邮寄给四川雅安地震中受灾的同胞。

（4）现场拍卖，将针对一批贵重物品进行拍卖（电脑、手机、贵重首饰等）。

4．活动开展

（1）2013年5月10日，我们将在篮球场分别设置交易区、爱心区、拍卖区。

（2）卖家和买家在交易区对所需物品进行自由交易。

（3）同学可以将自己的物品送到爱心区进行捐赠，工作人员进行统计、签名，主办方在活动结束后将捐赠所得物品全部邮寄给四川雅安灾区同胞。

（4）拍卖区拍卖时，拍卖师在台上简单介绍所拍卖的物品，并由工作人员进行展示。展示完毕后，拍卖师报出底价，以每举手一次为几元的形式，进行竞拍，价格上不封顶。最终以价格最高的作为最后成交者。若出现喊价者，由拍卖师决定，此次喊拍是否有效。（如拍卖师报出底价后无人竞拍，则宣布此件物品流拍。拍卖结束后将此物品归还卖家）

（5）所有卖家已规定好区域和时间，该卖家只能在规定的时间和地点进行交易。若报名同学太多，就分期进行交易。

（6）每天活动结束后安排工作人员打扫现场卫生。

（六）活动规则

（1）注册：所有营销单位必须向主办方申请注册，通过注册获得营业执照才能开始经营。

（2）管理：经营者必须有序地对自己的摊位和成员进行管理。

（3）交易：买卖双方必须按照"公平、公正、诚信、自愿"的市场交易原则进行商品交易。卖方必须向买方提供由主办方制作的票据，严禁欺骗、敲诈性交易。

（4）经营：销售者必须佩戴主办方统一发放的工作证，无工作证者不得进行销售。

三、活动过程

2013年5月10日，我校迎来了校园爱心跳蚤活动，本次活动以"爱心传递，互补所需，温暖你我他"为主题展开，吸引了许多同学前来报名。各位同学都踊跃将自己积压已久的物品摆在摊位上，以超低价卖给同学，双方互利互惠。在实现买卖双方互利双赢的同时，也帮到了别人，此外捐款数量也增多，三方受益。

在活动现场，同学们都前来淘宝，现场气氛非常热闹，更有经营者通过麦克风来宣传降价商品，增加现场气氛。活动进行之时，也有同学前来主席台询问是否能报名摆摊，将现场的热情带到最高点。各位同学在参与活动的同时，也自觉地遵守现场秩序，真正达到市场安全调节的效果。

本次校园爱心跳蚤市场活动，受到广大学生的欢迎与支持，引起学生们对扶贫帮困活动的注意，激发了同学们的爱心，真正达到了本次活动的目的。

四、 活动总结

跳蚤市场活动是"青春师院"系列活动的一个分支，也是一个相对大型的室外活动。由于参加人数众多、操作复杂，而且遵义天气较为多变，为了保障活动期间同学们能有秩序地、安全地进行交易和活动，在团委领导的指示和多方面考虑下，根据《教育法》《突发事件应对法》《学生事故处理法》和《遵义师范学院学生安全事故防范与处理办法》设立了很多应急预案。

这次活动，校学生联合会的所有学生干部全力以赴，以争取最大的胜利。共有三百余人报名参加了此次活动，活动现场相当热闹，全校师生都非常重视此项活动。

虽然活动还有很多不足之处，但以后校学生联合会一定会再接再厉，争取做得更好！

跳蚤市场活动（二）

一、 活动综述

又到一年毕业季，为了更好地处理大学生闲置物品，充分利用资源，并给大学生提供一个实践创新的空间，我校决定开展跳蚤市场活动。

二、 活动文件

（一）活动目的

在大四的师兄师姐离校之前开展欢送毕业生系列活动之"跳蚤市场"，本次活动本着"你的多余，我的需要"的理念，推广"循环经济"的思想，以此形式为同学们提供互利互惠的交易平台，把大家种一些有价值而自身不再需要的物品通过跳蚤市场转移给有需要的同学，实现资源再利用，从而培养大学生不浪费物品、节约资源、爱护环境的意识，并帮助同学们形成良好的行为习惯，树立科学发展观。

（二）活动时间

2015 年 5 月。

（三）活动地点

篮球场。

（四）活动对象

全校同学。

（五）活动具体安排

1. 活动的前期宣传及准备

（1）2015 年 5 月 23 日，将跳蚤市场的文件挂在网上，并通过校广播站及学生联合会微博、各院的微博、各个组织群进行宣传。

（2）2015 年 5 月 25 日起到活动结束利用海报（写真海报）形式进行宣传，加大宣传力度。

（3）以电话或者 QQ 通知各个二级学院主席报名方式，让各二级学院主席在本学院加大宣传力度（特别针对在校大三学生）。

（4）在校大四学生我校会统计其寝室号以上门通知的方式加强宣传力度。

（5）从 2015 年 5 月 25 日至 28 日利用广播在休息时间进行宣传。

（6）报名时间为 5 月 25 日至 29 日，要求想要参加本次活动的同学在规定的时间内到指定地点处（将在男生公寓和女生公寓及励志楼处设点）进行报名登记。经工作人员检查物品符合标准后，将给予合格的卖方在活动开展期间进行销售的报名资格。工作人员将物品进行统计划分。

（7）合理安排好工作人员，包括维护现场秩序的安保人员及活动结束后清场的后勤人员等。

2. 报名方式及要求

（1）各班同学可在班长处报名。统计后以各院为单位将本院报名表交到学生联合会办公室。

（2）各位同学可以在报名处报名。（男生公寓和女生公寓楼及励志楼前）。

（3）以QQ形式报名，将详细的信息发送到QQ：1306643747。

（4）报名时应详细填写报名表。如院别、联系方式、寝室楼号、所售商品属性、数量等（可多人申请一个摊位，也可一人申请一个摊位）。

（5）在活动还未正式开始之前，若已报名的卖家提前将商品卖出，必须及时与主办方联系取消报名，以方便主办方准确进行商品的统计。

（6）卖主须向承办方填写摊位申请表。（摊位申请表见附件1）。

注：现场会有一个抽奖活动，每个摊位需准备一个小礼品（能表达自己对师弟师妹的心意即可），赠与买家留作纪念。

3．活动具体流程

（1）同学们将以各院为单位成立营销小组，在划分的区域内各自进行个人物品的销售，并负责好本系销售区域的环境卫生。主办方将进行卫生检查，对于本次活动中卫生情况较差的院别，主办方将取消该院在下一年跳蚤市场活动的报名资格。

（2）如申请摊位所售物品太少主办方将安排摊位合并等事宜。

4．活动开展

（1）2015年6月5日（星期五），主办方将在篮球场设置交易区、咨询区两个活动区域（对活动事项还有疑问的同学可到咨询区咨询工作人员）。

（2）卖家和买家在交易区对所需物品进行自由交易。

（3）物品交易由买家和卖家自行完成，将所有卖家规划好区域和时间，该卖家只能在规定的时间和地点进行交易。若报名同学太多，就分期进行交易，活动暂定三期。

（4）买家凭收据可到咨询处抽奖一次，中奖号与摊位号相对应，中奖的同学可持中奖号到该摊位领取卖家准备的小礼品。

（5）活动结束后安排工作人员打扫现场卫生。

5．应急措施

（1）组建应急小组，随时待命。

（2）预测可能发生的问题，未雨绸缪（如突然下雨、在活动中有人受伤等情况）。

6．活动规则

（1）注册：所有营销单位必须向主办方申请注册，通过注册获得营业执照才能开始经营。

（2）管理：经营者必须有序地对自己的摊位和成员进行管理。

（3）交易：买卖双方必须按照"公平、公正、诚信、自愿"的市场交易原则进行商品交易。卖方必须向买方提供由主办方制作的票据，严禁欺骗、敲诈性交易。

（4）经营：销售者必须佩戴主办方统一发放的工作证，无工作证者不得进行销售。

（5）活动注明：本活动本着"循环利用、勤俭节约"的原则，卖家必须保证自己的商品可再利用，且以盈利性不强烈的原则出售自己的物品。

7．经费预算

略

三、 活动报道

校学生联合会于6月5日下午两点在篮球场举行跳蚤市场活动，此次活动由共青团校团委主办，遵义师范学院学生联合会承办。参加此次活动的有即将毕业的大四学生以及在校大二大三的同学。

下午两点整，同学们就开始在篮球场上搬出将要销售的东西。商品的种类繁多，有可爱的公仔、简易台灯、手工制作的手链、夏日必备的小型风扇、各类书籍等。随后，经过大力宣传，吸引了同学们和校外人士驻足观看，并挑选、购买自己所需要的东西。整个售卖过程紧张有序，购物的同学可凭手中的收据，到抽奖处抽奖，中奖者可获精美礼品一份。最后，此次活动在夜幕降临之际完美落幕。

四、 活动总结

通过此次"跳蚤市场"的平台，将毕业生们闲置的东西以低价转给所需的同学，不仅获得了相应的物质回报，增强了经济意识和感受到交流的快乐，也较好地宣扬了"建设节约型校园"的口号，同时也培养了同学们勤俭节约的良好品格。

活动八

女生文化节（一）

一、活动综述

女生节起源于20世纪90年代初，是一个关爱女生、展现高校女生风采的节日，通过开展高品位、高格调的人文活动，引导女生关注自身思想素质、道德修养、文化内涵、业务能力、心理健康等。女生节是高校校园趣味文化的代表之一，一般定在三月七日这一天，三八妇女节的前一天。

女生节的诞生，体现了女性教育地位的提升，也从侧面反映了女性社会地位的升高。女生节的出现也体现了高校对女生的尊重与关爱。

在我校，女生文化节也是由来已久。自2009年开始，女生文化节已成为我校的节日文化活动，并由共青团遵义师范学院委员会主办、校学生联合会承办。虽然每届女生文化节有很多共同点，但是每届都有它独特的地方。每年的活动都会有所创新，尽量满足女生对活动的兴趣与热情。通过女生文化节活动，在温馨的气氛中能够增进同学们彼此之间的友谊，使大家更加团结。同时，丰富广大同学的校园文化生活，展现大学生的风采，提高同学们的综合素质，促进男女同学间真挚的交流，体现我校尊敬、重视女生的风尚，培养学生灵敏的时代嗅觉和个性化的创造能力，增强同学们迈向成功的信心。为了让学校女生更好地感受节日气氛，享受节日的祝福，全校师生都参与到活动中来，让女生们感受到阳光般的温暖。

二、活动文件

（一）活动目的

为了活跃校园文化氛围，引导广大女生更多关注自身的道德修养、文化内涵、心理健康、独立意识等综合素质，彰显我校女生风采，搭建一条女生与男生之间沟通的纽带，帮助女生走上成才之路，特举办本届女生文化节。

（二）活动主题

绽放青春，你最美丽。

（三）活动时间

2011年3月1日—3月13日。

（四）活动地点

遵义师范学院汇川园校区。

（五）活动对象

遵义师范学院全院师生。

（六）宣传方式

传单、海报、喷绘、横幅、校刊、校园广播、校园网络。

（七）组织机构

主办：遵义师范学院团委。

承办：遵义师范学院学生联合会，遵义师范学院学生联合会女生部。

（八）前期宣传与准备工作

3月1日：

（1）召集工作人员分配相应工作。

（2）召集各学生组织（社联、青协、勤工、新闻中心以及各院学生会）负责人开会，通知征集"庆祝女生文化节"特色展览的相关安排。

3月2日：

（1）张贴女生文化节系列活动的宣传海报、宣传栏、展板等，在校园内进行宣传；将横幅悬挂于校园大道；将喷绘立于教学楼门前。

（2）召集校学生联合会、各院学生会及各个组织部分成员参与"灯语制作"工作；联系广播站和大学生新闻中心、记者站对此活动进行全程宣传及报道。

（3）请专业人员对活动准备及开展工作进行全程拍摄。

3月5日：

对各学生组织的作品审查。

3月6日：

（1）用气球装扮三栋女生公寓，制造节日的温馨气氛。

（2）在教学楼、综合楼、食堂、水房张贴宣传报。教学楼、综合楼张贴印有"女生文化节快乐""请把电梯的位置留给女生""请为女生让位置""女士优先"等字样的写真宣传报;在食堂张贴"请帮女生拾餐盘""请让女生先打饭"等字样的写真宣传报;在水房张贴"请为女生打水"等字样的写真宣传报。对女生的关心和爱护体现在校园的每个角落。

(九) 活动开展

活动一:灯语制作

活动时间:3月2日—3月5日。

活动地点:教学楼。

灯语内容:三·七 HAPPY。

活动宣传:大学生新闻中心、记者站、广播站、海报、横幅。

活动目的:通过温馨的灯语向全校女同胞问候,为夜晚的校园增添一道美丽的风景。

活动流程:

(1) 召集工作人员开会。

(2) 在二至九楼的教室内各分配两名工作人员;在二至九楼走廊内分配两名组长;由总负责人通过电话分配各组组长工作,再由组长协调各个教室同学控制开关灯。

(3) 灯语工作完成后,组织工作人员对全院女同胞进行"一分钟祝福"录像。

(4) 由新闻中心、记者站对工作人员以及观众进行采访。

活动二:绽放青春

活动时间:3月7日—3月11日。

活动地点:校园内。

活动目的:让节日的快乐、幸福的魔棒在恋人、亲人、朋友、师长之间传递。

活动内容:活动分为三个版块同时进行。版块一:抽奖、许愿;版块二:祝福传递;版块三:"庆贺女生文化节"作品展。

版块一

(1) 3月7日(12:00—14:00、16:00—18:00)进行抽奖、许愿活动。

(2) 抽奖地点设为教学楼前、体育馆楼前两处。

(3) 兑奖地点设为喷水池一处。

(4) 许愿处设在喷水池周围,由十块展板组成。

（5）四处抽奖区各有500张兑奖券，同学可凭兑奖券在指定地点领取礼品。

（6）许愿处有工作人员准备笔、纸，全院同学均可在展板内写上祝愿。

（7）将许愿板展览一周。

版块二

（1）3月7日（12：00—14：00、16：00—18：00）进行祝福传递活动。

（2）收集祝福地点设为校园大道两侧。

（3）详细登记收信人的姓名、地址、联系方式等，将收集的祝福进行传递或邮寄。

版块三

（1）3月7日将女生部的工作宣传海报（把女生节由来以及女生部历来的活动以图文并茂的形式进行展览）、收集各学生组织（社联、青协、勤工、新闻中心以及各院学生会）"庆贺女生文化节"的作品进行展览。

（2）女生部工作宣传海报展于校园大道；各学生组织作品展于喷水池外的花坛处。

（3）展览期截至于3月11日。

活动三：露天电影

活动时间：3月13日。

活动地点：篮球场。

活动宣传：广播站、电影海报。

电影内容：待定。

活动目的：丰富同学们的业余生活，使同学们度过轻松愉快的周末。此次电影既意味着第三届女生文化节的结束，也象征着周末电影节的开始。

活动内容：

（1）将篮球场进行布置。

（2）播放女生文化节活动的录像片。

（3）播放电影。

女生文化节（二）

一、活动文件

（一）活动目的

三月七号是每年的女生文化节，为了体现男生对女生的体贴与关怀，为男女生搭建一座沟通的桥梁，促进男女同学间真挚的交流。同时，为帮助同学们和谐相处，建立起深厚的友谊，锻炼同学们的动手能力，从中获得乐趣，彰显我校女生的风采，特举办第六届女生文化节。

（二）活动主题

绚烂青春，你我情浓。

（三）活动时间

2014年3月7日。

（四）活动地点

遵义师范学院汇川园校区。

（五）活动对象

遵义师范学院全校师生。

（六）宣传方式

传单、海报、广播。

（七）组织机构

主办单位：共青团遵义师范学院委员会。

承办单位：遵义师范学院学生联合会。

（八）前期准备工作

（1）召集工作人员分配相应工作。

（2）与校广播站做好联系工作，在具体时间广播女生文化节信息。

（3）活动宣传海报及时张贴在具体的位置，在校园内大树上挂上祝福女生的祝福牌。

（九）活动开展

活动时间：3月7日14：30。

活动地点：校篮球场。

活动内容：

（1）主持人开场致辞。

（2）校领导致辞并宣布本次女生文化节正式开幕。

（3）表演结束后主持人宣布活动正式开始，参赛人员到活动场地做好相应准备。

活动一：心语心愿

活动时间：3月7日。

活动内容：与以下活动同时进行，在活动过程中会设固定点及流动点让同学们写下对女生文化节的想法或是对自己和朋友的祝福，在末尾写下自己的姓名、院系和联系方式。由工作人员在活动结束后抽取20名幸运女生并派发小礼品。

活动二：女生女生背对背

活动时间：3月7日。

活动地点：学校篮球场。

活动内容：

（1）在起点处准备一袋未吹过的气球，参赛人员在计时开始时吹气球并系好，两个女生背对背、手挽手夹住气球，在比赛期间气球不能压破或掉落（如压破或掉落则该气球不计成绩，并又返回起点，重新吹气球并夹住）到达终点后，两人用背部力量将气球压破。再以同样的方式来回于起点和终点之间，在规定时间两分钟内在终点压破气球最多者获胜。参加的女生分为三组，评出一等奖1名、二等奖2名、三等奖3名，并得到相应的奖品。

（2）比赛规则：必须是计时开始后才可以吹气球，提前吹好的气球不计成绩。在比赛途中气球不能夹破或掉落。

（3）所需物资：计时器1个、气球2袋、线、围栏绳（至少250米）、展板1个、扩音器1个、打气筒1个、椅子7张、桌子2张。

活动三：跳跳乐

活动时间：3月7号。

活动地点：学校篮球场。

活动内容：

（1）此游戏为个人跳绳比赛，五人同时进行比赛，根据参赛人数一共分为n组，限时一分钟，由工作人员统计，在规定时间内完成个数最多者获胜，评出一等奖1名、二等奖2名、三等奖3名，并得到相应的奖品。

（2）所需物资：展板1块、桌子1张、绳子5条、笔2支、扩音器1个、围栏绳250米。

活动四：齐心协力

活动时间：3月7号。

活动地点：学校篮球场。

活动内容：

（1）每两个同学一组，男女不限，分别将两个人的手绑在一起，一个人做仰卧起坐（做仰卧起坐的人必须为女生），另一个人用膝盖压住她的脚，按住脚的那个人拿起盆里的乒乓球递给做仰卧起坐的人，一分钟内接过球最多的获胜，评出一等奖1名、二等奖2名、三等奖3名，并得到相应的奖品。

（2）活动要求：做仰卧起坐的人须将两手放在肩上接过递来的球放在边上的盆里；手臂接球过程中不能离开肩膀，否则记为犯规；中途掉球视为无效。

（3）所需物资：乒乓球100个、盆子或篮子6个、布条（至少69根）、垫子3个、布置场地的绳子及气球、计时器1个、气球2袋、围栏绳（至少250米）、展板1个、扩音器1个、打气筒1个、椅子7张、桌子2张。

活动五：男生女生向前冲

活动时间：3月7号。

活动地点：学校篮球场。

活动内容：

（1）现场报名，按报名顺序5人一组，男女不限。5人站成一排，将相邻两人左腿和右腿绑在一起，听到命令后出发，两队同时进行，到达终点计时，最终用时最少的三个队获胜。

（2）所需物资：计时器2个、气球2袋、围栏绳、展板2个、纸箱3个、扩音器1个、打气筒1个、桌子2张、哨子1个、绑腿布24块、便利贴20包、纸箱包装纸15张、笔10支。

二、活动过程

2014年3月7日，遵义师范学院学生联合会女生部于遵义师范学院汇川园校区举办了第六届女生文化节活动。

3月7日14点30分，女生文化节开幕式在校篮球场拉开序幕，各学院学生到场参加开幕式，校领导致辞并宣布此次女生文化节正式开幕。活动正式开始后，参加活动的人员到比赛场地做好相应准备。本次活动分为五个部分：心语心愿、女生女生背对背、跳跳乐、齐心协力、男生女生向前冲。同学们踊跃参与，展现了当代大学生的青春风采。

本次活动在老师的指导和全体成员的共同努力下顺利开展，最终取得圆满成功。

三、 活动总结

开学伊始,为丰富校园文化生活,迎接女生文化节的到来,我校学生联合会特举办第六届女生文化节活动,活动的成功开展离不开校团委老师和学生联合会同学们的大力支持。

本次活动以多种娱乐形式向全校师生展现了我校大学生"青春活力自信健康"的风采,同学们积极参与、热情高涨,使活动现场充满愉快的氛围。这次活动的举行,不仅增加了活动的趣味性,而且提高了同学们的团体合作意识,增强了大家的集体荣誉感。在本次活动中,各成员各尽其职使活动井然有序地进行,展现了我校学生联合会过硬的活动组织能力和团结向上的精神面貌。当然,活动中也有不足之处,如由于参赛人员过多导致现场秩序稍显混乱,细节处理不够细致等,但在各位成员的努力下活动还是取得了圆满成功。

总的来说,本次活动是新学期一个好的开始,为女生部的工作积累了经验,相信在以后的工作中会做得更好。

女生文化节(三)

一、 活动文件

(一) 活动目的

三月七号是每年的女生文化节,为了体现男生对女生的体贴与关怀,为男女生搭建一座沟通的桥梁,促进男女同学间真挚的交流。同时,为帮助同学们和谐相处,建立起深厚的友谊。锻炼同学们的动手能力,从中获得乐趣,彰显我校女生的风采,特举办第七届女生文化节。

(二) 活动主题

绚烂青春,你我绽放。

(三) 活动时间

2015 年 3 月 7 日。

（四）活动地点

遵义师范学院汇川园校区。

（五）活动对象

遵义师范学院全校师生。

（六）宣传方式

传单、海报、广播。

（七）组织机构

主办单位：共青团遵义师范学院委员会。

承办单位：遵义师范学院学生联合会。

（八）前期准备工作

（1）召集工作人员分配相应工作。

（2）与校广播站做好联系工作，在具体时间广播女生文化节信息。

（3）活动宣传海报及时张贴在相应的位置，在校园内大树上挂上祝福女生的祝福牌。

（九）活动开展

活动时间：3月7日14:30。

活动地点：校篮球场。

活动内容：

（1）主持人开场致辞。

（2）校领导致辞并宣布本次女生文化节正式开幕。

（3）表演结束后主持人宣布活动正式开始，参赛人员到活动场地做好相应准备。

活动一：心语心愿

活动时间：3月7日。

活动内容：与以下活动同时进行，在活动过程中会设固定点及流动点让同学们写下对女生文化节的想法或是对自己和朋友的祝福，在末尾写下自己的姓名、院系和联系方式。由工作人员在活动结束后抽取20名幸运女生并派发小礼品。

活动二：心灵手巧

活动时间：3月7日。

活动地点：学校篮球场。

活动内容：

（1）不论男女均可参加，用彩纸做出精美的手工艺品。

（2）比赛规则：一个人只能做一件手工艺品，做出工艺品之后，该同学可获得一张"心灵手巧"的证明，并参与抽奖。

（3）所需物资：学校提供彩纸、剪子、尺子等工具，也可以自带材料，但必须在现场制作。

活动三：女王躲避球

活动时间：3月7号。

活动地点：学校篮球场。

活动内容：分为5人一组站在划定的范围内，两端各由一个工作人员扔球，女生被球触碰到则出局，而男生则保护女生不被触碰到，留到最后者胜出。

二、活动过程

2015年3月7日，遵义师范学院学生联合会女生部于遵义师范学院汇川园校区举办了第七届女生文化节活动。

3月7日14点30分，女生文化节开幕式在校篮球场拉开序幕，各学院学生到场参加开幕式，校领导致辞并宣布此次女生文化节正式开始。活动正式开始后，参加活动的人员到比赛场地做好相应准备。本次活动分为三个部分：星语心愿、心灵手巧、女王躲避球。同学们踊跃参与，展现了当代大学生的青春风采。

本次活动在老师的指导和全体成员的共同努力下顺利开展，最终取得圆满成功。

三、活动总结

第七届女生文化节活动以多种娱乐形式向全校师生展现了我校大学生"青春活力自信健康"的风采，同学们积极参与、热情高涨，使活动现场充满愉快的氛围。这次活动的进行，不仅增加了活动的趣味性，同时提高了同学们团体合作的意识,增强了大家的集体荣誉感。在本次活动中,各成员各尽其职使活动井然有序地进行,展现了我校学生联合会的活动组织能力和团结向上的良好精神面貌。当然,如活动中也有不足之处,由于参赛人员过多导致现场秩序稍显混乱,细节处理不够细致等,但在各位成员的努力下活动还是取得了圆满成功。

总的来说,本次活动气氛不错,同学们积极参与其中,同时也为女生部的工作积累了经验,相信在以后的工作中会做得更好。

活动九

校园好声音

一、活动综述

21世纪是一个综合型人才的社会,单一的知识是不能满足社会需求的,书本上的学习不应该是学生生活的全部,学生该响应国家十八大精神,在学好基本知识的同时,为实现中国梦,发现自己的兴趣爱好,全面发展,成为一个中国特色社会主义社会的合格人才。

二、活动文件

(一)活动通知

主办单位:遵义师范学院。

承办单位:遵义师范学院学生社团联合会。

(二)活动宗旨

通过歌颂共产党好、伟大祖国好、社会主义好、改革开放好、各族人民好,使我们的校园充满良好氛围,使我们师生的精神面貌昂扬向上。广大师生通过不断提高自身素质,积极参与并推动校园精神文明建设。

(三)参赛对象

全校学生。

（四）大赛主题

凝聚时代正能量，唱响青春好声音。

（五）参赛要求

1. 参赛选手及名额限定

（1）比赛分非专业组（甲组）和专业组（乙组，开设有音乐表演、声乐专业的学校），每位选手只能代表一个学校（参赛队）。

（2）参赛唱法不限。选手表演形式为独唱、合唱，同时为弘扬贵州民族文化，特设原生态演唱形式，如采用合唱形式参赛，甲组伴奏及指挥可外请，但外请的伴奏、指挥只能参加一支参赛队，乙组的伴奏及指挥必须是本校师生。

（3）每所学校参加半决赛的名额数：

①设有艺术专业（音乐表演、声乐）的学校为8位（其中甲组4位，乙组4位）。

②没有设艺术专业（音乐表演、声乐）的学校为4位。

③以合唱形式参赛，人数限定为30~60人（不包括伴奏、指挥）。

④以原生态形式的参赛选手采用独唱、组合均可（组合人数限20人以内，包括伴奏）。

⑤合唱在选手名额中计为1位。

2. 参赛曲目

（1）半决赛、决赛参赛曲目时长不得超过5分30秒。

（2）参赛作品要求内容格调高雅、积极进取的中外作品均可。

（3）鼓励演绎贵州作品、本校师生原创作品。

3. 加分或减分

（1）在半决赛、决赛中演唱贵州题材或贵州风格的作品加0.2分；

（2）以合唱形式参赛，人数少于30人或超过60人按每人扣除0.2分；

（3）用本校师生原创作品参赛加0.2分；

（4）加分只加一次，不重复加分。

（六）比赛规则

比赛分为半决赛和决赛两轮进行。

1．半决赛

每位参赛选手演唱一首曲目，以抽签确定出场顺序。

2．决赛

每位参赛选手演唱一首曲目，曲目不得与半决赛的参赛曲目相同，以抽签确定出场顺序。

3．成绩

（1）半决赛：半决赛得分＋加分（或扣分）＝半决赛成绩。

（2）决赛：决赛得分＋加分（或扣分）＝最终成绩。

（七）奖项设置

（1）甲、乙组分别按独唱、合唱、原生态三个类别各设一等奖、二等奖、三等奖及优秀奖若干。

（2）设好作品（师生原创作品）奖。

（3）大赛组委会将根据独唱、合唱、原生态形式的报名数量确定奖项设置数。

（八）比赛进程

（1）5月为各校进行海选时段，通过海选确定参加省委教育工委选拔赛的选手。

（2）各校请填写《2015"校园好声音"歌唱大赛省委教育工委选拔赛报名表》（附件），于5月25日前报贵州民族大学。

（3）半决赛、决赛将于6月上旬在贵州民族大学举行，具体时间、地点等注意事项另行通知。

（九）其他事宜

1．伴奏方式

（1）合唱一律采用钢琴伴奏，其他演唱形式可以采用钢琴、乐队、伴奏碟等。伴奏碟由参赛选手自备，一律采用CD格式光盘，不得临时采用U盘、移动硬盘、手机播放，不得采用MP3格式音乐。

（2）原生态唱法不得采用伴奏碟，其伴奏形式需在附件报名表"伴奏形式"一栏认真说明，经组委会认可后方可采用，未经组委会认可的，一律视为无效。

三、活动报道

5月28日,校园好声音选拔赛在我校举行,在总领队李谨老师的组织下,参赛同学依次演唱了自己的作品,参赛的作品有:《我爱这土地》《无情哥哥穿草鞋》《味道》《忆秦娥·娄山关》《哭泣的拳头》《眼泪》《多彩贵州》《di da di》《如果没有你》等。

在同学们的深情演唱和各位评委老师公正公平的打分后,这次选拔赛的前三名同学将代表我校前往贵州民族大学参加比赛。

四、活动总结

在此次歌唱大赛中,我校学生在一起参赛的几天中,相互帮助,互相鼓励,体现了我校优良的传统。我校参赛学生带来了精彩的演唱,展现了我校的风采。学生们深情感人的演唱得到了观众和评委的一致认可,获得了较好的名次,为我校赢得了荣誉。

活动十

"弘扬宪法精神·建设法治中国" 征文比赛

一、活动综述

为深入学习贯彻党的十八届四中全会精神和"四个全面"战略布局,推进全面依法治国方针的实施,充分运用言语文字开展法治宣传教育,同时,深入学习宣传宪法,大力弘扬宪法精神,树立宪法权威,切实增强全省大学生的宪法和法治意识,我校协助开展"弘扬宪法精神·建设法治中国"征文比赛。通过征文比赛,不仅可以让我校学生锻炼文笔,增强写作能力,还可以让我校学生加强对宪法知识的认识,更加了解我国法治精神。

二、活动文件

主办单位:遵义师范学院。

承办单位：各二级学院。

（一）活动宗旨

深入学习贯彻党的十八届四中全会精神和"四个全面"战略布局，推进全面依法治国方针的实施，充分运用言语文字开展法治宣传教育，同时。深入学习宣传宪法，大力弘扬宪法精神，树立宪法权威，切实增强全省大学生的宪法和法治意识。

（二）参赛对象

全校学生。

（三）征文主题

以"弘扬宪法精神，建设法治中国"为主题，围绕党的十八届四中全会提出的依宪治国、依法治国的基本思想，紧密结合当代大学生学习成长的实际，在文章中畅谈对"依法治国重在依宪治国"的认识；探讨青年一代在维护宪法权威、树立公平公正的价值准则、带头遵守法律法规、营造文明和谐的社会风气等方面应有的责任和担当。

（四）征文要求

（1）内容：必须是本人真情实感的流露，思想健康，紧扣主题，题材新颖，条理清晰，语言优美。

（2）体裁：文章体裁不限。

（3）字数：3 000字左右。

（4）原则：坚持原创，严禁剽窃、抄袭、代笔，一经发现取消参赛资格并通报批评。

（5）其他：为便于盲评，请在文后另附纸注明作者个人简介，主要内容包括作者姓名、学校、专业、年级以及联系电话。

以学校为单位报送作品。报送时文末另一页纸用Excel表格将推荐文章汇总，内容包括作者姓名、性别、学校、文章标题、专业、年级、联系电话、邮箱等，并加盖学校公章。

纸质版材料进行邮寄，电子版材料发送到邮箱。

（五）比赛流程

第一阶段：校内比赛。4月—5月，由学校按照组委会的要求自行开展"弘扬宪法精神·建设法治中国"征文比赛，并在校内比赛基础上，择优推荐

5~10 篇作品（一式 5 份，打印格式附后，含电子版）于 2015 年 5 月 22 日前统一报送遵义医学院宣传部，来稿须注明"某某学校'弘扬宪法精神·建设法治中国'大学生征文"，恕不接受个人投稿。

第二阶段：评审表彰。6月初，组织专家对参赛稿件进行评审。主办单位对获奖作品给予表彰，并根据文章质量推荐发表、结集出版。（注：主办单位有权对参赛作品汇集出版和在报刊上发表，不另支付稿酬；有关作品著作权和名誉权等法律责任由作者自负。）

（六）奖项设置

设一等奖、二等奖、三等奖、优秀奖，均颁发证书。

三、活动报道

我校协助开展"弘扬宪法精神·建设法治中国"征文比赛，各二级学院积极参与。人文与传媒学院、初等教育学院、美术学院、数学与计算机科学学院、物理与机电工程学院、生命科学学院、化学化工学院、教育科学学院、政治经济与管理学院、音乐与舞蹈学院、公共管理学院以及历史文化与旅游管理学院的学生上交征文作品，参与了本次活动。如：钟佳佳同学投稿《治国有宪，生活有法》、龙花兰同学投稿《法在心中，与法同行》、王书雅同学投稿《法不阿贵，绳不挠曲》、高福琴同学投稿《宪法，点一瓣心香》、祝琴琴同学投稿《沐浴十八届四中全会之春风——浅谈对依法治国的认识》、邓中利同学投稿《宪法之心，须尽有之》、胡佐霞同学投稿《给咖啡加点"法"》、李红清同学投稿《规矩——方圆》、全丽同学投稿《让法律成为信仰》、胡玉群同学投稿《让青春与法同行》……本次活动中，先由二级院校推选优秀作品，再在校级推选优秀作品，最后送到省级评选。

四、活动总结

此次征文活动紧密结合当代大学生学习成长的实际，同学们在文章中畅谈对"依法治国重在依宪治国"的认识；探讨青年一代在维护宪法权威、树立公平公正的价值准则、带头遵守法律法规、营造文明和谐的社会风气等方面应有的责任和担当。通过征文比赛活动，加深了大学生对宪法知识的认识，培养了广大青年的爱国精神，有利于构建民主、法治、文明、和谐的社会主义社会。

第二部分　青春师院·文明学子

我校为进一步落实《中共中央国务院关于进一步加强和改进大学生思想政治教育的意见》和《共青团中央、教育部关于加强和改进大学生社团工作的意见》精神，特以"多彩校园·闪亮青春"遵义师范学院大学生校园文化活动月为契机，开展了"青春师院·文明学子"系列活动。作为校园文化活动月的重要板块，活动以学习宣传贯彻习近平总书记"5·9重要讲话"精神为主线，并紧紧围绕我校"三推两申一巩固"的工作中心，推出了一系列有规模、有影响的特色活动。活动展现了当代大学生健康向上的精神面貌和青春风采，并且在提高学生综合素质、推动和谐校园建设、熏陶学生道德情操、提高学生人文素养、丰富校园文化生活、弘扬中华优秀传统文化等方面发挥了重要的作用。

"青春师院·文明学子"系列活动包括全国大学生英语辩论赛、优秀大学生社会活动成果评选、优秀大学生社团评选、十佳文明大学生评选活动、文明就餐活动月、清明扫墓活动、"五·四"表彰、"一二·九"表彰等十五个项目，每个活动都对我校校园文化建设产生重大的影响。其中，十佳文明大学生评选活动通过挖掘、宣传青年大学生积极努力、奋发进取的优秀事迹，展示他们诚实守信、自强不息、开拓进取、艰苦奋斗、感恩奉献的优秀品质。并教育、启发、鼓舞了广大青年学子，树立正确的世界观、人生观和价值观，同时为我校营造了健康乐观、刻苦专研的校园文化风气；优秀大学生社团评选促进了高校学生社团健康发展，增强了学生社团在繁荣校园文化、服务同学成长成才、促进学校改革稳定发展等方面的作用；辩论赛用精炼的语言凝聚智慧与激情，使遵师学子的思想摩擦出激烈的火花，为同学们提供一个锻炼口才的舞台，促进各系之间的友好交流，开拓学生思路，体现我校大学生风华正茂的精神状态，提高学生辩论水平，发掘培养辩论人才。辩论赛巩固了学生的专业技能，提高了学生语言组织表达能力和逻辑思维能力。而在为纪念"五四"运动九十四周年、继承"五四"光荣传统、弘扬五四精神的

"五·四"表彰活动中，涌现出了大批先进的个人和集体，为树立典型、表彰先进提供了有力的榜样。

我校通过一系列主题鲜明、内容充实、形式新颖的"青春师院·文明学子"系列校园文化活动，构筑了我校丰富多彩的校园文化平台，使广大青年学子在活动中充分参与和展现，丰富了我校学生的文化生活，提高了学生的综合素质。

"青春师院·文明学子"系列活动的开展，充分展示了我校特色的校园文化和健康向上的学风校风。活动中，不但培养了学生的爱国情怀、严谨治学的态度、发奋学习的精神、大胆创新的意识，而且引导青年学生树立正确的世界观、人生观和价值观，推进了我校校园文化建设和精神文明建设、加快了我校"申硕申大"的工作步伐。

活动一

全国大学生辩论赛

一、 活动综述

为选拔优秀辩手、推动英国议会制辩论在高校的发展；为促进各院系学生的英语学习交流，使他们走出书本的局限，放眼多学科、多领域；为扩充参与学生的知识储备，锻炼思维口才及合作精神；为展现遵义师范学院学生的雄辩风采；为遵义师范学院培养综合素质高的复合型人才提供一个良好的交流学习平台，特举办此次"外研社·亚马逊杯"全国大学生英语辩论赛选拔赛。本次活动加强了我校校园文化建设，增强了学生学习英语的热情，引导和帮助广大青年学生强化学习意识、培养国际眼光，有利于提高独立思考、语言表达、组织协调等方面能力。

二、 活动文件

主办：遵义师范学院。
承办：外国语学院。

（一） 活动宗旨

为进一步加强我校校园文化建设，引导和帮助广大青年学生强化学习意识、培养国际眼光，提高独立思考、语言表达、组织协调等方面能力，特开展第十六届"外研社·亚马逊杯"全国大学生英语辩论赛选拔赛。

（二）活动内容

（1）号召全校学生积极参加第十六届"外研社·亚马逊杯"全国大学生英语辩论赛遵义师范学院选拔赛。

（2）辩论主题：待定。

（三）活动要求

（1）参赛对象：全校学生。

（2）报名方式：本次大赛需在比赛官方网站上进行报名，细则如下：

1．参赛团队报名（截至2012年4月25日）

（1）校园选拔赛采取自由报名形式，以团队为单位报名，每队由同一学校的2名学生和1名指导老师组成；原则上不接受跨学校报名。

（2）参赛团队在网站中选择所在高校后，继续完成下一步报名程序，即填写详细准确的报名信息。内容包括：

①队名（要求：文明、富有朝气、能展现当代大学生风采，控制在10个字符之内，中英文不限），队名将作为该队的唯一有效标识出现在选拔赛对阵表中。

②2名辩手的姓名、所在院系及年级、手机号、常用邮箱。

③1名指导老师的姓名、所在院系。

（3）比赛时间：3月—4月。

（四）奖项设置

冠军队1支、亚军队1支、季军队2支；最佳辩手1名、最佳语音奖1名、最佳台风奖1名、最具表现力奖1名（获奖团队及个人将获得组委会提供的证书和奖品）。

（五）承办方有关注意事项

（1）我校校园选拔赛在2012年4月25日之前举行。

（2）比赛有关具体事宜请到比赛官方网站查阅或咨询比赛组委会秘书处。

（3）请于2012年4月10日前报送活动计划，5月20日以前交活动总结、简讯（图文并茂）一式一份（含电子版）报送至校组委会办公室（校团委）。

三、活动报道

4月25日,由遵义师范学院主办、遵义师范学院外国语学院承办的第十六届"外研社·亚马逊杯"全国大学生英语辩论赛选拔赛在我校外国语学院举行。外国语学院红静等老师担任了此次选拔赛的评委。

选拔包括各院报名、抽选辩论主题、正辩、反辩等环节。最终,外国语学院2009级付志勇同学和2010级曹楠同学将代表我校参赛。

此次选拔赛进一步加强了我校校园文化建设,引导和帮助广大青年学生强化学习意识、培养国际眼光,提高学生的独立思考、语言表达、组织协调等多方面能力,展现了当代大学生的风采。

四、活动总结

本次活动不仅体现了当代大学生热爱学习、团结协作的精神面貌,同时锻炼了同学们的语言表达和随机应变的能力,增强了同学们的集体荣誉感。在辩论赛搜集资料的过程当中,同学们可以了解到多方面的知识,并应用到实战当中,不仅提高了自身的表达能力,而且让同学们深深的认识到了"英语是一种语言",想要学好英语,就要多说多练,让同学们发现学习英语的乐趣。此次活动也给同学们枯燥的课余生活带来了一缕活跃的春风,丰富了同学们的课余文化生活,最重要的是,同学们在这次活动中锻炼了自主思考的辨析能力。通过认真分析和总结此次比赛,我校吸取经验,扬长避短,积累经验,完善不足之处,希望在今后类似的活动中沉着应对,举办得更成功。

活动二

"感动校园十大人物"评选

一、活动综述

感动源于平凡,榜样凝聚力量。在这缤纷的世界里,他们没有绚丽的舞台,没有华丽的乐章,有的只是一颗平凡的心,对他们来说,这些都只是平凡人做得平凡事而已。但是,他们每一个小小的举动,却深深地感动了我们。

感动是情感的共鸣，是心灵的震撼，是精神的升华，师生在感动中进步，校园在感动中发展。将感动传递，将温暖延续，愿明媚的春天永驻心间，永驻岔中！我校通过开展"感动校园人物"评选活动来寻找这些藏在我们身边默默奉献的天使，此活动的开展有助于繁荣校园文化生活，全面提高我校学生的思想素质及学风、校风建设，同时也为广大学生提供了一个展示自我的平台。

二、活动文件

主办：遵义师范学院。

承办：校团委、校学生会、新闻中心。

（一）活动宗旨

通过在我校开展"感动校园人物"评选活动，弘扬中华民族的传统美德，用先进人物的事迹感动师生，用身边的榜样引导师生，弘扬正气、歌颂真情、倡导真善美，努力营造良好的校风、教风、学风，构建和谐校园，不断提高思想政治教育工作的针对性和实效性。

（二）参评对象及条件

（1）评选对象：全校师生员工。

（2）评选名额：在师生中共评选10名"感动校园人物"。

（3）被推荐的评选人物的基本标准：

①热爱祖国，拥护中国共产党的领导，身体力行社会主义核心价值体系。

②具有优良的道德素质和个人品质，爱岗敬业、明礼诚信、团结友善、勤于学习、刻苦钻研、成绩突出、甘于奉献。

③志存高远、全面发展，在和谐社会、和谐校园的建设中，起到了模范带头作用。

④用自己的行动诠释着对社会的一份责任；用自己的故事，解读人与人之间的真善美；用自己的汗水，弹奏出热爱知识、追求真理和美的乐章，给人们清新动人、感人至深的心灵震撼。

⑤评选的重点在于"感动"，要感之以心，动之以情。

（三）具体要求

（1）材料须以客观事实为依据。

（2）填写各系"感动校园人物"候选人推荐表，须加盖系团总支部公章；附候选人详细材料，包括：

①个人简介、学习生活经历、获奖证书复印件、近期生活照2张（同时需电子版）。

②事迹材料（2 000字以内）打印稿和电子稿，格式统一用A4纸，标题为4号字，正文为仿宋GB2312－4号字，行间距25，上下左右边距为Word默认值。

③3月31日前将候选人材料上报至校组委会。

（3）提名候选人（最多20名）的材料，包括：

①提供不超过3分钟的介绍视频短片（有解说、配乐，关键词可叠加字幕，DVD格式）。

②提炼不超过150字的核心内容。

（4）评选过程要坚持实事求是，增强工作透明度，真正把师生公认的先进人物评选出来。

（5）各系要高度重视"感动校园十大人物"推选工作，充分发挥广大教职员工和学生的积极性，确保评选工作顺利开展。

（四）奖励方式

比赛评比出的前十名将颁发"遵义师范学院感动校园十大人物"荣誉证书。

三、活动报道

为弘扬中华民族的传统美德，用身边的榜样力量引导师生树立正确的价值观，弘扬正气、歌颂真情、倡导真善美，努力营造良好的校风、教风、学风，构建和谐校园，由遵义师范学院主办、共青团遵义师范学院委员会及学生联合会与大学生新闻中心承办的"多彩校园·闪亮青春"大学生校园文化月活动之"感动校园十大人物"评选活动于今年4月在我校如期举行。

此次活动的评选对象为全校师生，评选的重点在于"感动"，要感之以心，动之以情。为了确保我校第七届全省大学生校园文化活动月各项活动顺利推进，取得实效，各教学学院按照公平、公开、公正的原则，推荐"感动校园人物"提名候选人近20名，之后负责单位依据参评对象条件及具体要求，在师生中共评选10名"感动校园人物"。经活动月组委会办公室研究，"感动校园十大人物"评奖还采用网上投票的形式进行。最后我校组委会选送教育科学学院09级张浩（50号）、人文与传媒学院10级郭婉君（18号）2名优秀选手参与省组委会评选。

"感动校园十大人物"评选过程坚持实事求是，坚持透明评选，真正把师生公认的先进人物评出来。各教学学院也高度重视"感动校园十大人物"推选工作。"感动校园十大人物"活动充分发挥了广大教职员工和学生的积极性，先进人物的个人事迹不但感动了师生，起到了模范带头作用，而且有利于我校和谐校园的构建和思想政治教育工作针对性与时效性的提高。

四、 活动总结

本次"感动校园十大人物"评选活动旨在发现身边平凡故事，传播心灵无限感动，寻觅属于师生心底的真实感动。通过评选活动，我们发现感动、表达感动、书写感动、传递感动、共享感动。用先进人物的事迹感动师生，用身边的榜样打动师生；弘扬正气、歌颂真情、倡导真善美，增强师生的社会责任感和正义感；帮助全校师生树立正确的世界观、人生观、价值观和荣辱观，努力营造良好的学风、教风、校风，构建文明、和谐、向上的校园氛围，更好地践行"厚德树人，笃学致用"的校训，传承中华民族的传统美德，指引我们度过充实而有意义的大学生活。感动源于平凡，榜样凝聚力量。我校通过开展极具特色、富有成效的"感动校园十大人物"评选活动，充分发挥了对广大学生的教育引导作用，有力地推动了我校精神文明建设步伐。"感动校园十大人物"评选活动作为校园文化活动月的一个重要板块，我校非常重视此次活动的开展。无论是初期的宣传工作还是活动的最后落幕，我校各学院团总支学生会都投入了大量精力去发掘身边的感动人物，并充分发动全校同学参与到活动中来。此活动的开展，希望大家将感动的目光、感动的镜头充分延伸，更多地对准那些最朴实、最真诚、最令人感动的点滴事件，从普通师生的生动实践中发掘感人事迹，从我校师生鲜活的生活中推选感动人物，让感动以更丰富的形式、更有效的方法，在更大的范围内传递，用自己的行动诠释着个人对国家、对社会的责任，以向上的力量给人心灵的震撼，繁荣校园文化生活，全面提高我校学生的思想素质及学风、校风建设，成为我校影响深远的活动。

每一次活动都是大家共同努力的成果，我们会从活动中汲取宝贵经验，在以后举办的活动中争取做到更好。

活动三

2015 年"感动校园十大人物"评选活动

一、活动综述

为弘扬中华民族的传统美德，用先进人物的事迹感动师生，用身边的榜样引导师生，弘扬正气、歌颂真情、倡导真善美，努力营造良好的校风、教风、学风，构建和谐校园，不断提高思想政治教育工作的针对性和实效性，我校参与协办了第十届全省大学生校园文化活动月之"感动校园十大人物"评选活动。用师生们的感人事迹，为全校树立榜样，让学生们更加懂得珍惜，更加勤勉上进，为梦想奋斗，为未来加油。

二、活动文件

主办单位：遵义师范学院。

承办单位：遵义师范学院社团联合会。

（一）活动宗旨

通过在高校开展"感动校园十大人物"评选活动，弘扬中华民族的传统美德，用先进人物的事迹感动师生，用身边的榜样引导师生，弘扬正气、歌颂真情、倡导真善美，努力营造良好的校风、教风、学风，构建和谐校园，不断提高思想政治教育工作的针对性和实效性。

（二）参评对象及条件

（1）评选对象：全校师生。

（2）评选名额：在师生中共评选 10 名"感动校园十大人物"、10 名"感动校园十大人物提名奖"。

（3）推荐评选人物条件：

①热爱祖国，拥护中国共产党的领导，践行社会主义核心价值体系。

②具有优良的道德素质和个人品质，爱岗敬业、明礼诚信、团结友善、勤于学习、刻苦钻研、成绩突出、甘于奉献。

③志存高远、全面发展,在和谐社会、和谐校园的建设中,起到了模范带头作用。

④用自己的行动诠释着对社会的一份责任;用自己的故事,解读人与人之间的真善美,用自己的汗水,弹奏出热爱知识、追求真理和美的乐章,给人们清新动人、感人至深的心灵震撼。

⑤评选的重点在于"感动",要感之以心,动之以情。

(三) 评选步骤及时间安排

第一阶段:宣传发动。自本文下发起,广泛宣传活动的重要意义,让广大师生了解活动、关注并参与活动。

第二阶段:推选候选人。请各二级学院于2015年5月22日前将候选人材料报学校。学校评选出最令人感动的候选人并推荐到贵阳医学院,进行省级评选。

第三阶段:网上投票。6月8日至6月26日。各学校在对提名候选人广泛宣传的基础上,组织师生参与网上投票。组委会将在贵阳医学院网站(http://www.gmc.edu.cn/)和新华网贵州频道上开辟"贵州省'感动校园十大人物'"专题网页对候选人进行展示和投票。

第四阶段:专家评审。7月初,组织专家对候选人进行评审(网上投票权重40%,专家评审权重60%),总分前10名的为贵州省高校"感动校园十大人物"人选,前11~20名为"感动校园十大人物提名奖"人选。

第五阶段:公示。7月上旬,组委会将在贵州省教育厅政务网、新华网贵州频道对贵州省高校"感动校园十大人物"人选进行公示。

(四) 具体要求

(1) 材料须以客观事实为依据。

(2) 填写贵州省高校"感动校园十大人物"候选人推荐表,须加盖学校党委公章;附候选人详细材料,包括:

①个人简介、学习生活经历、获奖证书复印件、近期生活照2张(同时需电子版)。

②事迹材料(2 000字以内)打印稿和电子稿,格式统一用A4纸,标题为宋体3号字,正文为仿宋GB2312-4号字,行间距25,上下左右边距为Word默认值,双面打印。

③提供不超过3分钟的介绍视频短片(有解说、配乐,关键词可叠加字

幕，DVD 格式，刻录成盘或 U 盘并贴上标签）。

④5 月 22 日前将候选人材料上报至贵阳医学院团委。

（3）各高校要高度重视"感动校园十大人物"推选工作，充分发挥广大教职员工和学生的积极性，确保评选工作顺利开展。

三、活动报道

我校积极参与协办本次"感动校园十大人物"活动，先由二级学院推荐符合条件的师生进行评选。经各级学院评选推荐，工学院余洪军同学、化学工商院刘先同学、化学工商院曾启华老师、美术学院郭君同学、教育科学学院覃芳同学、教育科学学院刘红老师、人文与传媒学院陈杨同学、生命科学学院谭雪同学、生命科学学院张强老师参与了校级评选活动。他们用感人的事迹彰显个人的坚持和毅力，他们用青春写下无悔的篇章。在校级评选后，我校推荐了本次评选中排名最靠前的参与者为省级"感动校园十大人物"的候选人。

四、活动总结

在本次"感动校园十大人物"的评选中，我校师生更加了解了彼此，增进了学校与师生间的距离。在师生们感人的事迹中，同学们找到了先进的学习榜样，感受到了坚强的力量。世上无难事，只怕有心人。只要内心足够强大，为着梦想而奋斗，总有一天会实现心中所愿。在生活中，困难和挫折在所难免，重要的是看待问题的态度，坚持不放弃，不忘初心，未来光明的大门依然为你打开。本次活动，通过参选者与他人分享个人成长、成才经历，使其有了一个很好的倾诉和展现的机会；同学们在看别人的故事时，想到了自己的人生，更加坚定了自己的理想。

活动四

优秀大学生社会活动成果评选

一、活动综述

为了使大学生更好地认识社会、了解国情、增长才干、奉献社会、培养品格、增长社会责任感,同时为充分发挥社会实践活动引导人、教育人、塑造人、激励人的作用,进一步探索和改进大学生思想政治教育的有效途径,推进我校大学生社会实践活动的深入开展,进一步总结、宣传、交流、推广我校优秀校园文化建设和大学生社会实践活动经验,指导我校围绕人才培养、社会和谐发展的需要,不断探索实践育人的长效机制,进一步加强和改进大学生思想政治教育工作,推进我校校园文化再上新台阶,我校特开展优秀大学生社会实践活动成果评选工作。

二、活动文件

主　办:遵义师范学院。

承　办:共青团遵义师范学院委员会。

(一) 活动宗旨

为了深入贯彻落实党的十八大会议重要理论思想,加强大学生思想政治教育,引导学生在实践中深入社会,了解国情,树立对国家和人民强烈的责任感,不断提升思想认识水平、专业理论素养和服务社会的能力,促进学生全面发展,我校以大学生社会实践活动成果评选为契机,进一步推进我校大学生社会实践活动的深入开展。

(二) 参评对象

全校学生。

(三) 评选标准

(1) 以邓小平理论、"三个代表"重要思想、科学发展观为指导,坚持社会主义先进文化的发展方向,遵循文化发展规律和大学生社会实践活动规律。

(2) 社会实践主题具有积极的社会意义,特色突出,方案考虑全面,完成情况好。

(3) 社会实践团队全员参与、分工合理、执行到位,在知识、技能和动手能力方面得到提升。

(4) 社会实践参评资料结构严谨规范,逻辑性强,客观反映社会实践内容。

(5) 优秀社会实践活动成果具有创新性,内容符合大学生的需求。

（四）评选要求

（1）内容要求：各学院、分院报送近年来社会实践项目优秀成果，要求社会实践活动方面的典型工作、典型经验和新亮点，以活动项目的形式申报。

（2）材料要求：各参评组织认真填写《优秀社会实践活动成果评选申报表》（附后），并分别附3000字以内成果总结，内容包括该项成果的工作目标与思路、实施方法与过程、工作成效及取得的经验与有关音像资料和照片等。各类申报材料应同时报送纸质版和电子版各一份，电子版材料建议集中刻录成光盘上报。申报材料要求装帧规范。

（3）报送要求：各学院、分院要以此为契机，深入挖掘典型事例，积极组织参评活动。各分院组织可推荐优秀社会实践活动成果2项。每项参评成果报送申报材料两份，于5月6日前报送至校组委会办公室。附电子档。

4．校内评选出的2项优秀成果将参与省内"优秀社会实践活动成果评选"，省组委会将组织专家对推荐材料进行统一评审，活动分别设一等奖5项，二等奖10项，三等奖20项，优秀奖若干，均颁发证书。

（五）评选及奖项设置

校团委对推荐材料进行统一评审，活动分别设一等奖1项，二等奖1项，三等奖1项，优秀奖3项，均颁发证书。

三、活动报道

我校于2013年4月开始下发文件到各学院和各大学生组织，各学院和各大学生组织积极推选优秀作品，经校组委会专家的层层选拔，最后推选出我校大学生勤工助学中心的"爱心家教"和我校团委组织的"三下乡"两个优秀社会实践活动代表我校参加全省大学生优秀社会实践活动的评选。

四、活动总结

通过开展优秀大学生社会实践评比，加深了学生对毛泽东思想、邓小平理论、"三个代表"重要思想及科学发展观的理解，增强了学生的实践能力，这对树立对国家和人民的责任感有着重要意义。以大学生社会实践活动成果评选为契机，我校进一步提高学生社会实践活动的质量，丰富实践内容、拓展实践形式，不断增强学生服务国家服务人民的社会责任感、勇于探索的创新精神和善于解决问题的实践能力，让学生自觉成为拥护中国共产党领导、走中国特色社会主义道路、为实现中华民族伟大复兴而奋斗的社会主义合格建设者和可靠接班人。

开展校园文化活动和社会实践活动，充实了广大师生的课余文化生活，激发了同学的学习热情，提高了大学生思想文化素质，锻炼了青年学生的能力，将校园文化活动走出校园，与各组织、单位合办各项文化实践活动，丰富了市民的文化生活，展示了我校的校园文化风气，宣传了我校"立足山乡，服务西部"的校训。活动中各组织遵循公平、公正的原则，做好评选工作。在评选过程中，严格按照评选要求和标准，把最优秀最真实的社会实践成果上报。在活动中应当加强宣传力度，扩大活动的影响力，努力让更多的同学了解和参与活动。

活动最后，经过校组委会评定，甄选"青春师院"校园文化精品活动参加全省优秀校园文化成果评选，"三下乡"社会实践活动参加全省优秀社会实践成果评选。

活动五

优秀大学生社团评选

一、活动综述

为了规范学生社团组织工作，支持优秀学生社团的发展，分享优秀学生社团的成功经验，认真贯彻落实《中共中央国务院关于进一步加强和改进大学生思想政治教育的意见》和《共青团中央、教育部关于加强改进大学生社团工作的意见》精神，结合我校社团实际情况，进一步引导和管理我校学生社团活动，激发各级各类学生社团的潜力，调动学生社团的竞争意识，保持学生社团的生机和活力，促进学生社团健康发展，我校以邓小平理论和"三个代表"重要思想为指导，贯彻落实科学发展观，以"展现社团青春风采，成就学子七彩未来""热爱专业、崇尚科学、勤于实践、勇于创新"为宗旨，以凝聚科学氛围、拓展科学视野、打造成才通道为目标，通过评选优秀大学生社团活动，带动其他社团培养提高自我服务、自我教育、自我管理、自我发展和社会教育能力。

二、 活动文件

主　办：遵义师范学院。

承　办：共青团遵义师范学院。

（一）活动宗旨

为积极促进全校学生社团健康有序的发展，规范社团评比标准工作，充分发挥学生社团在加强校园文化建设、提高学生综合素质、引导学生适应社会、服务同学成长成才、促进学校改革稳定发展等方面发挥重要的作用。我校开展优秀大学生社团评选活动，旨在促进社团的发展，增强学生社团的凝聚力，为建设和谐校园做贡献。

（二）评选对象

全校各学生社团。

（三）评选标准

（1）坚持以邓小平理论和"三个代表"重要思想为指导，深入践行学习十八大精神，在学校党、团组织领导下，为繁荣活跃校园文化、服务同学成长成才、促进学校改革稳定发展等方面发挥积极作用。

（2）社团坚决拥护党的领导，模范遵守学校党团组织关于社团活动的有关规定，社团成员没有违法违纪行为。

（3）社团有明确的章程，能够按照章程独立自主开展工作，内部工作机构完善，日常工作制度化、规范化，社团运行良好。

（4）社团工作有特色，坚持定期开展活动，能够调动广大会员积极性，使广大会员受益。

（5）社团发展建设取得优异成绩，在服务同学、活跃校园氛围方面表现突出，在校内外有较大的影响和知名度。

（6）社团在学校有关部门注册一年以上，有自己的网页或刊物，具有一定规模。

（7）学生社团开展学习党的十八大精神活动、参与"多彩校园·闪亮青春"校园文化月活动情况作为评选依据之一。

（8）为推进学习型社团建设，要求参评社团有学习计划、学习内容。

（四）报名程序

（1）各社团要在2013年4月30日按照评选标准，遵循"公平、公开、公正"的原则，分时政理论类、公益实践类、文体类、科技实践类等四大类别推荐。在校所有社团中择优选取1~2个作为本学年的优秀社团。

（2）申报优秀社团需要从社团简介、组织机构、社团活动、会员风采、学校和社会反馈等几个方面准备2 000字以内的申报材料，可附活动图片（文字版、电子版各一份）。同时将申报主体材料制作成幻灯片，一并报送，便于通过网络展示，相互交流学习。

（3）各社团请于5月7日前将申报材料报送至校团委宣传实践部办公室。

（五）工作要求

开展全校"优秀大学生社团"评选表彰活动，对加强学生社团管理，促进学生社团发展，充分发挥学生社团在校园文化建设中的作用有着重要意义。各组织要以高度的责任感，做好推荐申报工作。在推荐申报过程中，要严格把关，求真务实，按照评选标准把最优秀的学生社团推荐上来。要严格执行申报程序，增加透明度，保证评选工作的公平、公正和公开。要加强对先进典型的宣传，扩大影响，努力营造有利于学生社团发展的浓厚氛围。

（六）评选方法

（1）全校"优秀大学生社团"评选活动采取组织推荐、群众民主评议方式进行。主要分三个环节：全校各学院团组织选拔推荐（校管社团直接由校社团联合会推荐）；共青团新型媒体网上评选进行初评；团委统一终评、审定，产生1个"优秀大学生社团"。

（2）校内评选出的优秀社团将参与全省高校"优秀学生社团"评选。此次活动的承办单位（贵阳医学院）组织专家统一审定，并从中评选产生20个"优秀学生社团"，其中"全省十佳社团"10个、"全省优秀学生社团"10个。

三、活动报道

为促进我校各社团的和谐发展，加大校园文化的传播力度，从而增强校园社团的合理性、竞争性、统筹性建设，丰富师院学子的校园生活，我校校团委特举办了"师范学院优秀大学生社团评选"活动。

各社团在 2013 年 4 月 30 日按照评选标准，遵循"公平、公开、公正"的原则，分时政理论类、公益实践类、文体类、科技实践类四大类别推荐。

在评选中，我校本着公平、公正、公开的原则，经过层层筛选、考核，由专家评委对推荐上来的社团进行各个方面的考察和审核，最后在专家评委严格的选拔下，推选出我校手工艺苑协会和"绿之风"环保协会代表我校参加全省优秀社团的评选。

四、活动总结

学生社团是学生第二课堂教育的重要载体，在提升学生综合素质、繁荣校园文化中，起着不可替代的作用。为进一步发挥学生社团的作用，加强学生政治思想教育，促进校园文化建设，丰富校园文化生活，提高学生综合素质，发挥学生社团在成长成才等方面的重要作用，进一步推进学生社团全面、协调和可持续发展，繁荣校园文化。我校特开展优秀大学生社团评选活动，以促进社团的发展，增强学生社团的凝聚力，为建设和谐校园做贡献。

开展全校"优秀大学生社团"评选表彰活动，对加强学生社团管理，促进学生社团发展，充分发挥学生社团在校园文化建设中的作用有着重要的意义。各组织要以高度的责任感，做好推荐申报工作。在推荐申报过程中，要严格把关，求真务实，按照评选标准把最优秀的学生社团推荐上来。要严格执行申报程序，增加透明度，保证评选工作的公平、公正和公开。要加强对先进典型的宣传，扩大影响，努力营造有利于学生社团发展的浓厚氛围。

活动六

十佳文明大学生评选

一、活动综述

走过"雄关漫道真如铁"的昨天，跨越"人间正道是沧桑"的今天，"中国梦"正引领当代中国向着"长风破浪会有时"的明天迈进。一百多年前，梁启超在《少年中国说》中写到："少年智则国智，少年富则国富，少年强则国强。"莘莘学子是国家最宝贵的资源，承担着建设祖国的重任。

当代青年大学生，很少像过去那样，在战场或艰苦环境中经受锻炼，拥有报效国家的机会。但当代青年大学生，同样要对自己负责、对他人负责、对社会负责、对国家和民族负责，这既是现代青年应追求的目标，也是青年成长、成才的基础。

为了培养出更多的优秀大学生，我校历年来也举办了各种"青春师院·文明学子"系列活动，其中尤为突出的是由共青团遵义师范学院委员会主办、学生联合会会承办的"十佳文明大学生"评选活动。"青春师院·文明学子"，一个以表现我校学子的风采，以为同学们树立榜样为目的而展开的系列活动。该活动在老师和同学们的努力中逐步发展，已走过了十三个年头。每一年都有创新，从开始的不了解，到最后的优秀，投入了多少人的心血才换来今天的成绩。传承是我们的责任，创新也是我们的责任，所以每一届活动都有自己独特的形式，如最新的一届，它以更加民主的方式进行，每一位同学都是参与者，用公平、公正、公开的方式选出文明的榜样。同时，也增加了评选晚会，给参加的同学一个展现的平台，表演他们的才能。活动的开展在校园内形成了一股文明之风，树立了当代大学生的新面貌，丰富了同学们的精神文化生活。

二、 活动文件

（一） 活动目的

为加强我校学生精神文明建设，倡导积极向上的学习氛围，营造健康乐观、刻苦专研的校园文化风气；树立面向新世纪的优秀青年典范，引导和激励广大青年学有所成、全面发展；促进大学生逐步消除不良行为和生活陋习，增强自律和自我管理能力，做文明大学生，成为二十一世纪社会主义现代化建设事业的合格建设者和接班人；激励全校青年学子认真学习、紧跟时代、勇于创新，帮助大学生树立正确的人生观、道德观和荣辱观，努力使学生成为德才兼备的优秀人才，在全校形成讲文明、树新风的良好风气，经校团委决定，特举办遵义师范学院"十佳文明大学生"的评选活动。

（二） 活动对象

遵义师范学院全体在校大学生。

（三） 参评方式

（1）报名形式：采用各院推荐的方式，每院推举一名同学进行评选。

（2）报名要求：
① 院里推荐：推荐方将所推选对象的信息填入报名表。
② 将各院推荐表及相关个人材料上交于学生联合会办公室。

（四）评选标准
（1）基本条件：
① 政治立场坚定，努力学习马列主义、毛泽东思想、邓小平理论和"三个代表"重要思想，认真领会党和国家的路线、方针、政策。
② 在文明校风、学风建设中做出积极贡献者。
③ 遵守学校规章制度、学生守则、日常行为规范。
④ 尊敬师长、团结同学、为人诚实、积极上进，在同学中起模范带头作用，有较强的公德心。
⑤ 有较强的劳动观念、良好的劳动习惯、健康的审美观念和审美能力，积极参加学校和班级组织的各项活动。
⑥ 学习目的明确，专业思想巩固，学习勤奋刻苦，具有良好的学习习惯，学习成绩优良，基本功扎实，学有所长。
⑦ 无违纪处分情况。
（2）获奖条件：（具备下列条件之一者，均可申请）
① 对国家、社会、学校做出特殊贡献，为学校赢得荣誉。
② 在地区及以上学术刊物上发表论文（译文）。
③ 在各项竞赛中，表现突出、成绩优异者。
④ 在社会实践中做出突出成绩者。
⑤ 获得省级以上集体奖的主要成员和主力队员。
⑥ 获其他省级以上荣誉称号。
⑦ 在社会工作中，有创新活动，做出特别突出贡献者。

（五）活动开展
（1）前期：
① 11月20日下发文件。
② 11月20日在学校宣传栏贴出海报，面向全体同学进行宣传。
海报内容：十佳文明大学生评选为主题；评选意义及目的。
③ 11月20日—11月23日，利用校园广播在最佳时段进行宣传。
④ 11月21日召集各院学习部部长开会，通知活动内容，下发活动推荐表

及评选标准；让各院同学及时了解参与并监督文明学生的推选。

⑤报名方式：院里推荐，各院一名，共14名。11月25日收集各院上报的一名候选人名单及相关资料。

（2）中期：

①11月23日—30日将十佳候选人展板进行展览。

②11月25日—28日期间将十四位候选人事迹做成报纸，于29日下午班团活动中，组织人员对十四位十佳文明大学生候选人进行普选。由学生联合会统一组织工作人员向各班级下发选票和报纸，并由各班班长、团支书监督协助将选票汇总交于学生联合会办公室；各院推选一名代表，到团委会议室现场监督将所有选票汇总并统计；（大众评选占总票数的50%）

③11月25日将十四位同学的PPT或视频收集起来，进行调整和修改。

④12月1日—5日对晚会进行准备工作，并在期间进行彩排。

⑤12月7日，张贴颁奖晚会的海报。并通知到各院各班，每院将推选五位大众评委，将名单在7日18：00前交于学生联合会办公室。

（3）评选晚会：

①12月8日在音乐厅开展十佳文明大学生评选晚会。

②各院推举5名学生代表组成大众评审团，参与晚会现场投票（代表必须为院干或班干），晚会最后由大众评审团现场投票（避开本院候选人）；（现场投票占总票数的30%）。

③晚会期间开通微博、短信投票方式。（微博投票占总票的20%）。

④晚会现场统计所有票数，得出最终结果。

（六）表彰及奖励

（1）根据评定结果，进入前十名的同学将被授予"遵义师范学院'十佳文明大学生'"荣誉称号，并颁发荣誉证书。

（2）其余四名同学，将被授予"遵义师范学院'文明大学生'"荣誉称号，颁发荣誉证书。

（七）活动最后宣传

（1）12月9日—12月16日，将最终评选的十佳文明大学生展板展于校园大道。

（2）12月16日下午，将十佳文明大学生的大学生展板撤离校园大道。

（八）评选晚会时间安排

（1）12月8日18：30，嘉宾、大众评审团、观众入场。其中嘉宾坐在一排中间位置，大众评审团在左侧一到三排。

（2）19：00晚会正式开始。

① 开场舞。（以快节奏，动感强的舞蹈为主，由演员依次引领出参赛选手，十四位同学出场完成后，于中央谢幕。）（限时5分钟）

② 主持人上场，致开幕词，介绍到场嘉宾。（2分钟）

③ 嘉宾讲话。（3分钟）

④ 主持宣读评选选票的方式。全面启动短信、微博投票方式，将参与方式播报给大家。（2分钟）

⑤ 利用PPT播放每位选手的视频，与此同时，以朗诵形式简单介绍每位候选人的情况。候选人根据视频情况，依次到场。（限时20分钟）

（3）自由才艺展示：

① 将十四位候选人分成3组。分别为5位、5位、4位。抽签组合（每组可以定组名和口号，用于鼓舞士气）

② 每组表演前，先播放这组候选人的视频。然后以组为单位进行才艺表演（表演方式、类型、不限）

③ 每组限时5分钟（共15分钟）。

（4）微博互动（3分钟）。

（5）命题展示：

① 以"青春师院·文明学子"为主题展示（要求展示出当代大学生风采，内容积极向上，展现方式不限）。

② 由主办方提供统一的道具（要求在展示中必须用到该道具）。

③ 每组限时5分钟（共15分钟）。

（6）微博互动（3分钟）。

（7）群英荟萃。

① 由十四名候选人集体进行朗诵展示。

② 朗诵"中国梦"。

③ 朗诵形式自由组织（5分钟）。

（8）文明大学生颁奖。

① 计算出选票结果后，宣布四位"文明大学生"得主。请四位"文明大

学生"上台，依次排开。

② 请嘉宾上台为四位同学颁发证书（3分钟）。

（九） 十佳文明大学生颁奖

（1） 由上一届十佳文明大学生得主上台将"十佳文明大学生"旗帜交给此届最受欢迎、得票率最高的"十佳文明大学生"，象征着十佳文明的传承。

（2） 由上一届"十佳文明大学生"得主带领此届十位"十佳文明大学生"宣誓：一定严明律己，以此激励自己前进。

（3） 嘉宾为十位同学颁奖，颁发证书。

（4） 一位"十佳文明大学生"代表上台致获奖感言（5分钟）。

（十） 颁奖典礼结束

（1） 主持人宣布，2013年第十三届"十佳文明大学生"颁奖典礼结束。

（2） 领导与选手合影留念。

（3） 工作人员清场。

三、 活动过程

2013年12月8日在我校音乐厅开展了遵义师范学院第十三届"十佳文明学子"评选晚会活动。与会的领导有校团委李强老师、宣传实践部李星老师等。

活动的开场舞以快节奏、动感强的舞蹈为主，让活动一开始就激情飞扬。在领导简短而精确的讲话过后，主持人宣布了这次晚会的评选方式由评委打分与观众参与构成，并且全面启动短信、微博投票方式，将参与方式播报给观众。主持人利用PPT播放每位选手的视频，与此同时，以朗诵行式简介每位候选人的情况。每位候选人根据视频情况，依次到场。

最让人激动的是自由才艺展示。将十四位候选人分成3组，依次表演，让大家看见大学生的正能量和青春风采。小组表演过后就是个人现场演讲。每位同学必须以"青春师院·文明学子"为主题进行现场演讲。尽管没有经过练习，但他们的表现一样的完美，每位同学都展现出了当代大学生的风采，展现了他们的不平凡，迎来了一阵又一阵的掌声。接着是群英荟萃，十四名选手集体进行朗诵"中国梦"，这也是本活动的最后一个才艺表演，十四位候选人用他们的激情将活动再次推向高潮。

"十佳文明学子"的评选，为我校大学生树立了榜样，从而带动同学们更加积极、认真地学习，带动同学们为自己的梦想而奋斗，帮助他们树立正确的价值观和人生观。

四、 活动总结

由共青团遵义师范学院委员会主办、遵义师范学院学生联合会承办的"十佳文明学生"评选活动圆满落幕。

此次十佳活动，由遵义师范学院学生联合会学习部组织策划。在此次活动中，学习部全部在职人员积极准备两个多月，从最初策划定稿，到前期、中期、后期的宣传都积极讨论、创新。在前期宣传中，我校加大宣传力度，充分利用展板、报纸等宣传手段，让各位学生充分了解十四位十佳候选人，并圆满地完成了由11级全体同学参与的前期大众投票。

在"十佳文明学生"评选晚会上，我校增设一个命题展示环节，请候选人以"大学文化正能量"为题作为展示。另增设一奖项"最佳人气奖"，以学生微博互动选出。这两个环节充分展示了候选人的精神面貌，也积极地调动了场下观众的积极性，得到了同学们的一致认可。

在十四位候选人的精彩表现和学习部成员精心布置安排以及学生联合会所有成员积极配合下，晚会选出十位"十佳文明学生"和四位"文明学生"以及一位"最佳人气奖"得主，而我校这次晚会也取得了圆满成功。

后期，我校将十位"十佳文明学生"事迹展于校园。

此次活动中，我们也有不足，晚会结束后，我们开会总结，就晚会中出现的差错进行纠正，并将此次活动所有资料备案，争取明年办得更好。

活动七

寝室文化活动月

一、 活动综述

背上行囊远离家人，踏上属于自己的人生旅途，我们怀揣着梦想来到了遵义师范学院。没有了父母的呵护，我们应该学会自立，并学会怎样在群体中生活。大学生活丰富多彩，而寝室是学习、生活的重要场所。寝室就是我们的家，我们应尽所能让家更美好。舒适、整洁的环境，和谐、友好的氛围和独特个性的寝室文化都能让我们的学习、工作更加有效，让大学生活更加有滋有味。

我校寝室文化活动月从2003年开始，至今已成功举办八届，寝室文化活动月已经成为我校学生生活学习上一面闪耀的旗帜！回首历届寝室文化活动月，也从最初单纯的引导学生美化宿舍环境，上升到了凝聚寝室精神、营造特色文化氛围、打造品质和谐校园、弘扬社会公德的文化大主题。我们"不忘经典，力求创新"，更加注重活动参与度，力求简约与质量相结合，使寝室文化活动真正成为学校的特色活动，成为属于学生们自己的活动。

通过寝室文化活动的开展，学校希望同学们能在活动准备中增进彼此间的了解、增进相互间的友谊，达到进一步融洽学校氛围的目的。同时，由于各院在其专业方面的特殊优势，可以使同学们在比赛的过程中一方面展示自己的才学，另一方面进行学习上的切磋，起到互相激励的作用，达到共同进步的目的。再者，在呼应"建立节约型社会"，努力打造学校"节约型校园"的主题的同时，亦可激发大家的创新意识，体现师院学子活跃的思维。

二、 活动文件

第一部分　活动内容

（一）活动主题

遵义师范学院第九届"寝室文化活动月"。

（二）活动目的

为了加强学院精神文明建设和寝室文化建设，提高大学生生活园区文化品位，学院通过开展丰富多彩和形式多样的寝室文化活动，给同学们搭建一个展示自我风采的平台，丰富大学生业余生活，增强寝室凝聚力，发挥寝室特长，营造健康、积极、向上的寝室文化氛围，从而使同学们过得开心，住得舒心。

（三）活动时间

2011年10月12日—2011年11月2日。

（四）活动对象

遵义师范学院全体师生。

（五）活动组成

（1）"十佳文明寝室"评比。

（2）"党员示范寝室"评比。

（3）叠被子比赛。

（4）书法（硬、软笔）比赛。

（六）寝室文化月系列活动

1．系列活动一"党员寝室"评比

（1）参评条件：

① 参赛的寝室至少有一个预备党员。

② 上学期获得过一次或一次以上文明寝室，无违纪记录。

（2）报名要求：

由各院推荐2间寝室参评，全校十四个学院，共28间寝室参评。

（3）评比办法：

评选分三个阶段，初期阶段、中期阶段、后期阶段。每天分检查和抽查。初期阶段：28间参加评选，淘汰6间。中期阶段：22间参加，淘汰4间。后期阶段18间参加，前十四名获"党员示范寝室"称号。

（4）评分标准：参照附件一。

（5）评选阶段：

① 初期阶段：

a．参评时间：（待定）。

每天17：00—18：00检查；21：00—22：00抽查。

b．工作安排：本阶段共检查28间寝室，检查分4组进行，每天2组检查，每组3人，每组负责2天。抽查人员随机。

c．工作地点：各参评寝室。

② 中期阶段：

a．比赛时间：（待定）。

b．工作安排：本次检查22间，分4组工作人员进行，每天2组检查，每组3人，每组负责2天。抽查人员随机安排。

c．工作地点：各参评寝室。

③ 后期阶段：

a．比赛时间：（待定）。

b. 工作安排：本次检查15间，检查分2组工作人员进行，每组3人，每组负责2天。

c. 工作地点：各参评寝室。

2. 系列活动二"十佳文明寝室"评比

（1）参评条件：上学期获得过二次或二次以上文明寝室，无违纪记录。

（2）报名要求：由各院推荐3间寝室参评，全校十四个学院，共42间寝室参评。

（3）评比办法：比赛分三个阶段，初期阶段、中期阶段、后期阶段。每天分检查和抽查。初期阶段：42间参加，淘汰17间。中期阶段：25间参加，淘汰10间。后期阶段15间参加，前十名获"十佳文明寝室"称号。

（4）评分标准：参照附件二。

（5）评选阶段：

① 初期阶段：

a. 参赛时间：（待定）。

每天17：00—18：00检查；21：00—22：00抽查。

b. 工作安排：本阶段共检查42间寝室，检查分6组进行，每天3组检查，每组3人，每组负责2天。抽查人员随机。

c. 工作地点：各参评寝室。

② 中期阶段：

a. 比赛时间：（待定）。

b. 工作安排：本次检查25间，分4组工作人员进行，每天2组检查，一组检查13间，另一组检查12间，每组3人，每组负责2天。抽查人员随机安排。

c. 工作地点：各参评寝室。

③ 后期阶段：

a. 比赛时间：（待定）。

b. 工作安排：本次检查15间，检查分2组工作人员进行，每组3人，每组负责2天。

c. 工作地点：各参评寝室。

3. 系列活动三"叠被子比赛"

（1）参赛对象：汇川园校区全体同学。

（2）报名方式：宿舍管理委员会比赛前在各公寓设报名点，由同学自由报名。

（3）工作安排：参赛人员分四组进行，直接进入决赛，以分值评奖，由老师和学生评分。

（4）比赛时间：（待定）寝室评比完的周五14：00。

（5）比赛地点：礼堂外篮球场。

（6）比赛方式：分组进行，每组一人，现场评分。

（7）比赛规则：

① 限时5分钟，要求独立完成。

② 满分为100分，其中铺面满分40分，被子满分60分。

③ 去掉最高分、最低分，取平均成绩，汇总排名，前十名给予物质奖励，当场颁奖。

（8）评分标准：参照附件三。

（七）活动安排

（1）"党员示范寝室""十佳文明寝室"比赛同时进行，各分三个阶段，每个阶段为一周（周一至周四），完后评选的周五进行叠被子比赛。

（2）叠被子比赛分四组别：一大组、二大组、三大组、四大组。

（3）"党员示范寝室""十佳文明寝室"评选采取记分淘汰制，叠被子比赛采取一次性计分评奖。

（八）奖项设置

（1）"党员示范寝室"设十四名奖（每名相同）。

（2）"十佳文明寝室"设十名奖（每名相同）。

（3）叠被子比赛奖项设置：

（1）一等奖1名。

（2）二等奖2名。

（3）三等奖3名。

（4）优秀奖4名。

第二部分 活动流程

（一）宣传准备工作

（1）组织组写好策划，组织召开大会安排工作。

（2）宣传组做好宣传海报、横幅、喷绘等工作。
（3）协调组积极筹备开幕式工作（物资的筹备）。
（4）后勤组和安保组负责一切布置工作，包括参赛名单的统计、分组、场地的布置等。

（二）活动开展

1. 十佳文明寝室和党员示范寝室评比

（1）地点：学生宿舍。
（2）时间：（待定）半个月。
（3）具体流程：
① 活动前按参加十佳文明寝室和党员示范寝室的名单制作评分表。
② 活动在开幕式时宣布正式开始，时间持续一个月。
③ 一个月分为三轮，周一到周四为一轮，周一到周四每天下午5：30－6：00进行必查，跟平时检查卫生一样，评分按评分标准进行，晚上9：30－10：00进行抽查。
④ 满分9.8分，及格9.5分，最低分0分，详细情况以评分标准为准，最后算平均分。
⑤ 活动结束颁奖，十佳和党员文明寝室挂牌将在颁奖总结大会上进行。

2. 趣味叠被子比赛

（1）地点：篮球场。
（2）时间：十佳寝室和党员示范寝室评比结束的周五下午。
（3）具体流程：
① 提前两个小时布置活动现场（音响、喷绘、活动台的设计），安排好主持人、记分员、计时员、算分员、评委（由师生组成）。
② 由主持人讲话，领导讲话，宣布活动正式开始。
③ 活动开始后先进行开场表演，再正式开始活动。
④ 参加比赛的人员按分组陆续进行，活动所用的被子由主办方准备。
⑤ 一组比赛完后评委给分，算分员算出平均分，第二组比赛完后公布前一组的成绩。
⑥ 最后根据分数评出获奖名次，颁奖将在随后的总结大会上举行。

（三）总结大会

趣味叠被子比赛结束后进行，由协调组和宣传组负责。

（四） 宿舍文化活动月活动总结

活动结束后一个星期进行。

第三部分　注意事项

（一） 活动的安全性

（1） 组织观众安全观看比赛。

（2） 活动场地程序维护，由安保组到场维持周边环境的正常工作，遇到突发事件冷静解决，解决不了的联系指挥协调人员。

（3） 保证嘉宾、观众及比赛员正常出入活动场地。

（二） 器材安全

（1） 对现场栏杆、电器进行仔细检查，以免发生安全事故。

（2） 口哨、话筒、音响等的调试，最后在指定时间里仔细检查，负责人要落实到位，确保其正常使用。

（3） 对器材妥善保管，以防损坏和丢失。

（三） 工作人员要求

（1） 所有工作人员在工作当日必须佩戴好工作证，不得将工作证借给其他任何人。

（2） 所有工作人员如发现突发事件应及时向负责人报告情况，及时与其他部门协商，妥善处理事件，各部门若有冲突应友好协商处理。

（3） 各工作人员应严谨认真地处理每一个细节问题，力保比赛万无一失。

三、 活动过程

（一） 准备阶段：

（1） 活动策划的设计和修改（与上级领导完成活动的策划和修订以及落实经费问题）。

（2） 活动的宣传工作：

① 召开宿管委全体会议，各院劳生部长会议，宣布活动各项准备工作。

② 确定日期，张贴宣传海报，让全校师生知道此次活动。

（2） 工作人员安排（工作人员的具体安排和培训）。

（4） 布置会场（活动当天工作人员提前布置会场）。

（二） 实施阶段

（1） 首先由领导发言并宣布活动正式开始。

（2） 活动依次进行：

① "变废为宝" 比赛。

② "被子接龙" 比赛。

③ "寝室秀" 比赛。

活动提前两个小时布置活动现场（音响、喷绘、活动台的设计），安排好主持人、记分员、计时员、算分员、评委（由师生组成）。由主持人讲话，领导讲话，并宣布活动正式开始。参加比赛的人员按分组顺序陆续进行。一组比赛完后评委给分，计分员算出平均分，第二组比赛完后公布前一组的成绩。最后根据分数评出获奖名次，颁奖将在随后的颁奖晚会上举行。

（三） 善后阶段

（1） 工作人员打扫活动现场，清点物资。

（2） 颁奖晚会。

① 老师发言。

② 文艺汇演（中间播放寝室秀和微博晒照的获奖视频）。

③ 给获奖寝室颁奖。

④ 大会圆满成功。

四、 活动总结

在 2013 年 11 月 15 日—2013 年 12 月 15 日期间，遵义师范学院学生联合会承办的寝室文化活动月顺利开展并圆满结束。活动前期准备工作中我们针对活动开展以及将会出现的问题做了详细的分析，针对一些情况做了周密的预案。下面是对活动作出的总结：

（1） 活动计划全面反映了活动的整体情况，同时也是活动开展的总枢纽。首先在活动开展前，我们做了较全面的策划。

（2） 活动的开展离不开活动前期的准备，准备得是否充分决定着活动举办的成败。在本次活动积极筹备组织的时候，宿舍管理委员会的成员以宣传海报的形式向各学院宣传了此次活动。活动的开展更离不开活动物品的准备，此次活动所需的物品在活动开展前三天就已准备到位。总体来说活动准备充分，不显仓促，这是活动开展的最有效的保障。

（3）活动开展期间，以我部门为主的几个相关部门精诚合作，将此次活动顺利开展并圆满完成。活动的成功开展光靠一个人的力量是远远不够的，只有大家团结协作，才能把一个活动做大、做好。本次活动中，无论是前期的准备工作还是后期的各项工作都做到了有组织、有纪律，确保了本次活动有秩序地开展。大家都以自己的实际行动展现了作为当代大学生的精神风貌，具体地落实了自己的责任。

（4）校领导以及各个部门的支持是活动开展的原动力。校团副书记李强老师十分关注本次活动。在活动开展过程中提出不少有价值的建议。

（5）尽管在活动的筹备阶段，我们就活动中将会出现的一些问题做了周密的预案，但依然有不尽如人意的地方：1. 在活动开始之初，由于没和老师沟通好，影响了活动的开展进度。2. 实施阶段由于在细节方面没做彻底，使得最终成绩不是很理想，有负老师和主席团对我们的期望。3. 没有完全地调动起同学的积极主动性，部分同学的重视度不够，使得活动开展起来有显吃力。对于这些不足我们应当认真反思，总结经验，以确保在下一次活动中取得更好的结果。

活动八

"健康饮食·文明就餐"活动

一、活动综述

营养是健康的根本，食物是营养的来源。科学饮食是人类健康长寿的基础和保证。然而青年人，特别是我们在校大学生对此十分忽视。离家在外，我们日常饮食和健康都由自己照顾。学校食堂与我们息息相关，但是广大学生日常生活中存在着许多不良习惯，这给我们的健康带来严重的影响，所以这应当引起全校师生的高度重视。同时鉴于我校大部分学生对伙食管理委员会（以下称伙管委）职能的不了解甚至误解，我部门将在活动期间采取以多种形式宣传伙管委的工作性质、传统活动以及同学们在四季饮食方面应注意的事项。

伙管委是代表和维护全校学生正当权益，配合学校后勤部门管理食堂的群众性监督自律组织。伙管委在学生处、学生联合会、后勤处的领导下，依照国家的法律、法规、学校的规章制度和伙管委章程，独立自主开展工作。伙管委由我校各系学生代表组成，是代表和维护广大学生正当饮食权益的学生组织，是沟通学校和学生、学生和食堂员工、学生和学校后勤部门之间的纽带和桥梁。以维护师生正当饮食权益，监督保障校园饮食卫生安全，促进我校文明就餐风气的形成为工作中心，致力于建设和谐师院做出应有的贡献。

俗话说餐桌虽小，但却能折射出用餐者的用餐文明程度。在新学期开始之际我们也迎来了我校一年一度的"文明就餐活动月"活动。"文明就餐活动月"活动是学生联合会伙食管理委员会的传统活动，是由校团委、后勤服务集团总务处膳食科组织，学生联合会伙食管理委员会执行的一次重大活动，旨在宣传文明就餐的重要性，养成文明就餐的良好习惯，提高大家的文化底蕴，从而为我校师生营造一个更加和谐美好的就餐环境。

开展文明就餐值勤活动，有利于加强大学生的诚信文明教育，提高大学生文明素养，营造良好的文明就餐氛围，增强青年学生勤俭节约意识，为我校文明校园建设以及文明单位创建工作发挥积极作用。

二、活动文件

策划一：

（一）活动目的和意义

加强广大师生对伙管委的工作性质和职能的了解，深化对"科学饮食·健康生活"的认识；维护广大学生的利益，民主监督、管理、协助学校后勤集团膳食中心，提高我校伙食水平，完善学校伙食服务，认真做好学校食堂与学生之间的沟通工作；及时反映学生对伙食的意见和建议，让广大师生拥有一个健康卫生的饮食环境。培养同学们养成良好的饮食习惯，对增进大学生体质、预防疾病有积极的作用，对提高广大师生的健康水平具有十分重要的意义。

（二）活动对象

遵义师范学院广大师生。

（三）活动目标

积极引导我校师生建立科学的膳食营养均衡观，养成良好的饮食习惯，培养文明就餐、排队就餐、餐后将餐盘带回餐盘回收处等文明习惯。深入了解伙管委，加强对食堂的监督。

（四）活动内容

（1）以调查问卷的方式参与校园大道的现场活动。活动现场填写调查问卷，凭借调查问卷可参与抽奖（调查问卷参见附录一）。

（2）以展板形式开展"'食'话我说"专栏。给同学们提供敢说话、说实话的平台。我部门会将同学们提出的问题及时反映到后勤中心或与食堂进行沟通。

（3）文明就餐活动提示：

① 我部门工作人员在各个食堂建立文明就餐监督岗、进行文明就餐提示，包括排队就餐、餐后端餐盘等行为。

② 在各个食堂张贴文明就餐提示标语，时刻提醒同学们文明就餐。

（4）出一期《科学饮食伴我行》为主题的黑板报，宣传食品卫生的相关知识，以便同学们能了解此活动的重要性。

（5）向各个班发放《科学饮食·健康生活》的倡议书，倡导同学们注重饮食，注重健康（倡议书参见附录二）。

（6）海报：世界健康日题材，四季饮食注意事项（此活动将成为我部门的常规活动，每月出一次）。

（7）每个系派出13名代表参加知识竞答，竞答方式有必答和抢答两种方式（知识竞赛详见附录三）。

（五）活动时间

清明后的第一个星期。

2012年4月9日—4月13日。

2012年4月13日中午12：00。

2012年4月13日下午14：30。

（六）活动地点

学校各个食堂，校园大道和礼堂前篮球场。

（七）活动准备

（1）制作展板：有关"'食'话我说"专栏（2块），伙管委职能（1块），活动图片、健康食品、文明就餐、食堂卫生等图片（2块大的），健康知识展板（6块）。

（2）调查表：有关食堂卫生、服务态度、菜色、菜质、菜价、分量及种类的调查表（1000份）。

（3）制作《科学饮食、健康生活》倡议书，并在活动前三天发放至各班。

（4）活动前的宣传海报（10张），在活动前四天张贴，张贴位置各食堂、宿舍楼门口，并在活动期间注意海报完整性，由督查组组长负责。

（5）准备15张桌子，活动期间分别放于校园大道和大礼堂前篮球场。

（6）策划宣传册的内容和形式（部门图片，简介，基本健康饮食）。

（7）提前向有关部门借音响、扩音器等设备。提前准备背景音乐等。

（八）活动要求

（1）有关部门及相关人员必须全力配合、协调工作，确保开幕式顺利进行。

（2）各系参赛人员必须保持会场纪律。

（3）突发事件由负责人及时处理。

（九）活动细节及注意事项

（1）下发邀请函到各二级学院和学校各个学生组织。

（2）邀请广播站和大学生新闻中心、记者站对此活动进行全程宣传和报道。

（3）提前租用、购买活动过程中所必须的设备和物品。

（4）活动场地的布置及细节，包括挂横幅、宣传展板的摆放、音响话筒的准备和调试、活动前后会场的卫生等。

（5）工作人员做好会场的服务，分发饮料等。

（6）摄像（负责活动全程的摄影留念）。

（7）邀请月评组进行知识竞答的比赛评分。

（8）抽奖活动必须凭调查问卷才能进行抽奖，无调查问卷或未填写调查问卷不得抽奖。

（十）活动预算

略

策划二：

（一）活动目的

收一个餐盘，整洁就餐的秩序，打造文明食堂；拒绝舌尖上的浪费，努力形成"崇尚节约，摒弃浪费"的校园文化新风。

（二）活动主题

"文明修身，光盘行动"。

（三）活动对象

遵义师范学院广大师生。

（四）活动时间

2013 年 11 月 15 日— 2013 年 12 月 15 日（暂定）。

（五）活动地点

学校各食堂，礼堂前篮球场，音乐厅。

（六）活动组成

（1）"光盘行动"微博互动。

（2）果蔬拼盘。

（3）拉面比赛。

（七）活动形式

此次活动采取积极主动的海报宣传和组织同学们参与互动比赛的形式进行，再联合学生联合会宿管委和文体部组织开幕式和颁奖晚会，单调而不乏味，简单而具影响力，力求在视觉上给同学们强烈的冲击，从而达到活动的目的。

（八）活动具体内容

1．"光盘行动"微博互动

（1）时间：2013 年 11 月 15 日— 2013 年 12 月 15 日。

（2）地点：学校各食堂。

（3）报名方式：关注遵义师范学院团委腾讯微博，加入到（#遵义师范学院光盘行动#）话题讨论，编辑 #遵义师范学院光盘行动# +与活动有关的一句话和图片@遵义师范学院团委发到腾讯微博。

（4）活动方式：在本次活动开始到结束的这一个月当中，参与到#遵义师范学院光盘行动#话题讨论中最多的前 6 名同学，将获得奖品。

（5）开一期以"光盘行动"为主题的班团活动，并有照片采集，由负责人把各班的照片做成PPT打包发到活动组负责人邮箱（每班最少十张），最后将于闭幕式晚会上放映。

（6）意义：培养学生文明就餐，珍惜粮食，勤俭节约的饮食习惯，反对舌尖上的浪费。

（7）奖项及奖品设置

奖项	名额（个）	奖品
一等奖	1	略
二等奖	2	略
三等奖	3	略
总计	6	略

2．果蔬拼盘和拉面比赛

（1）报名须知：由各分院代表队参赛，每支代表队由4人组成，人员由各分院自行挑选，并任命一人为队长（报名表见附表）。

（2）报名形式：各分院选出自己的代表队，填写报名表参赛；现场以组为单位填写报名表参赛（报名表见附表一）。

（3）报名时间：11月11日—11月14日（暂定时间）。

（4）报名要求：以分院为单位报名。

（5）比赛时间：2013年11月15日。

（6）比赛地点：我校礼堂前篮球场。

果蔬拼盘：

（1）由活动方提供给各分院代表队水果和蔬菜（各分院代表队可自行准备3种以上的果蔬参赛）。

（2）各参赛队代表抽签决定比赛顺序，各参赛组按编号依次进行比赛。每次有7组比赛，在比赛前每组有3分钟的准备时间，选出自己所需的水果，按量取材减少浪费，最后依剩余材料多少酌量扣分，每组由2人组成，在15分钟内完成果蔬拼盘。

（3）到规定时间后，选手停止拼盘的制作。评委观其作品，听其解说（解说时间不得超过3分钟）。水果拼盘按照作品的颜色搭配、摆拼造型及营养结构等评定。由代表队负责人进行解说，解说内容包括作品名、创作来源、作品意义。

（4）参赛选手必须遵守参赛规则，在比赛前认真准备，比赛时不得迟到、不得无故缺席，不得扰乱赛场纪律，不得舞弊，比赛完后自行处理拼盘。对不遵守参赛规则的小组或选手将取消其评选资格。

（5）最后综合两项比赛评定分数，按总分排名，并选出获胜团队。

拉面比赛：

（1）拉面的制作：在比赛开始前由兰州拉面馆的师傅现场示范做拉面的过程，参赛人员仔细观看学习。

（2）示范完成后各参赛队代表向前抽签决定比赛的顺序，按顺序依次用活动方提供的面团进行制作，每次有7组比赛，各队有5分钟的制作时间。由活动方提供面粉团一个，干面粉和食油少许。

（3）到规定时间后，选手停止拉面制作。由评委老师和拉面馆师傅为各参赛队打分。最后综合评定分数，按平均分计算，排出各队的名次。

3．奖项及奖品设置

奖项	名额（名）	奖品
一等奖	1	略
二等奖	2	略
三等奖	3	略
总计		略

（九）活动展开

1．前期准备

（1）活动宣传以海报、展板和横幅的形式为主，在我校各宣传栏和食堂门口张贴本次活动的宣传海报，展板放于活动现场和教学楼，横幅在各食堂各一条。

（2）邀请广播站、大学生新闻中心和记者站以及遵义师范学院百度贴吧对此次活动进行宣传及报道。

（3）发放倡议书和提示文件到各个班级进行通知，由各分院学生会主席带回，发邀请函到学校各分院和学校各个社团参加开幕式和闭幕式。

（4）购买或租用活动过程中必要的所有东西，向美术学院借用桌子，以及准备小蜜蜂。

（5）申请场地。

（6）购买塑料纸张贴于桌面。

2．活动进行

（1）挂横幅及会场布置。

（2）摄像（负责活动的全程摄影留念）。

（3）评委。

（4）计时人员。

（十）活动预算。

略

（十一）注意事项

（1）有关部门及相关人员必须全力配合、协调工作，确保开幕式顺利进行。

（2）各学院参赛人员必须保持会场纪律。

（3）突发事件有负责人及时处理。

（十二）活动预测

如遇下雨天气或其他因素活动不能按时举办，比赛则改期举行。

三、活动过程

"光盘行动"微博互动：

2013年11月15日—2013年12月15日，关注遵义师范学院团委腾讯微博，加入到（#遵义师范学院光盘行动#）话题讨论，编辑 #遵义师范学院光盘行动# +与活动有关的一句话和图片@遵义师范学院团委发到腾讯微博。

在本次活动开始到结束的这一个月当中，参与到#遵义师范学院光盘行动#话题讨论中最多的6名同学，将获得奖品。

开一期以"光盘行动"为主题的班团活动，并有照片采集，由负责人把各班的照片做成PPT打包发到活动组负责人邮箱（每班最少十张），最后将于闭幕式晚会上放映。

培养学生文明就餐，珍惜粮食，勤俭节约的饮食习惯，反对舌尖上的浪费。

果蔬拼盘：

（1）由活动方提供给各分院代表队水果和蔬菜（各分院代表队可自行准

备3种以上的果蔬参赛）。

（2）各参赛队代表抽签决定比赛的顺序，各参赛组按编号依次进行比赛。每次有7组比赛，比赛前每组有3分钟的准备时间，选出自己所需的水果，按量取材减少浪费，最后依剩余材料多少酌量扣分。每组由2人组成，在15分钟内完成果蔬拼盘。

（3）到规定时间后，选手停止拼盘的制作。评委观其作品，听其解说（解说时间不得超过3分钟）。水果拼盘按照作品的颜色搭配、摆拼造型及营养结构等评定。由代表队负责人进行解说，解说内容包括作品名，创作来源，作品意义。

（4）参赛选手必须遵守参赛规则，在比赛前认真准备，比赛时不得迟到、不得无故缺席，不得扰乱赛场纪律，不得舞弊，比赛完后自行处理拼盘。对不遵守参赛规则的小组或选手将取消其评选资格。

（5）最后综合两项比赛评定分数，按总分排名，并选出获胜团队。

拉面比赛：

（1）拉面的制作：在比赛开始前由兰州拉面馆的师傅现场示范做拉面的过程，参赛人员仔细观看学习。

（2）示范完后各参赛队代表向前抽签决定比赛的顺序，按顺序依次用活动方提供的面团进行制作，每次有7组比赛，各队有5分钟的制作时间。由活动方提供面粉团一个，干面粉和食油少许。

（3）到规定时间后，选手停止拉面制作。由评委老师和拉面馆师傅为各参赛队打分。最后综合评定分数，按平均分计算，排出各队的名次。

四、活动总结

2013年11月15日学生联合会伙食管理委员会在团委老师的支持下开展了"光盘行动"微博互动、"果蔬拼盘"、"拉面比赛"等活动，在这次比赛中，我们的活动取得圆满成功。

无论是从开始的活动策划还是在活动的各个准备环节，我们的工作人员都相互配合、支持并积极参与到活动中来，这为我们的活动能够顺利完成打下了基础。尤其是在此次活动中，我们都各自分派到任务，从活动策划书的制作、各种食材的购买、活动场地的布置、到活动的结束以及场地的清理上，整体上来说都安排得很好。

活动当天，我们部门工作人员下课后就迅速来到团委办公室，清洗水果拼盘要用的水果和蔬菜，布置活动现场，直到晚上六点活动结束后才离开。虽然有些累，但是活动非常成功，我们都很高兴，我们的辛苦是值得的。在"光盘行动"微博互动的活动中，全校学生积极发送照片和活动有关的话语到腾讯微博中来。这次活动得到全校师生的好评，为全校师生搭建的平台，师生可以随时关注我们的就餐行为，为我们活动的现实性提供了可信度。

在"水果蔬盘"这个活动环节，各个组的成员都相互配合，在规定的时间内，把自己取来的果蔬拼凑成得有创意、美观，并且尽可能地不浪费取来的食材。虽然这个环节的步骤很繁琐，但是活动的进程依然很顺利，各组参赛选手在工作人员和主持人的指导下很快完成了比赛并都取得了优异的成绩。尤其是在各参赛选手解说自己作品的过程中，各位选手都表现得非常精彩。这是以往比赛中不曾有的环节，得到师生们的好评，他们希望这样的活动以后多多举办。这对激发我们学生的创新意识大有好处。

在"拉面"比赛环节，不管是从请我们的拉面师傅还是在各组选手自己实践的过程，整体都还是很好的。每组选手在看拉面师傅的示范后认真地制作拉面。在比赛结束后，同学们都纷纷离开活动现场，我们的工作人员都很认真地清理现场，把活动用的桌子、果蔬、还有其他的工具搬还各个单位，并打扫活动留下的垃圾。这些都是以后的活动中我们该学习和借鉴的地方。但是，在整个活动的过程中还是存在着很多的问题：

（1）在活动快开始的时候，我们活动的评委老师还没有确定。

（2）在活动中，我们的工作人员有些失职，比如在活动场地的维护和安保工作方面。我们下次应该更加注意自己在工作中扮演的角色，不然会影响到整个活动的效果。

（3）在活动尾声之际，我们的评委老师到后阶段催促主持人叫选手们加快速度。但既然有规定的时间，就应该让他们自由完成，以免影响他们的情绪以致影响到比赛的成绩。

（4）安保工作不是十分到位，活动的现场还是有些混乱。

虽然存在这么一些问题，但是在这较大型的、时间持续较长的活动中，存在一些小的纰漏也是可以理解的，只要我们认识到自己的不足，争取在下一次的活动中做得更好。所以，我们在活动结束后进行开会反思和总结，把好的和不足的地方都列举出来，以便我们下次活动能举办得更好。

我们的活动从整体来说是成功的。希望经过这次活动，我校学生的就餐习惯能够变得更好，能够打造出文明、整洁、节约的校园文化新风尚，为我校申大、申硕目标做贡献，也为我校师生创建一个更美的校园。

活动九

第十二届寝室文化活动月 "科学饮食·健康生活"系列活动

一、活动综述

为培养大学生素质，提高大学生思想道德修养，规范大学生学习与生活，形成良好的公寓环境，营造积极、健康、向上的校风学风，以及增强大学生对平衡饮食营养方面的意识，形成良好的饮食习惯，共青团遵义师范学院委员会、遵义师范学院后勤服务集团共同举办了第十二届寝室文化活动月暨"科学饮食·健康生活"系列活动。

二、活动文件

（一）主办、承办单位

共青团遵义师范学院委员会、遵义师范学院学生联合会、遵义师范学院后勤服务集团。

（二）活动主题

"科学饮食·健康生活"。

（三）活动对象

全校学生。

（四）活动时间

2014 年 11 月 14 日。

（五）活动地点

遵义师范学院篮球场。

（六）活动内容

活动共分为四个板块，分别为被子接龙、变废为宝、果蔬拼盘及游戏 PK 淘汰赛。比赛为团体赛，以寝室或学院为单位。

三、活动报道

由共青团遵义师范学院委员会、遵义师范学院后勤服务集团共同主办的第十二届寝室文化活动月暨"科学饮食·健康生活"系列活动于2014年11月14日下午在大礼堂前的篮球场举行。

参加此次活动的人员有校团委副书记李强老师、宣传实践部李瑾老师、办公室副主任邓佳老师、后勤部副处长周志辉老师、宿管科科长何侠老师、膳食科科长刘世玉老师及15个二级学院学生代表。

首先，李强老师和周志辉老师就此次活动分别发表了讲话，希望通过此次活动能够拓展同学们的素质。在一片热烈的掌声之中，李强老师宣布了此次活动正式开始。

活动共分为四个板块，分别为被子接龙、变废为宝、果蔬拼盘及游戏PK淘汰赛。比赛均以寝室或学院为单位参加，现场也设有报名点供同学们现场报名。现场气氛热烈且紧张，参赛的同学十分积极热情。在一声声哨响之后，同学们都快速而有序地投入到比赛中，将平时积累的经验发挥到极致。裁判员也认真负责地履行职责，不放过一丝细节，保证比赛的公正公平。

四、活动总结

通过这次活动增强了大学生的营养饮食意识，使学生们更加深刻地认识到积极、健康、向上的校风学风的重要性。"科学饮食·健康生活"让同学们努力营造高质量的公寓环境，形成良好的饮食习惯。本次活动中同学们积极参与，既学习到相关的饮食知识，又丰富了大学生活。

活动十

清明扫墓活动（一）

一、活动综述

清明节是我国的传统节日，扫墓、祭拜古人的文化风俗也仍为广大中华儿女传承。时至今日，我们仍然不能忘记那些曾经为了祖国伟大事业抛头颅、洒热血的革命先烈以及在新时期涌现出的一系列英雄人物。他们所代表的精神价值也越来越稳定地成为社会意识的一部分，并影响着现代人们。

1935年1月15日至17日，党中央在遵义召开了政治局扩大会议。遵义会议结束了王明"左"倾冒险主义在中共中央的统治，确立了以毛泽东为代表的新的中央的正确领导。这次会议是中国共产党第一次独立自主地运用马克思列宁主义基本原理解决自己的路线、方针政策的会议。它在极端危险的时刻，挽救了党和红军，是中国共产党历史上一个生死攸关的转折点，标志着中国共产党从幼稚走向成熟。作为新中国的接班人，我们应该将此铭记于心。

缕缕春风，绵绵细雨，诉不尽对革命烈士的无限深情，道不尽对烈士英魂的无尽哀思。在清明节来临之际，我校每年都会开展"缅怀革命先烈，弘扬民族精神"清明扫墓活动，这是我校历年来的传统活动。通过此类活动能培养学生真切的爱国情怀，严谨治学的态度，发奋学习的精神，大胆创新的意识，让学生受到爱家乡、爱祖国的教育。

二、 活动文件

（一） 活动目的

号召同学们时刻铭记烈士们为解放国家和民族而不惜牺牲生命的大无畏的英勇事迹，学习烈士们顽强拼搏、艰苦奋斗的精神。通过本次活动培养学生真切的爱国情怀，严谨治学的态度，发奋学习的精神，大胆创新的意识，让学生受到爱家乡、爱祖国的教育；缅怀革命先烈，发扬革命传统精神；在活动中熏陶自己、锻炼自己、提高自己，从而加强学生之间的团结与交流，为以后的活动打下扎实的基础。

（二） 活动主题

缅怀革命先烈，弘扬民族精神。

（三） 活动形式

（1） 活动时间：2012年4月4日8：30。

（2） 活动地点：红军山、遵义会议会址。

（3） 活动对象：遵义师范学院学生会全体成员。

（四） 活动流程

（1） 前期准备工作：

①学习部负责联系红军山与遵义会议会址负责人的相关事宜，并规划同学们出行的路线和活动内容。

②办公室负责购买花圈及其他活动当天的相关物资，并做好资金预算和物品登记工作。

③宣传部对于此次活动进行追踪报道，及时以展板、海报等形式进行宣传，并与校内媒体取得联系。

④人力资源部负责同学们活动当天的出勤登记工作。

（2）4月4日（周六）早上8:00集合签到，清点人数并交代注意事项，随后出发。

（3）全体同学步行到红军山，再签到并检查人员是否到齐，然后由负责人带队。

（4）参观革命烈士纪念碑，缅怀革命烈士的丰功伟绩。

（5）祭扫烈士墓程序安排：

①全体师生向纪念碑敬献花圈、默哀。

②学生联合会代表发言。

③学校领导讲话。

④自由参观。

（6）全体同学步行到遵义会议会址，给队员们一些自由参观时间，14:30准时到指定地点集合，再次签到，看人员是否到齐，15:00准时离开并返校。

（7）返校时通知参与队员写一篇感言，并且在规定期限内交到校学生联合会办公室。

（五）活动注意事项

（1）烈士墓是革命英雄长眠的地方，他们为了我们的今天，付出了巨大的牺牲，所以我们要穿着整洁。

（2）墓地是英灵的安居之所，故不可跨过坟墓及供品，活动中态度要庄严肃穆，不能嬉笑怒骂、污言秽语、乱跑乱碰。

（3）在墓地范围内要维恭维谨，控制自己的情绪和态度。要怀着崇敬的心情参加活动，认真观看、了解烈士事迹。在参观了解先烈的英雄事迹时保持安静，体现当代大学生的良好素质。

（4）注意卫生，不能在陵园内乱吃零食，乱丢垃圾。不能在墓地内乱跑，行走要按顺序，不破坏青草绿地。

（5）如有特殊情况未能参与活动者，请及时向负责人说明，以免耽搁行程。途中如有事离队要向负责人说明，得到许可签退后方可离开，离队后的安全问题由本人负责。

三、 活动过程

（一） 深入宣传

3月26日开始在全校范围内进行宣传：

（1）通过海报、黑板报、广播站及宣传栏等多种方式进行宣传。

（2）向我校各学院团总支下发相关扫墓活动的通知文件，通过各学院团总支书记层层宣传。

（3）将扫墓活动相关文件电子档和有关信息发布到各学生组织、班级QQ群。

（二） 活动过程

（1）4月4日（周六）早上8：00集合，前往红军山。

（2）祭扫烈士墓。

（3）前往遵义会议会址。

（4）15：00准时离开并返校。

四、 活动总结

每年的清明扫墓活动在学校领导人的带领和同学的配合下，取得了圆满成功。本着缅怀先烈，学习革命烈士精神的宗旨，全体参与人员深刻感受到遵义会议精神和革命烈士不怕牺牲、勇往直前的大无畏精神。

这次活动让同学们深刻认识到革命烈士的巨大贡献，引导了学生树立正确的世界观、人生观、社会主义荣辱观，促进了我校精神文明建设。通过这一活动的开展，同学们热情讴歌英烈们忠于党的事业、不怕牺牲、勇于献身的革命精神，全面学习英烈们坚持真理、艰苦创业、公而忘私、全心全意为人民服务的高尚情操，同学们受到爱国主义教育，树立正确的世界观、人生观、价值观和远大的革命理想，并继承英雄的遗志，踏着英雄的足迹，体会人生的价值，使自己具备助人为乐的高尚情操，舍己为人不怕牺牲的英雄气概。让英雄的精神常驻于我们心中，督促我们前进。我们坚信她的精神会像指挥棒一样引领我们奔向春光明媚的远方。

活动十一

2015年清明扫墓活动（二）

一、活动文件

（一）活动组织

主办单位：共青团遵义师范学院委员会。

承办单位：遵义师范学院学生联合会。

（二）活动时间

2015年4月3日12：00。

（三）活动地点

红军山。

（四）活动对象

学生联合会各部门部长助理、各二级学院学生代表。

（五）活动内容

组织学生联合会各部门部长助理、各二级学院学生代表前往遵义市红军山举行清明节扫墓活动。

二、活动过程

首先，同学们来到了位于凤凰山红军烈士陵园，在革命英雄纪念碑前举行了庄严的扫墓仪式，同学们在烈士碑下齐唱《中华人民共和国国歌》并向烈士们敬上花圈。期间大家在烈士墓碑前低头鞠躬并默哀，以表达对革命先烈的缅怀之情。随后，学生代表李培永向同学们介绍了烈士们的英勇事迹，号召全体同学永远铭记先烈们的宏伟业绩和英勇事迹，继承革命先烈的遗志，努力学习，成为国家的栋梁之材。

三、活动总结

这次活动使我们深刻意识到，先烈们是中国人民的骄傲，他们用青春和热血向世人昭示了没有中国共产党就没有新中国这一颠覆不破的真理；以自己的崇高理想捍卫了祖国的尊严，以自己的血肉之躯为祖国的强盛做出了不朽的贡献，他们永远是我们心中的一块丰碑。

活动十二

学生联合会素质拓展活动

一、活动综述

素质拓展活动从本质上讲就是一种"体验式学习"，是培养同学们团队协作精神的一种体育活动。素质拓展活动的主要目的是磨炼意志、陶冶情操、完善人格、熔炼团队；它能有效地提高人们在体能、毅力、智慧、沟通、协作等方面的素质和能力；它能够培养参与者克服困难的毅力、健康的心理素质、积极进取的人生态度、敢于挑战自我极限的勇气和精诚合作的团队意识。素质拓展活动更有利于参与者个人潜能的挖掘和团队精神的培养。素质拓展活动的目标更注重于参与者心理素质的提升，素质拓展活动所采用的活动方式更有计划性。

我校学生联合也会在新学年的来临之际，结合《遵义师范学院学生联合会规章制度》的相关规定，举办本次素质拓展活动。素质拓展活动是自学生联合会成立之初就已有的传统活动，已走过多年光景。随着时间的推移，素质拓展活动在内容上和游戏上都有了很大的创新，增设了其他新的活动内容，集体游戏也各有特色，力求创新。这些都可以更好地帮助同学们相互了解、相互交流。在2010年的素质拓展活动中，游戏包括三个进球、死亡电网、荆棘取水、你夸我笑等特色活动。而2011年的素质拓展活动在2010年的基础上增加了室内交流、联欢晚会等内容，而游戏保持了"生死电网"这样的特色活动，也增加了信任背摔、坐地起身、心心相印、十人九足这样的新节目。

素质拓展活动可以提高同学们的人际交往能力，并能通过游戏，让大学生认识自我价值，找到自我定位，实现自我超越，发现自身问题，进而激发个人潜能，锻炼战胜困难的毅力与恒心，掌握多种思维方式，克服传统的、局限的思考方法，学会从多角度看问题。希望我校学生联合会素质拓展活动不断创新，不断进步，举办得越来越好。

二、 活动文件

策划一：

（一） 活动目的

让学生干部了解并积极参与素质拓展活动，提高学生干部的交际、沟通、组织等方面的能力，增进学生干部之间的了解，培养他们各方面的能力，使其全面发展，以便更好地服务同学，增强学生会的战斗力和凝聚力。

（二） 具体时间

（1） 时间：10月8日（暂定）。

（2） 地点：足球场（据当天天气来定，下雨改到体育馆）。

（3） 参与人员：联通公司部分员工、遵义师范学院学生会全体成员、各分院主要学生干部、团委学生干部、通讯社成员、各系主要学生干部。

（三） 活动安排

（1） 联通公司宣传活动。

① 横幅。

具体位置：足球场入口处一条；活动场地一条；足球场围网一条（每条约8米×0.6米＝4.8平方米）。

② 海报。

具体位置：学校大门口宣传栏；校园大道宣传栏；三号公寓宣传栏（对外张贴宣传海报每张每天收费为50元）。

③ 传单：由参加素质拓展活动的学生干部进行传单的发放。

（四） 具体活动内容及流程

（1） 制作队旗。

全体成员进行分组，每组大约30人，选出本队的队长进行之后的活动。要求有本队的队名、队旗、队徽、队歌和口号。

（2） 摆造型（20分钟）。

活动道具：一块宽阔的草坪。

活动目的：使整个团队参与到一个互助的游戏中来。

活动步骤：

① 选4位志愿者，保证他们中的每个人至少能做一个俯卧撑，且动作标准。让那些不想参加游戏、不能做俯卧撑的人做监督员。

② 4个志愿者做一次集体俯卧撑。为了完成动作，他们必须趴在地上，把双脚放在彼此背上，做俯卧撑。如果他们能按要求正确完成，地上就不会有脚，只有四双手。

③ 4个志愿者成功做完第一个俯卧撑后，其余队员便参与进来。每做完一个集体俯卧撑，增加一个新队员继续进行，并且所有成员都必须趴在地上从头开始。目的在于使尽量多的队员参加完成一个超大俯卧撑。

活动讨论：你们在游戏中遇到了什么问题？如何对问题进行拆分的？每个人都做了什么？如何将这个游戏和我们的实际工作联系起来？

（3）拓展游戏之三个进球（30分钟）。

活动道具：8个大水桶（用来接球），80个球（篮球或足球放在袋子或盒子里）。

活动目的：向队员们展示良好的沟通对于提升工作成绩的作用。这个游戏说明了指令明确在协同工作中的作用。

活动步骤：

① 每组30人。

② 每个组派两名队员作为投球手。

③ 让其中一名队员面向某一个方向站好，目视前方。不可以左顾右盼，更不能回头。然后，把装有球的袋子交给他。

④ 把水桶放在队员的身后，垃圾桶与队员间的距离约为10米。注意不要把垃圾桶放在队员的正后方，要让它略微向旁边偏出一些。

⑤ 告诉队员他的任务是向身后的垃圾桶里扔球，告诫队员不许回头看自己的球进了没有，落在了哪里。让其他队员指挥他，告诉他如何调整投掷的力量和方向才能进球。注意，这里只允许通过语言传达指令。

⑥ 两个队轮流进行投球，每个队员有10次投球机会。进球数多的那个队获胜，可颁发纪念奖品。

⑦ 采访获胜队的队员，问他"是什么帮助他实现了目标"，问其他队员是否也觉得很有成就感。

活动讨论：哪些因素帮助你实现了目标？哪些因素增加了实现目标的难度？负责指挥的队员是否感觉好像自己进了球一样？如何才能更快更好地实现目标？这个游戏揭示了什么道理？如何将这个游戏和我们的实际工作联系起来？

活动建议：可以蒙上队员的眼睛，而且不让他正好背对着垃圾桶，这样，其他队员必须先指挥队员调整方向，直到基本上背对着垃圾桶，然后队员才能开始投球。这种做法可以增加游戏的难度和趣味性。

（4）拓展活动之死亡电网（60分钟）。

活动目的：增强团队成员之间的合作，增强学生干部奉献精神。

活动器材：编织绳、小卡子。

活动方法：每30个同学一组，先后做这个游戏，用编织绳在足球场的两个球门上做出无数不规则的洞，要求全组队员在30分钟内从网的一侧通到另一侧。

活动要求：游戏过程中任何队员不得触网（包括衣服、头发等），无论是过网的队员还是旁边的队员，否则视为"死亡"。一旦触网前面成功通过的队员必须全部返回，重头来过；每个网洞只能使用一次（由组长来记录，用卡子来标记），"死亡"后只解除部分已被封的网洞。

活动注意事项：活动过程中注意安全问题。

活动讨论：团队协作能力，学生干部自我奉献意识的培养。

（5）拓展活动之荆棘取水（40分钟）。

活动目的：团队合作完成任务。群体里面的优势和弱势是相对的，思考如何更好安排，扬长避短。

活动道具：25米长的保护绳两条，一次性纸杯一包，荆棘区布置障碍物区（可以使用跨栏、标枪等体育器材作为障碍物），眼罩若干。

活动细则：

① 荆棘取水每组一个指挥来协助每个队员过荆棘区，只能用说话来引导，如果队员包括指挥，碰到荆棘区或者水溅出，视为无效。

② 不能摘下眼罩偷看。

③ 以小组内完成任务的水量进行比较，多者为胜。

（6）拓展活动之"你夸我笑"（20分钟）。

活动目的：让队员彼此了解，拉近队员的关系。

活动要求：全体组合成每30个人一个圈，围坐在草地上。每个队先请一名队员坐到圈中央,依次接受队友们的夸奖,每位队友必须看着"圈中人"的眼睛,当面说出三个优点。依次类推,每位队员必须轮流坐到圈中央接受赞扬,要求队友们的赞美必须真诚,即对方确实有所夸的优点。

可能出现的情况:

① 谁先坐到圈中央,可能会成为各队的难题,会有人担心别人说不出自己的优点而尴尬。

处理办法:猜拳或掌声鼓励。

② 谁先开口赞美,可能会成为另一个难题。

处理办法:从他好朋友或相邻的同学开始。

③ 最后发言的人会担心优点被前面发言的人说光了。

处理办法:举事例也可以。

现场状况:在不断的夸赞声中,大家放松地融在一起。

活动分享:游戏结束后,大家都从别人嘴里获悉自己有那么多优点,不管平时多内向的人,此刻都会很自信。

(7) 奖惩小游戏(10分钟)。

惩罚措施:

① 卡通跳。分为男式和女式,相同的都是跳起时大腿和膝盖要并拢,小腿要分开,就像漫画中的姿势。不同在于:男式的向上跳起时左右脚前后分开,双手自然前后摆,同时嘴里要发出"呦吼"的声音;女式的向上跳起时左右小腿要向两旁分开,双手食指和中指在胸前做"V"的姿势,同时嘴里要发出"耶"的声音。

② 屁股写字。顾名思义,就是用屁股写字。怎么写呢?双手放在腰上,然后扭动臀部,就像用手在空中比划一样把字写出来,一边扭,一边要把写的笔画说出来,就像跳屁股舞一样。

(五) 交流时间

时间11:25—11:50,畅谈自己的感想与发现。

(六) 组长总结

时间11:50—12:00。

(七) 所需物资

所需物品:25米长的保护绳子两条,一次性纸杯一包,荆棘区布置障碍物区（可以使用跨栏、标枪等体育器材作为障碍物），眼罩若干，编织绳，小卡子，8个大水桶（用来接球），80个球（篮球或足球放在袋子或盒子里）。

策划二：

（一）活动目的

此次活动以培养学生干部思想政治素质为核心，以培养创新精神和实践能力为重点，旨在提高学生联合会干部的综合素质，增进各成员间的交流与合作，树立团队意识。通过游戏等方式，让学生干部从中认识自我价值，进而激发个人潜能，实现自我超越，为更好地服务广大同学奠定良好的基础。

（二）活动时间

略

（三）活动地点

（1）户外游戏：校园田径场。

（2）室内交流：教学楼509教室。

（3）联欢晚会：学生活动室。

（四）活动对象

学生联合会11级全体干部，10级部长及主要干部、各分院主席团干部、各系主席。

（五）活动内容

户外之展现青春活力篇

本篇章主要由游戏构成：

（1）分组：在入场时每人会获得一张号码牌，根据号码牌上的数字按顺序每三十个人一组，分成六组。

（2）热身：为避免活动中出现拉伤、扭伤等意外情况，在活动前将进行10分钟左右的热身。

（3）制作队旗、选择队长、队歌、队名和口号。

（4）队员集中进行集体展示。

热身运动：

（1）体育课前的热身运动：头部运动、肩关节运动、手腕关节运动、扩胸运动、膝关节运动、压腿（正压+侧压）、伸展运动。

（2）各队队员分别围坐成圈，由某人开始按照顺时针方向起立，自我介绍说：各位朋友好，我叫张××。第二人起立说：张××您好，我叫杨××。第三人则起立说：张××、杨××你们好，我叫刘××。后面的人接着说下去，强迫大家把每人的姓名记住。

游戏一

游戏名称：穿越生死网。

道具要求：网绳。

场地要求：空旷的大场地、足球球门。

详细游戏规则：在球门之间用绳子织起网，有大小形状不规则的若干洞口，假想为有高压的网丝，在规定的时间内，队员要互相配合在不碰触到网子的情况下全部穿过去，并且穿过的洞口不能再过人，而碰到"高压网"就表示任务失败，需要重新再来。

活动意义：考验团队合作能力，一些看似无法做到的事情，在团队的努力下共同完成。

注意事项：注意游戏时的手腕关节

游戏二

游戏名称：盲人方阵。

道具要求：长绳一根。

场地要求：空旷的大场地。

详细游戏规则：让所有队员蒙上眼睛，在四十分钟内，将一根绳子拉成一个最大的正方形，并且所有队员都要均分在四条边上。

活动目的：锻炼大家的团队合作能力、团队队员之间的配合和信任。

注意事项：注意游戏人员间的相互碰撞，走动间脚腕踝关节的扭伤。

游戏三

游戏名称：齐眉棍。

游戏人数：10~15人。

场地要求：开阔的场地一块。

需要器材：3米长的轻棍。

游戏规则：全体分为两队，相向站立，共同用手指将一根棍子放到地上，手离开棍子即失败。

活动目的：照顾好自己就是对团队最大的贡献，提高队员在工作中相互配合、相互协作的能力。

注意事项：防止对游戏人员的身体碰触，除了相关人员外的人禁止影响游戏人员。

游戏四

游戏名称：心心相印（背夹球）。

场地要求：一片空旷的大场地。

比赛距离：20米。

需要道具：球若干。

比赛人数：每队12人。

详细游戏规则：

（1）每组2人，背夹一个圆球，步调一致往前走，绕过转折点回到起点，下一组开始前进。向前走时，双手不能碰到球，否则一次加2秒；球掉后从起点重新开始游戏。比赛过程中如出现球落地情况出现需返回起点重新开始。

（2）途中不得以手、臂碰球，如有违反均视为犯规。每碰球一次记犯规一次，每犯规一次比赛成绩加2秒。

（3）进行接力时，接力方必须在规定区域内完成接力活动。比赛中应绝对服从裁判，以裁判员的判罚为最终判决。

活动目的：提高队友之间的默契度。

注意事项：注意游戏进行中两人步调要一致，防止摔倒。

游戏五

游戏名称：搭桥过河。

参赛人员：每队派六人上场。

场地要求：一片空旷的大场地

比赛距离：30米。

需要道具：小地毯（硬纸板）。

游戏规则：赛道两头各一组，每组分三人自由组合，起点组选手四块"小地毯"，由第一名队员向前搭放"小地毯"，第三个队员不断地把身后的"小地毯"传给第一个队员，三人踩着"小地毯"前进3米，其距离为30米（以一篮球场宽为准，来回），要求脚不能着地，绕过障碍物回到起点，待三人全部过界后另一组将接过"地毯"以同样的方式往回走，最先到达起点的为胜。

活动目的：培养团队协作能力和战略战术，训练团队内部的协调能力。

注意事项：注意人与人之间的距离和行进速度，防止碰撞。

户外总结：

（1）各队代表发表户外游戏感言。

（2）合作伙伴讲话。

各队列队出场，在出口处领取纪念品。

室内成果交流之升华篇：

方案1：请学生联合会主席进行讲座。

方案2：户外拓展之后，在室内对户外拓展的感受和一些具有启发意义的话题，在各部门或各队队员之间进行话题的讨论和交流，一段时间后将讨论的结果与大家进行分享。

联欢晚会交流之文娱篇

学生联合会全体成员齐聚一堂，共享欢乐时光。

联欢晚会流程：

（一）前期准备

由各部门分别准备至少一个以上的节目，若节目需要也可由各部门之间共同准备，要求以展现学生联合会积极风貌为主。

（二）晚会活动

（1）活动前一周进行节目筛选以确定节目数量与晚会所需的时间（根据节目数量决定是否进行筛选）。

（2）统计人员名单。

设置晚会环节：

（1）文体部特别节目（待定）。

（2）现场互动（赞助商与学生联合会干部）。

（3）文艺节目。

（4）经验交流。

（三）场地布置

由相关部门（文体部、办公室、网络部、人力资源部）布置晚会场地与道具准备。

（四）主持

要求主持人熟悉活动主旨、目的与流程以及掌握晚会的气氛调动。

（五）安保

分配好各小组主要负责工作，维持良好的现场秩序及作好安全保障。

遵义师范学院学生联合会素质拓展经费预算

（一）游戏活动中所需物资

略

（二）晚会所需费用

略

（三）宣传（以下材料均由赞助商提供）

（1）海报：长×宽80厘米×60厘米五张。

海报内容：以遵义师范学院学生联合会2012—2013学年度素质拓展活动为主题，附学生联合会素质拓展简介。

（2）横幅：3条。

横幅内容：

（1）热烈庆祝遵义师范学院学生联合会2012—2013学年度素质拓展活动隆重举行。

悬挂地点：校园大道。

尺寸要求：长×宽2000厘米×80厘米。

（2）遵义师范学院学生联合会2012－2013学年度素质拓展活动。

悬挂地点：田径场入口。

尺寸要求：长×宽1000厘米×80厘米。

数量：2条。

（3）室内交流会横幅。

（四）邀请函

略

（五）餐费

略

三、 活动报道

户外活动之活动准备环节

首先在活动开始前，学生联合会组织到场同学进行整队，由学生会负责人对本次活动进行了简短的介绍，并表示对同学们的希望。到场部分二级学院学生会代表也进行了发言。之后由学生会的尤亚华、陈晨同学带领同学做了热身运动，预防活动出现受伤情况。

接下来按照到场同学抽到的号码牌进行了分组，30人一组，共分为6组。各组同学留有10分钟时间进行队长选举、队旗制作、队歌练习以及队名和确定队伍口号。力求在活动开始前各组同学间有一定程度的了解。

之后各组对自己组的队歌队旗等进行了展示，充分表现了当代大学生的精神风貌，也赢得了其他组同学的掌声。

活动环节：

本次素质拓展活动游戏环节共设置游戏五个环节，各个环节均有裁判和记录员。

这5个游戏分别为穿越生死网、盲人方阵、齐眉棍、心心相印（背夹球）、搭桥过河。游戏均为学生联合会负责人经过精心挑选的、最适合同学们培养团队协作和组织领导能力的游戏。游戏危险性较低，且极具趣味性。

活动开始后，各个小组迅速奔向了之前决定好的游戏。在活动过程中，有的小组齐心协力商量游戏的诀窍和具体实施办法，有的小组则在组长的带领下进行游戏。有的小组会出现意见的分歧，有的小组游戏会反复失败。因为涉及名次问题，所以在出现问题的时候各个小组反应不同，有的小组急作一团，而有的小组则能冷静分析。

早上的户外游戏环节在历时3小时后圆满完成。学生联合会主席吴倩倩对早上的活动进行了总结。

经验交流总结会：

在进行了一段时间的休整之后，在教学楼101教室，参加活动的同学对本次活动进行了经验交流。

会上，同学们积极发言，纷纷表示经历了此次素质拓展活动收获颇丰，不仅认识了学生会的其他同学，还学习到许多平时很难学到的知识。

同学们认识到，在团队活动中，一个团队取得成功的原因主要有以下几点：一个有主见、有能力的领导或者领头人，一个共同的目标，队员对于队长的充分信任，以及队长对队员意见的理解和迅速分析、作出决策的能力。因为在活动中同学们体会到，一个有能力的领导人可以将一群互不相识的人凝聚到一起，并且领导人可以在出现分歧的时候迅速作出决策，而队员对队长的信任更能使队伍更具凝聚力。队员们共同的目标能使队员们力往一处使，心往一处想，而队员的能力高低反而不是成功的关键。

同学们意识到，同样的道理在生活、学习、学生会工作中同样适用。

联欢晚会：

在进行了户外活动以及经验交流会之后，当晚 7 点半，在学校的学生活动室，学生联合会联合大学生艺术中心为同学们准备一出精彩的晚会。

晚会上，精彩的舞蹈、动听的歌曲、搞笑的小品、趣味横生的游戏环节……这一系列的精彩节目赢得了同学们接连不断的掌声和喝彩声。

晚会结束后同学们纷纷表示这短短一天的素质拓展活动让他们有了很大的收获，如果有机会还会再参加这样的活动。

经历分享：

拓展训练已结束很多天了，可总也忘不掉那些曾经一齐"浴血奋战"的战友，虽然我们只有一天的相处，可在这短暂的一天里，我们一起流汗，一起欢呼，一起讨论，一起感悟……

在这次拓展中，既有个人项目又有团队项目。团队项目不是靠一个人的智力、体力和能力就能很好完成，它的最大特点就是群策群力，一个人的成功不能代表整个团队的成功，只有团队中的每个个体相互团结，相互帮助，才能共同完成团队的目标。在本次拓展训练的过程中，每个队的队员之间最关心的都是如何组织、协调及配合好，而不是某个队员自己如何能做得更好，团队合作的精神在本次活动中发挥得淋漓尽致。

"信任背摔""坐地起身""十人九足"那些别开生面而又有深刻内涵的训练项目，如经典电影深入脑海，历历在目，尤其是"信任背摔"，更使人受益匪浅、感受莫深，那是一种发自内心的触动。

"信任背摔"是一个比较典型的熔炼团队精神的训练项目，背摔队员需双手捆绑，站到 1 米高的板凳上，背对台下，尽可能水平摔，虽然台下有十双手交织在一起，搭起一张安全的"弹簧床垫"，可真正当队员站到 1 米高的板凳上时，原本很轻松的一颗心却被紧紧地揪起，不由自主地腿开始发抖。在经过短暂的心理调整后，队员大声高呼"你们准备好了吗"，随着台下那整齐、有力的回应："准备好了，请相信我们"。

通过这次"信任背摔"，队员深深地体会到以下几点：

（1）一个团队里，要充分相信队友，相信他们的能力，相信他们是尽力的。

（2）做好团队中的一员，维护团队要不遗余力。

（3）学会换位思考。

一天的素质拓展结束了，感悟真的很深。信任背摔、坐地起身、心心相印，这一个个项目让同学们至今感受至深。

虽然时间只有短短一天，但经典的户外素质拓展项目有效加强了同学之间的沟通与合作，培养了大家相互间的信任和协作精神，提升了团队凝聚力，激发了队员的潜能，使队员们感受到了克服困难的愉悦，培养了积极的人生态度和出色的团队精神。

四、 活动总结

遵义师范学院的学生联合会素质拓展活动是学生会的一项常规工作，活动以培养学生干部思想政治素质为核心，以培养创新精神和实践能力为重点，旨在提高学生联合会干部的综合素质，增进各成员间的交流与合作，树立团队意识。通过游戏等方式，让学生干部从中认识自我价值，进而激发个人潜能，实现自我超越，为更好地服务广大同学奠定良好的基础。

本次活动的开展时间为学生联合会招收新成员之后，活动力求提升学生会成员各项能力尤其是组织领导和应变能力，同时加深学生联合会成员之间的相互认识，让学生会能形成一个统一的整体。

在活动的过程中，各个小组暴露出的种种问题。这些问题的解决是对新老成员的一次很好的教育。成员之间的协作程度、队长的领导能力都直接影响着活动的结果。在这样的活动中同学们认识到，在团队活动中，一个团队取得成功的原因主要有以下几点：一个有主见、有能力的领导或者领头人，一个共同的目标，队员对于队长的充分信任，以及队长对队员意见的理解和迅速分析决策的能力。

活动十三

素质拓展文艺晚会

一、活动综述

素质拓展，又称拓展训练、外展训练（Outward bound），原意为一艘小船驶离平静的港湾，义无反顾地投向未知的旅程，去迎接一次次挑战，去战胜一个个困难。素质拓展暨外展训练在经历了40年代的创始、50年代的扩大规模、60年代的长足发展、70年代的稳固和80年代的国际化之后，已在全世界五大洲建立了近40所学校，英国是世界各地外展训练活动的中心。外展训练强调安全第一，提倡环境保护，其宣言是：激发自尊，关心他人，服务社会，放眼世界。

素质拓展通过设计独特的、富有思想性、挑战性和趣味性的户外活动，培养人们积极进取的人生态度和团队合作精神，是一种现代人和现代组织全新的学习方法和训练方式。良好的团队精神和积极进取的人生态度是现代人应有的基本素质，也是现代人人格特质的两大核心内涵。在现代社会，人类的智慧和技能只有在这种人格力量的驾驭下，才会迸发出耀眼的光芒。

素质拓展活动是遵义师范学院学生联合会的传统活动，每当新成员加入之际，就会举办此活动。在时间的不断推移下，素质拓展活动也由单一的集体游戏变得多元化。素质拓展文艺晚会正是在不断创新下的产物。

素质拓展文艺晚会活动主要有几个特点：1. 综合活动性强；2. 具有挑战性；3. 能在集体中发展个性；4. 高峰体验；5. 能起到自我教育，提高自我素质等作用，其意义非凡，影响深远。

文艺拓展活动大多以团体形式来完成，通过各种精心设计的活动使团队成员在解决问题、应对挑战和相互交流的过程中实现"激发潜能，熔炼团结"的目的。素质拓展文艺晚会是汲取了往届各个社团、各个学院举办的素质活动的精髓，并在此基础上加以创新而成的一次文艺晚会，因此，比往届更具特色、更加精彩亮丽。此外，晚会的举办对培养我校大学生的团队精神与合作意识，提升学生综合能力，对改善人际关系与形成积极的团体气氛，改进团体内部沟通和信息交流都大有裨益。

二、策划书

（一）活动名称

学生联合会素质拓展文艺晚会。

（二）活动地点

生物楼活动室。

（三）活动时间

2013年4月。

（四）活动主题

春之语·似水流年。

（五）活动组织

主办单位：共青团遵义师范学院委员会。

承办单位：遵义师范学院学生联合会，遵义师范学院学生联合会文体部。

（六）活动具体流程

1．前期准备

（1）参与者包括文体部所有成员。

（2）宣传部制作宣传板，扩大活动效果。

（3）由大学生艺术团准备文艺晚会的所有节目及主持人。

（4）晚会当天文体部成员14：30到达活动室，由文体部负责活动室布置、调节音响和节目彩排工作，18：00之前完成所有工作。

2．所需物品

（1）签名白布一张（长100厘米，宽70厘米）。

（2）气球5袋。

（3）彩带5圈。

3．活动流程

（1）18：30开始入场，门口有签名板，入场人员需签名。

（2）19：00准时开始，开场舞。

（3）主持人致开场白，宣布晚会开始。

（4）文艺节目。

（5）互动游戏（详见附件一）。

（6）文艺节目。

（7）晚会结束。

（8）留影。

4．后期工作

（1）工作人员打扫卫生。

（2）收集影像资料做存档。

附件（一）

游戏互动方案策划

活动一

一、游戏名称

你做我猜/心有灵犀。

二、游戏道具

写有词语的卡纸若干张。

三、游戏规则

（1）将所有人员分成4组，赞助商和学生干部各2组，每组选出较默契的两位来完成，分别为表演者和猜词者。

（2）由工作人员向表演者展示写有词语的卡纸。

（3）表演者在前面解说，可用相关词语提示，但不能出现谐音，不能使用外语或者地方语言直接解说词语，否则视为作废。组内的其他人不允许提示，否则猜的这个词也作废。

（4）如果实在不能完成，那么猜词者可选择求助台下观众，若观众帮其完成，则该观众可获得礼品奖励。

（5）每组要求答对五题，用时最少的组胜出。从学生干部组和赞助商组分别选出用时最少的一组进行终极PK，依然是用时最少组的胜出。

四、游戏评价

游戏简单，参与性高，由于表演者与猜词者思维方向不同，所以游戏开展起来会有一定笑点。另外通过该游戏也可以提高参与者的默契度、及表演者的表达能力和思维发散性。

礼品赠送

此游戏可设参与奖及优胜奖若干名，颁发小礼物作为奖品。

活动二

一、活动主题

激情岁月，放飞活力。

二、活动目的

融合在场人员美好情意，汇聚彼此难忘回忆。

三、活动地点

学生活动室。

四、活动时间

2013年4月。

五、承办单位

遵义师范学院学生联合会。

六、活动人员

到场嘉宾和全体学生会成员。

七、活动过程

（1）主持人宣布游戏开始，宣布游戏规则（参加者都有奖品，游戏分为三轮，但根据晋级的等级不同，奖品也不一样）任意抽选出八个数，这八个数是提前贴在座位上的数。然后请坐在这些座位号上的人上台；同时请出到场的两位嘉宾共同参与游戏。

（2）第一轮主持人说出数字8，主持人说开始，这时人们根据数字抱在一起后，主持人说停。而多余出来的人就淘汰。剩下的8个人直接晋级到下一轮。

（3）第二轮主持人说出数字5，主持人说开始，这时人们根据数字抱在一起，而多余出来的人就淘汰。剩下的5个人直接晋级到下一轮。被淘汰的人让他们即兴表演一下自己的一个才能，然后颁发奖品。

（4）第三轮主持说出数字3，主持人说开始，这时人们根据数字抱在一起，而多余出来的人就淘汰。那三个人就是最终的冠军，而那两个被淘汰的人就需要通过划拳"剪刀石头布"三局两胜来定输赢，然后颁发奖品。主持人宣布游戏结束。

八、活动道具

礼品。

三、活动报道

随着素质拓展活动如火如荼地进行，遵义师范学院素质拓展晚会于2013年4月13日晚在生物楼活动室如期举行。晚会当天18点30分，学生联合会各新老干部纷纷到场，并在会场门口签名板上签名留念。晚会于19点整正式开始，学生会全体成员参加了此次素质拓展文艺晚会。

晚会节目类型多种多样，学生联合会这个大家庭中的学生干部积极参与、献才献艺，各有千秋。这其中既有歌舞，也有乐器、小品和相声。舞台上，一首首轻松快跃的歌曲带动了他们青春的步伐，他们在观众面前淋漓尽致地展现出当代大学生的各种风采与特色，尤其是一曲萨克斯演奏赢得了同学们阵阵掌声。欢快的音乐带动着舞曲的舞动，一声声停顿有力的声音带动着一群群舞者的活力，美轮美奂的舞姿、丰富多彩的动作引起了台下观众的欢呼声，同时也获得了学校领导的一致好评。站在青春的舞台上，他们灿烂的笑容证实了他们的自信，也证实了他们的实力。

在晚会互动过程中，大家积极参与了游戏——你猜我猜，心有灵犀，游戏简单，同学们的参与度很高。另外，通过该游戏也可以提高参与者的默契度、表演者的表达能力及思维的发散性。游戏搞笑有趣，惹得在场同学笑声连连，乐在其中。游戏获胜者也获得了较为丰厚的奖品，领到奖品后，每个获胜者的脸上都洋溢着满足的笑容。

随着主持人宣布晚会结束，同学们依依不舍地离开了会场，本次晚会取得圆满成功。希望学生联合会所有成员携手共创美好学联之花，相信在大家的共同努力下，素质拓展晚会的举办将一年比一年好，学生联合会的各种活动将举办得越来越成功。

四、活动总结

素质拓展活动给了我们许多启迪：团队精神、合作意识、创新思维、战胜自我、敢于挑战等等，这些都是我们做工作的关键。素质拓展活动既是一项生活的体验式学习，更是一种心灵的默契与沟通，通过活动的开展不仅让每位参与者展现了本身的特长，还让参与者学到了不少东西，比如：思维的应变，团结互助精神，扩大交际圈等等。遵义师范学院学生联合会举办素质拓展活动，是希望丰富同学们校园生活的同时，也能让同学们懂得更多、看的更远、学的更广。

此次素质拓展活动在学生联合会所有成员的积极参与和努力配合下圆满落下帷幕。活动的顺利进行离不开所有成员的精心策划与准备：

（1）准备充分、组织有序。晚会前期准备工作事项繁多、内容繁杂，组委会贯彻"早安排、早布置、早落实"的精神，秉承"全心全意为同学服务"的宗旨，对筹备工作有充分的估计和计划，制订了详细的活动方案，特别是为每个工作组规定了详细的工作任务、职责，并一一规定完成期限。同时及时对新出现的问题进行协调解决，从而使各项筹备工作有一个较为系统与严密的组织体系。各小组各司其职、分头落实，根据工作要求完成了繁重的工作。同时，无论是晚会流程安排，还是场地的布置，无论是节目表演的编排，还是后勤保障工作，无论是宣传报道，还是精致的组织，晚会组委会牢记树立"细节决定成败"的理念，从每个细节入手，严格把关，精心安排，组织有序，做到了事前有计划、有预案，事中有落实，事后有检查。并将每一项具体工作落实到人，夯实责任，明确目标，确保晚会圆满完成。组委会的精心安排也受到了大家的一致好评。

（2）协调配合、组织严密。晚会组织工作是一项庞大、系统、复杂的工作，晚会之所以能取得圆满成功，关键在于领导重视、精心策划、组织有序、工作落实、各方支持及协调配合到位。节目审查及彩排的组织工作是晚会前工作的一个检验，更是晚会最重要的一个环节，所有工作相互联系、互相协调、缺一不可。组委会各工作组互相之间协调、沟通、联系，既分工又协作，另外，每位组长与成员及时沟通，从而保证了各项工作的顺利进行。

（3）内容丰富，大家各尽其才。同学们有的一展歌喉，有的大献舞技，还有的同学带来了萨克斯表演等等，都使得我们的晚会变得更加精彩。

活动十四

"五四"表彰

一、 活动综述

人生瑰丽，青春似火。为纪念"五四运动"九十四周年，继承"五四"光荣传统，弘扬"五四"精神，在振兴发展遵义师院的征程和挑战中，展现我校大学生的风采，肩负起遵义师院发展和振兴的重任，近年来，我校共青团工作在校党委的正确领导、上级团组织的悉心指导下，团结带领全校团员认真学习"三个代表"重要思想，贯彻落实科学发展观，积极投身学校文明校风、学风建设，努力构建和谐校园，争创全国文明单位，实现学校强本争硕目标。在一系列工作和活动中，涌现出了大批先进的个人和集体，为树立典型模范形象取得了良好的效果。

二、活动文件

主办：遵义师范学院。

承办：校团委、学生联合会。

在过去的一年中，我校各级团组织和广大团员在校党委和上级团组织的领导下，高举邓小平理论伟大旗帜，以"三个代表"重要思想、十七届四中、五中全会精神为指导，在团的自身建设、政治理论学习、学风学术建设、社会实践活动、大学生科技创新活动和青年志愿者活动等各项工作中取得了显著的成绩，为我校广大青年团员的健康成长营造了良好的氛围，为学院的改革和发展做出了积极的贡献，同时我校涌现出了一大批表现突出，成绩显著的先进集体和个人。为纪念五四运动92周年，展现师院学子风采，树立典型，推进我校争创全国文明单位的步伐，进一步加强和改进我校学生思想政治教育工作，在团内评议和民主推荐的基础上，校团委决定在五四期间评比表彰一批先进团组织、优秀团员干部和优秀团员，现将有关事宜通知如下：

（一）表彰条件

1. 优秀团员干部条件

（1）政治立场坚定，努力学习马克思列宁主义、毛泽东思想、邓小平理论和"三个代表"重要思想，坚决贯彻执行党的基本路线和各项方针、政策。

（2）及时宣传，执行党、团各级组织的指示和决议，热爱团的事业，信仰坚定，积极主动地开展团的各项工作。模范遵守校规校纪和团的纪律，按时交纳团费。

（3）积极主动地带领团员开展各种有益身心的，促进德、智、体全面发展的活动。并在"青春师院"的系列活动"多彩社团"、"我是教师"、"青春讲坛"、"志愿行动"、"文明学子"、"团学刊物"中表现突出，成绩显著，起到模范带头作用。经常实事求是地向上级组织反映同学思想状况，并及时将上级指示贯彻到同学中去。

（4）勤奋努力，学习成绩优良，无违纪处分情况。

2．优秀团员条件

（1）努力学习马克思列宁主义、毛泽东思想、邓小平理论和"三个代表"重要思想，学习团的基本知识。能认真贯彻执行上级团组织的决定和要求，创造性地开展团的工作。

（2）积极完成学院各级团组织交给的各项任务，关心团组织，在学习、劳动、工作和其他社会活动中起到模范带头作用。遵守团的纪律，执行团的决议，积极参加团的活动，按时交纳团费。

（3）团结同学，尊敬师长，勇于开展批评与自我批评。学习勤奋努力，学习成绩优良，无补考、无违纪处分情况。

（4）优秀团员必须是将组织关系转入我校并参加年度注册的团员。

3．红旗团总支（分团委）、红旗团支部条件

（1）红旗团总支（分团委）条件。

参照院团委《2010年团总支量化考核总评》。

（2）红旗团支部条件。

能发挥团支部的积极作用，认真组织团员青年参加政治学习，团内活动丰富多彩，团组织生活正常，按时收缴团费，团员发展和"推优"工作开展较好，团员人数统计准确，团员管理和教育措施得力，效果较好。能够按照学院要求结合各系（分院）实际情况，完成政治学习、团队活动、教室和寝室卫生等工作的计划部署、管理记录、总结存档等工作，并及时上交相应材料，工作突出，成绩显著。

（二）表彰方式

校团委定于五月上旬举行表彰大会，对全校先进团组织、优秀团员干部和优秀团员进行表彰（具体时间另行通知）。

（三）要求

这次表彰活动是在新一年里推进我校共青团工作的重要措施，望各系（分院）加强领导，在推荐确定上报过程中要充分走好群众路线，推荐名单要在各系（分院）进行公示，事迹材料要真实可靠。

希望各团支部通过各种形式对获得表彰的先进集体和个人进行宣传，各

团支部和广大团员青年要以受表彰的先进集体和先进个人为榜样,勤奋学习、努力工作、刻苦钻研、勇于实践、敢于挑战,紧密围绕学院"强本争硕"、"三大工程"以及"十二五规划"的宏伟蓝图开展各项工作,使我校的团学工作再上新的台阶。

三、 活动报道

为了让同学们过一个更加有意义的"五·四"青年节,4月30日,音乐与舞蹈学院团总支副书记彭维熹老师带领青年志愿者服务队赴遵义市工农小学进行文艺演出。

此次演出,我们的志愿者带去了不少的精彩节目。民族舞、现代舞、魔术、歌曲等多姿多彩且通俗易懂的活动,同时在演出中穿插的趣味游戏,更让现场的气氛异常活跃。此外,志愿者们还给工农小学的同学们送去了一些学习用具,并希望他们能好好学习,不辜负家长和老师们的期望。

此次工农小学的演出活动虽然只有短短的一个小时,但在这里,我们看到的天真无邪和朝气蓬勃却是我们永远不能忘却的。也许我们给他们带去的只是短暂的欢乐,但我们真心地希望,这样的欢乐会时常伴随着他们,并希望他们在以后的学习生活中能健

康快乐地成长。此行,不仅让我们履行了作为一名志愿者应尽的义务,更让我们积累了不少实践经验,相信会是我们大学学习生活或以后走出社会的一笔宝贵财富。

四、 活动总结

本次活动为我校广大团员青年的健康成长营造了良好的氛围,为学院的改革和发展做出了积极的贡献,同时涌现出了一大批表现突出、成绩显著的

先进集体和个人。为纪念"五四"运动92周年，展师院学子风采，树立典型，推进我校争创全国文明单位的步伐，进一步加强和改进我校学生思想政治教育工作，在团内评议和民主推荐的基础上，校团委在"五四"期间评比表彰出一批先进团组织、优秀团员干部和优秀团员。

五四运动体现的爱国主义精神，是中华民族百折不挠、自强不息的民族精神的生动写照，是我国几千年来发展和进步的重要力量源泉。本次活动增强了广大青年的社会责任感和历史使命感，激励青年为实现繁荣富强的祖国而奉献自己的青春力量。表彰大会集中表彰了一批勤于学习、善于创造、甘于奉献的先进集体和优秀个人，号召全校学生向他们学习，为学校发展而努力奋斗。孕育爱国、进步、民主、科学的"五四"精神，鼓励中国青年在党的领导下为中华民族伟大复兴而不懈奋斗。

活动十五

"一二·九"表彰大会（一）

一、活动综述

大会宗旨在于弘扬"一二·九"运动的伟大精神，继承和发扬革命先辈的爱国主义传统，表彰表现突出的个人和集体，激励同学们发奋读书、刻苦专研、弘扬爱国主义的精神，为祖国的繁荣昌盛贡献青春和力量；号召全校同学以极大的爱国热情，刻苦学习，奋发成才，积极践行"厚德树人，笃学致用"的校训精神，努力把自己锻炼成为中国特色社会主义建设事业的合格建设者和可靠接班人，为构建和谐校园、和谐社会，实现中华民族的伟大复兴做出更大的贡献。让青春在伟大事业中焕发出更加绚丽的光彩！

二、活动文件

主办：遵义师范学院。

承办：校团委、学生联合会。

为隆重纪念"一二·九"学生爱国运动76周年，深入学习党的十七届六中全会精神，结合学校争创"全国文明单位"、强力推进"三大工程"、努力实现"强本争硕"的目标，促进学校又好又快地发展，进一步提升"青春师院"精品校园文化活动的品味，我校在"一二·九"系列活动中对广大青年团员进行一次深刻的爱党、爱国和爱社会主义教育，以提高大学生的文化素养，促进大学生的全面发展。校团委结合我校实际情况决定于"一二·九"期间举行主题为"构建文明校园·彰显师院风采"系列活动。

（一）具体活动

1．纪念"一二·九"运动主题团队活动

（1）活动内容：为纪念"一二·九"运动，宣传爱国主义教育，弘扬正气，我校在全体青年团员中开展一次以"弘扬爱国主义，提升创新能力"为主题的团队活动。

（2）活动时间：团队活动时间。

（3）活动要求：各系团总支（分团委）认真组织，并做好此次主题团队活动的总结工作。

2．学习党的十七届六中全会精神

（1）学习内容：学习党的十七届六中全会精神，推动社会主义文化大发展大繁荣，其中就努力实现到2020年文化改革发展奋斗目标所作的六个展望，运用各种方式让同学了解党的十七届六中全会精神，展望社会主义文化大发展大繁荣的深刻意义。

（2）学习时间：11月—12月。

（3）学习形式：各系利用黑板报加强宣传、利用政治学习时间通过开展座谈会等方式加强学习，各系（分院）要做好总结工作。

3．2012年暑期"三下乡"社会实践活动成果报告会

（1）活动时间：11月下旬。

（2）活动内容：全国重点团队、校级重点团队和各系分队对暑期"三下乡"社会实践活动进行总结、交流，并为以后"三下乡"社会实践活动开展奠定坚实的思想基础。

（3）活动地点：教学楼101教室。

（4）活动要求：各服务团队认真总结经验、分享成果。

（5）承办单位：校学生联合会。

4．纪念"一二·九"学生爱国运动76周年大会暨志愿者表彰大会

（1）活动主题：构建文明校园·彰显师院风采。

（2）活动时间：12月9日。
（3）活动地点：音乐厅。
（4）活动内容：
① 隆重纪念"一二·九"学生爱国运动76周年大会。
② 表彰优秀志愿者。对在暑期"三下乡"社会实践活动、"多彩校园·闪亮青春"系列活动和市、校级志愿服务活动中，表现优秀的个人和团队进行表彰。让更多优秀青年团员参与社会实践，让青春在实践中闪光。

5．"青春师院·多彩社团"系列文化活动
（1）活动主题：红色·青春。
（2）活动时间：11月—12月。
（3）活动地点：校园大道。
（4）活动内容：爱国书画展、"红色记忆"剪纸作品展、"追寻红色足迹"摄影展和"红色记忆"优秀电影展播。
（5）承办单位：社团联合会、校学生联合会。

6．"爱心家教"工程社会公益活动
（1）活动主题：爱心传递·温暖你我。
（2）活动时间：11月—12月。
（3）活动地点：新舟社区、洗马路社区、白艺社区和儿童福利院。
（4）活动内容：为烈士子女、孤儿、残疾人子女、特困职工子女等提供义务家教服务，鼓励广大青年团员关注社会、服务社会、知行统一、奉献爱心、升华自我。
（5）承办单位：大学生勤工助学服务中心、青年心理研究协会。

（二）具体要求
（1）各系团总支（分团委）应高度重视学习形式，从而提高学生参与此次活动的积极性、主动性。
（2）全校青年团员要以"一二·九"活动为契机，认真学习贯彻党的十七届六中全会精神，为构建和谐文明的校园做出积极贡献。

三、活动报道

12月7日下午，遵义师范学院纪念"一二·九"运动76周年志愿者表彰大会在音乐厅举行。出席大会的有校党委书记袁利民、副校长娄胜霞、纪委书记高勇、党委办公室主任周安政、学工部部长王春华、资助中心主任叶昌禄以及各院团总支书记（分团委书记）、学生会主席、各院学生代表、受表彰的优秀志愿者和先进工作者。

表彰大会在精彩的开场舞中拉开序幕。首先，娄胜霞副校长发表讲话，她向同学们介绍了"一二·九"运动的由来，鼓励大家自觉学习并发扬"一二·九"运动的爱国精神，希望同学们坚定爱国信念、解放思想、勇于创新、无私奉献。然后，她介绍了我校在思想政治教育评估和"绿色大学"评估工作中取得的良好成绩。她说，除了这些成绩以外，我校在学校党委的正确领导下，为营造"青春、和谐、科学、发展"的校园文化氛围，连续五年获得"多彩校园·闪亮青春"全省大学生校园文化活动月先进集体奖；连续两届获得全国大学生艺术展演高校优秀组织奖；"青春师院·志愿行动"得到了社会各界的认可，青年志愿者协会荣获第九届全国优秀组织奖等。所有这些骄人的成绩都与我们团学青年的倾情奉献是分不开的。

接着，娄胜霞副校长、纪委高勇书记分别宣读了关于表彰2012年大学生暑期"三下乡"社会实践活动优秀集体和优秀个人的决定；关于表彰"多彩校园·闪亮青春"大学生校园文化活动月先进集体和个人的决定；关于表彰2012年度优秀志愿者的决定；关于表彰"多彩校园·闪亮青春"校园文化活动月优秀校媒记者的决定以及获奖的组织和个人名单。

最后，领导们为获奖代表颁发了获奖证书，并与大家合影留念。

四、活动总结

为纪念"一二·九"学生爱国运动，深入学习党的十七届六中全会精神，结合学校争创"全国文明单位"、强力推进"三大工程"、努力实现"强本争硕"的目标，促进学校又好又快地发展，为进一步提升"青春师院"精品校园文化活动的品味，我校在"一二·九"系列活动中对广大青年团员进行一次深刻的爱党、爱国和爱社会主义教育，以提高大学生的文化素养，促进大学生的全面发展。

为纪念爱国学生运动，共青团委员会开展"一二·九"表彰大会，分别对遵义师范学院大学生暑期"三下乡"社会实践活动、"多彩校园·闪亮青春"大学生校园文化活动月优秀集体及个人和优秀青年志愿者进行表彰。我校为鼓励学生继承和发扬"一二·九"精神，切实加强对全校大学生的爱国主义教育和革命传统教育，倡导青年学生把爱国主义与社会主义有机结合起来，把民族精神与时代精神有机结合起来，把个人成就与社会责任有机结合起来，理性爱国。

活动十六

"一二·九"运动79周年活动暨志愿者表彰大会（二）

一、活动综述

为隆重纪念"一二·九"学生爱国运动79周年，学习宣传党的十八届三中全会精神，认真践行党的群众路线教育实践活动，促进学校中心工作的顺利开展，进一步提升"青春师院"精品校园文化活动的品味，并在"一二·九"系列活动中对广大青年团员进行一次深刻的爱党、爱国和爱社会主义教育，以提高大学生的文化素养，促进大学生的全面发展，校团委结合我校实际情况决定于"一二·九"期间举行表彰大会，对参加"绿丝带""雷锋活动月""红城聚爱"、无偿献血等志愿服务的优秀志愿者，参加多彩校园活动的先进集体、先进工作者、先进个人，参加大学生暑期"三下乡"社会实践活动总队等优秀服务队、先进工作者、优秀个人、各团支部社会实践先进个人予以表彰。

二、活动文件

（一）负责单位

主办单位：遵义师范学院共青团委员会。

承办单位：共青团遵义师范共青团宣传实践部、学生联合会。

（二）活动内容

（1）制作海报并及时张贴在我校各宣传栏。

（2）向我校各学院团总支发送关于表彰2014年大学生暑期"三下乡"社会实践活动优秀集体和优秀个人的决定，关于表彰第九届"多彩校园·闪亮青春"大学生校园文化活动月先进集体和个人的决定，关于表彰2014年度优秀志愿者的决定，并通过各学院团总支书记层层宣传。

（三）表彰对象

我校在校大学生。

（四）表彰时间

2014 年 12 月 19 日。

（五）表彰地点

遵义师范学院音乐厅。

（六）表彰内容

（1）隆重纪念"一二·九"学生爱国运动 79 周年大会。

（2）表彰优秀志愿者。对在暑期"三下乡"社会实践活动、"多彩校园·闪亮青春"系列活动和市、校级志愿服务活动中，表现优秀的个人和团队进行表彰。让更多优秀青年团员参与社会实践，让青春在实践中闪光。

（3）在纪念"一二·九"学生爱国运动 79 周年大会上对各个组织和优秀个人表彰结束之后，我们还进行了文艺汇演。节目洋溢着青春的热情，展现出了当代大学生的风采，令人回味无穷。

三、活动报道

2014 年 12 月 19 日下午 3 点，遵义师范学院举行"一二·九"表彰大会。此次大会对在校园文化和志愿服务活动中表现优秀的个人和集体进行表彰。

79 年前的今天，参加"一二·九"爱国运动的青年学子们以自己满腔的爱国热情，掀起了全国抗日救国运动的新高潮。为弘扬爱国主义精神，提升青年学子爱国情怀，全面提升大学生素养，积极发挥青年学生榜样模范作用，2014 年 12 月 19 日下午三点，以"弘扬爱国主义精神，铸就红色青春梦想"为主题的纪念"一二·九"运动 79 周年活动暨志愿者表彰大会在我校学术报告厅隆重举行。出席本次活动的领导及老师有党委委员岑玲副校长、各职能部门的领导以及各二级学院的党总支书记和团总支书记，和来自我校支教的遵义特殊学校和娄山关红军小学的部分老师。大会由团委副书记李强主持。

主持人李强老师说道："今天在纪念"一二·九"学生爱国运动的同时，对在校园文化和志愿服务活动中表现优秀的个人和集体进行表彰。并以文艺演出的形式回顾一年来学校学生开展的活动和工作，期望更多的青年学生以受表彰的同学为榜样，认真学习、无私奉献，在未来的工作学习中取得更大的进步，以更加优异的成绩向遵义会议八十周年献礼。"

随后，在主持人的带领下，全体成员起立，奏唱国歌，并由岑玲副校长致开幕词。她代表党委和学校向青年教师和全校学子致以亲切的问候并对受表彰的先进集体及优秀青年致以热烈的祝贺，同时鼓励青年学生要学习和发扬"一二·九"爱国精神，把爱国主义精神落实到实际行动中，用实际行动来爱国；并要求青年学生要从小事做起，从身边的事情做起，有作为、有担当，主动积极承担自己的责任。

接着由党政办公室副主任王述明宣读《遵师党发号文件——关于表彰2014年大学生暑期"三下乡"社会实践活动先进集体和优秀个人的决定》、校组织部副部长莫曲波宣读《遵师党发号文件——关于表彰"多彩校园，闪亮青春"大学生校园文化活动月先进集体和个人的决定》、校学工部副部长吴英宣读《遵师党发号文件——关于表彰2014年年度优秀志愿者的决定》。宣读结束后，各位领导对"多彩校园·闪亮青春"大学生文化月优秀个人称号的代表们、大学生志愿者暑期社会实践获得先进集体称号的代表们以及优秀青年志愿者的代表们进行颁奖，合影留念。

紧接着，优秀学生志愿者代表王思涵上台发言，她说："志愿者工作很累，但累并快乐着；志愿者工作很苦，但苦中还有甜。相信在今后的生活中我们一定能勇担重任，无私奉献，用我们的微笑传递着奉献、友爱、互助的精神，让青春师院更加闪亮，让遵义师院更加辉煌！"

随后，遵义师范学院纪念"一二·九"爱国运动79周年文艺演出开始。演出节目丰富多彩，来自2014年暑期三下乡社会实践服务总队带来的舞蹈《梦立方》，给我们带来了青春的活力；演出主持人关银慧、张涛带来的青春励志朗诵《我们的中国梦》唤起了我们心中的爱国热情；集体舞《小苹果》让我们感受到了当代大学生的热情与活力；人文与传媒学院带来的合唱《诚信之歌》、娄山关红军小学的小同学们带来的葫芦丝演奏《映山红》、遵义特殊学校带来的歌曲《兄弟》、激情昂扬的诗朗诵《我以青春的名义宣誓》，让我们陶醉在声乐的世界中。整场演出高潮不断、掌声不断，赢得观众的一致好评。最后，大会在我校的校歌中圆满落幕。

四、活动总结

为保证2014年遵义师范学院在隆重纪念"一二·九"运动79周年表彰大会活动具有广泛的参与性并达到良好的效果，宣传爱国主义教育，弘扬正气，此次"一二·九"表彰大会活动采取学校统一领导，有力地保障了活动的有序开展。领导的重视与关心，为此次"一二·九"表彰大会的开展活动创造了良好的条件，提供了有力的保障。

本次活动计划安排科学、适度。在筹划此次"一二·九"表彰大会活动之初，我校做了详尽的计划，并提出了几种方案进行讨论。在总结往年我校"一二·九"表彰大会活动经验的基础上，结合我校当前的实际情况，我校提出了很多新的、更加适合的、有建设性的建议。此外，本次"一二·九"表彰大会活动也征求了广大师生的意见和建议，经过多次研究讨论，最终确定了整个"一二·九"表彰大会活动的安排计划。应该说此次活动内容充实，安排合理，适合我校的基本情况。同时，本次活动也是管理有序、分工明确、责任到位的。在这次"一二·九"表彰大会活动制订计划时，我校便明确地指定了负责单位，责任人以及承办单位，活动均明确分工。

　　2014年遵义师范学院隆重纪念"一二·九"运动79周年表彰大会活动，得到了各学院及学校有关部门、人员的大力支持。由于"一二·九"表彰大会活动涉及面广，参与人数多，该项活动必须由各学院的协办才能完成。在筹划阶段，我校在召开各学院（分院）工作例会时，便将这一情况向各学院（分院）作了通知，各学院（分院）均积极配合。各学院团总支（分院团委）都能积极准备并上交相关的资料，为保证该项活动质量以及顺利开展做了积极的贡献。

　　纪念"一二·九"运动七十九周年表彰大会已经圆满结束了，但也存在一些问题。这些问题产生的原因是多方面的。通过认真思考，我校反思存在的问题和不足，并提出应对措施，以便更好地解决这些问题，为以后更好地搞好各项校园活动打下了坚实的基础。

　　通过活动的开展，同学们不仅学习到了很多知识，同时也展现了当代大学生的青春风采，弘扬了志愿者精神，传递了社会正能量。并且通过认真总结，肯定成绩，指出不足，为今后的校园文化活动的顺利开展打下了坚实的基础，今后，我校将会在总结以往经验的基础上，继往开来，取得更加耀眼的成就。

活动十七

告别陋习，任书香溢满校园

一、活动综述

　　10月8日至10月25日，由共青团遵义师范学院委员会主办、校级承办的文明监督岗活动在全校展开,参与活动的有各二级学院的学生代表和校学生联合会干部成员。本次活动在全校各个通道聚集点展开。该活动旨在规范学生的日常行为,培养学生健康的生活习惯,创造良好的学习环境,为学校的转型发展和内涵发展奠定基础。

二、 活动策划

（一） 活动目的

为了让大家认识到自己每一个小的陋习,为了能让我们的校园更加美好,为了能让遵义师范学院的环境更好。

（二） 活动主题

师院是我家、环境靠大家。

（三） 活动时间

2014 年 10 月 8 日—10 月 28 日。

（四） 活动地点

遵义师范学院汇川园校区。

（五） 活动对象

遵义师范学院全院师生。

三、 活动报道

在 7 点 20 之前,2013 级校学生联合会部分成员到学生联合会办公室领取锦带,然后根据参与者人数分为 3 个组,分别站在通往教学楼的三个通道,老师站在教学楼大门,共同监督制止同学带早餐进教学楼。当看到吃东西或者带食品进去的同学,工作人员及时上前劝说,阻止同学带进去,并提醒他以后都不要带。就这样坚守岗位到 8 点结束。

其次,在课间 9 点 40 到 10 点整也要继续工作。

四、 活动总结

通过这次活动建立了强效的监督机制,为同学们争取良好的学习环境,树立遵义师范学院人人美好的形象，并倡议同学们增强环保理念、注意公共卫生。

活动十八

辩论赛（一）

一、活动综述

随着社会的不断进步与发展，语言显得越来越重要。尤其是对我们大学生来说，作为社会组成的重要部分及领军人物，拥有出色的语言表达能力是非常重要的。为了加强学校学生的语言表达能力、综合运用能力以及应变能力，我校开展了"青春师院·文明学子"系列之辩论赛活动。

青春的舞台，我最闪亮！在这里我们放飞梦想，在这里我们施展才华，在这里我们畅谈未来。辩论赛让你看到充满活力、思维敏捷、能言善辩、富有现代气息的大学生。他们的智慧，他们的思想，他们的激情，给我们展示了什么是青春，什么是活力！有大师说，启蒙运动就是建立理性的法庭。而辩论赛，其最大的意义恰恰就在于此：培育健全的理性和健全的人格。而理性精神的背后，是自由精神。因此，一言以蔽之，辩论训练的价值是启蒙。

辩论是针对某件事或某种现象所产生不同的观点，并通过建立正反两方对此进行认可或否定。辩论赛不仅能够锻炼同学们的口才，展示同学们的独特个性，而且也能间接地培养同学们的勇气、情绪、心态等。"青春师院·文明学子"辩论赛活动是由共青团遵义师范学院委员会主办，遵义师范学院学生联合会承办的。辩论赛的开展，展现出了高校大学生的风采和语言应变能力，大家也通过此次活动体会到了语言的能力及作用，特别是对我们即将成为一名教师的人来说，语言的作用更是不容小觑。通过"青春师院·文明学子"辩论赛活动的开展，让大家看到我校学子的风采，我们相信在以后的工作中，我校学子对语言的运用能力及应变能力都会有很大的提高。

二、活动文件

（一）活动目的

通过举办辩论赛为广大学生提供一个展示自己能力的平台，进而在全校范围内形成一种勤于思考、善于思辨、积极探索的良好氛围；增强学生对人文知识的认知，积极主动的参与到学习中来，引导同学们全面发展。

（二）活动宗旨

本届辩论赛将本着"公平竞赛，友谊第一"的精神，以"关注时事、追求真理、锻炼口才、展现自我"为宗旨开展活动，关注社会问题，展现学子风采；培养同学们对辩论赛的兴趣，给同学们一个展现自我的舞台，发掘个人潜能，提升个人自信；引导学生关注社会、关注校园、关注身边事，促进校园精神文明建设。

（三）活动对象

遵义师范学院2012级全体同学。

（四）参赛方式

采用各院推荐的方式，各二级学院推举六名同学参赛。

推荐方将所推选的六名对象的信息填入报名表，并将参赛表及相关个人材料交于学生联合会办公室。

（五）活动开展

1．前期

（1）10月11日下发文件。

（2）10月14日在学校宣传栏贴出海报，对全体同学进行宣传。

海报内容：① 以辩论赛活动为主题。

② 比赛的意义及目的。

（3）10月14日—10月16日，利用校园广播在最佳时段进行宣传。

（4）10月14日召集各二级学院学习部部长开会，通知活动内容，下发活动报名表及评选标准，让各院同学及时了解参与。

（5）10月16日召开各院参赛人员代表会，通知活动内容及参赛规则，并抽签决定对手及辩论题目。

2．中期

（1）10月18日至25日为初赛阶段，十四个学院双双对决，胜出七支队伍进入复赛。

（2）10月21日至23日为复赛阶段，七支队伍抽签选出一支幸运队伍直接晋级半决赛,其他六组队伍双双对决,胜出三支队伍进入半决赛。

(3) 10月25日为半决赛,四支队伍双双对决,胜出两只队伍进入总决赛。

(4) 10月26日至30日,采集进入总决赛的两组队伍人员信息,拍摄视频,制作PPT。

3. 总决赛,颁奖晚会

10月31日于音乐厅现场进行总决赛和颁奖晚会。

(六) 表彰及奖励

(1) 根据评分结果,评出遵义师范学院2013年辩论赛,冠军一名、亚军一名、季军两名。颁发荣誉证书及奖金。

(2) 评出最佳辩手一名、优秀辩手十三名。颁发荣誉证书。

附件一: 比赛规则及评分标准

(一) 比赛规则

(1) 共计十四支队伍,每支队伍由六人组成(台上四名参赛选手,台下两名替补)。

(2) 比赛采取淘汰制,抽签决定对手及选题。

(3) 遵守比赛纪律及比赛规则,服从工作人员安排,尊重评委评判。

(4) 各参赛团队、队员应仔细阅读本次辩论赛方案及规则,熟悉有关赛程安排。

(5) 各参赛队应遵守赛事各项时间安排。

(6) 在每场比赛中,辩手的辩位不能变动,不能更换参赛选手,替补队员只能递交文字材料。

(7) 各个参赛队伍要有自己的队名,统一的口号,决赛各参赛代表队队员应着装统一。

(二) 评分标准

(1) 团体评分细则:立论陈词评分标准(15分)。

普通话不标准不流利扣1~5;论点不清晰不明确扣1~5。

(2) 攻辩环节评分标准(15分)。

提问内容与辩题无关扣1~3分;发言内容不健康或进行人身攻击扣1~3分;发问时间过长扣1~3分。

（3）自由辩论评分标准（25分）

对方已经明确回答的问题，仍然纠缠不清扣1~3分；发言不健康，或进行人身攻击扣1~3分；辩论与辩题无关扣1~3分；在一方发言完毕，另一方停顿时间过长或未起立发言扣1~3分。

（4）总结陈词评分标准（15分）。

辩论双方应针对辩论赛整体态势总结陈词，如脱离实际，背稿总结扣1~5分。

（5）团体配合评分标准（10分）

比赛中若连续超时扣1~3分；评分时去掉一个最高分，一个最低分，其余平均分即为最后得分。

（6）团队服装统一，举止得体，口号响亮（10分）。

（7）团队口号响亮、整齐，人员有秩序（10分）。

附件二：比赛流程

（一）本赛制参赛双方各有六名队员（四名比赛选手，两名替补）分别称为一辩、二辩、三辩、四辩

（二）本赛制设置开篇陈词、攻辩、自由辩论、总结陈词、观众提问、老师分析点评赛况六个环节

1. 开篇陈词

正方一辩发言（立论）（2分钟）。

反方一辩发言（立论）（2分钟）。

（时间停止时，裁判举红旗提醒停止发言）。

2. 攻辩

（1）正方二辩针对反方二辩或三辩提问。

（2）正方三辩针对反方二辩或三辩提问。

（3）反方二辩针对正方二辩或三辩提问。

（4）反方三辩针对正方二辩或三辩提问。

（注意：每一轮攻辩阶段为1分钟，攻方和辩方每次提问都不得超过20秒。用时满时，裁判举红旗宣布终止发言，不得再提问或回答。重复提问、回避问题均要被适当扣分。问者只能问，答者只能答。）

3. 自由辩论

正反方辩手自动轮流发言。由反方先行辩论。每方限时5分钟。发言辩

手落座为发言结束,也即为另一方发言开始的计时标志,另一方辩手必须紧接着发言。若有间隙,累积计时照常进行。同一方辩手的发言次序不限。如果一方时间已经用完,另一方可以继续发言,也可向裁判示意放弃发言。自由辩论提倡积极交锋,不能对重要问题回避交锋两次以上,对于对方已经明确回答的问题,不能纠缠不放。

(注:自由辩论阶段,每方使用时间剩余30秒时,裁判将举牌提醒。时间用完时,裁判将举红牌宣布终止发言。)

4. 总结陈词

正方四辩总结陈词,总结陈词时严禁脱离实际背稿。如有脱离实际背稿,可视情节扣分(5分钟);反方四辩总结陈词,总结陈词时严禁脱离实际背稿。如有脱离实际背稿,可视情节扣分(5分钟)。

5. 观众提问

观众可向正反方各提问题,由双方选派选手作答。该环节在正式比赛结束后进行,增加比赛观赏性,不影响比赛结果。

6. 老师分析、点评赛况

(三)赛程安排

初赛时间:2013年10月23日-10月28日。

复赛时间:2013年10月30日-10月31日。

半决赛时间:2013年11月3日-11月4日。

总决赛:2013年11月7日。

附件三:比赛时间安排

(一)开篇陈词

正方一辩立论(3分钟),反方一辩立论(3分钟)。(时间停止时,裁判举红旗提醒停止发言。)

(二)攻辩

(1)正反方二辩向对方二辩或三辩提问。

(2)正反方三辩向对方二辩或三辩提问。

(注意:每一轮攻辩阶段为2分钟,用时满时,裁判举红旗宣布终止发言,不得再提问或回答。重复提问、回避问题均要被适当扣分。问者只能问,答者只能答。)

(三)自由辩论

正反方辩手自动轮流发言。由反方先行辩论。每方限时5分钟。发言辩手落座为发言结束，也即为另一方发言开始的计时标志，另一方辩手必须紧接着发言。若有间隙，累积计时照常进行。

（注：自由辩论阶段，每方使用时间剩余30秒时，裁判提醒时间用完时，举红牌宣布终止发言。）

（四）总结陈词

正方四辩总结陈词（5分钟），反方四辩总结陈词（5分钟）

（五）观众提问

观众可向正反方各提问题，该环节不计入同分内。

（六）老师分析、点评赛况

附加四：比赛规则（共计三轮）

（1）共计十四支队伍，每支队伍由六人组成（台上四名参赛选手，台下两名替补）。人员由各二级学院推选。

（2）比赛采取淘汰制，抽签决定对手及选题。

（3）第一场决出7支队伍，然后7支队伍再进行抽签。7支队伍中抽到幸运签的队伍直接晋级半决赛。

（4）半决赛由剩下的6支队伍再进行淘汰。淘汰后的3支队伍再进行对决。最终剩下2支队伍。

（5）总决赛2进1，胜者被评为冠军。

（6）遵守比赛纪律及比赛规则，服从工作人员安排，尊重评委评判，如有不同意见，请赛后与相关人员联系。

（7）各参赛队请于每场比赛开始前20分钟到达比赛现场，以利于工作人员对赛事的统筹安排及各场比赛准备工作的顺利进行。

（8）各参赛团队、队员应仔细阅读本次辩论赛方案及规则，熟悉有关赛程安排。

（9）各参赛队应遵守赛事各项时间安排，如遇特别情况，请各参赛队伍提前三天与工作人员联系，以便协调，保证赛事的顺利进行。

（10）在观众提问阶段，观众要遵守比赛规则，所提问题要与辩题相关，不得故意刁难辩手。

（11）在比赛过程中尊重主席及评委的评判，尊重对手和观众。举止得体，显示出良好的道德修养。

（12）在每场比赛中，辩手的辩位不能变动，不能更换参赛选手，替补队员只能递交文字材料。

（13）在辩论中，辩手可以使用道具、图表和物品作为辅助手段以强化自己的陈辞。

（14）尊重对手，服从决定。

（15）普通话不标准的要进行适当扣分。

（16）在辩论中，双方各辩手不可进行人身攻击。

（17）各个参赛队伍要有自己的队名，统一的口号，每场比赛，各参赛代表队队员应着装统一。

附件五：最佳辩手评选标准

（一）语言表达

（1）辩手辩论应符合辩题，不得在主要观点上脱离辩题。

（2）辩手应有真情实感，且可以用幽默诙谐的语言调节现场气氛。

（3）辩手应吐字清晰，语速适当，语言文明，相互尊敬礼貌。

（4）辩手应运用精炼的语言，阐述自己的观点。

（二）思路清晰

（1）辩手辩论应有理有据，逻辑严密，论证有力。

（2）辩手辩论应层次清晰，围绕本方观点进行辩驳。

（三）辩驳能力

（1）辩手可以合理使用各种辩论技巧。

（2）辩手能够抓住对方失误，切中要害。

（3）辩手运用适量例证来反驳对方观点。

（四）整体意识

（1）辩手应团结合作，配合默契，观点统一。

（2）辩手辩论观点统一，未脱离本方观点。

（五）临场反应

（1）辩手应积极回答，从容应对，表现稳定的心态和良好的素质。

（2）辩手反应敏捷，从容应对，不回避。

（六）综合印象

（1）仪态着装合理，大方自然。

（2）尊重评委，对方辩友以及现场观众。

（3）现场渲染力强。

附件六：比赛时间安排

（1）6：45 观众入场。

（2）开场舞 7：00（5 分钟）。

（3）主持人出场，主持人宣布比赛正式开始。主持人宣读比赛流程、赛制、评分标准、注意事项并开通微博。

（4）领导讲话

（5）播放视频，介绍参赛队员

（6）主持人介绍进入决赛代表队。代表队辩手自我介绍（要求介绍名字、院别、几辩等，并介绍本队参赛宣言口号）

（7）决赛辩论环节。

① 开篇立论阶段：

分别由正、反方一辩陈词立论，时间各为 3 分钟，正方先发言。

② 攻辩阶段：

先由反方二、三辩发问，可指定正方任意选手作答，时间为 3 分钟；再由正方二、三辩发问，可指定正方任意选手作答，时间为 3 分钟。

③ 攻辩小结：

双方二辩或者三辩进行攻辩小结（正方先发言），时间：双方各 1 分 30 秒。

④ 赛中加油站：播放加油视频。

⑤ 自由辩论阶段：

由双方辩手分别一对一进行自由辩论，辩论时间为正反方各 5 分钟。

⑥ 总结陈词：

分别由双方四辩作总结陈词，时间各为 3 分钟。

⑦ 辩论结束

（8）观众提问（5 分钟）。

（9）微博互动，现场观众投票。

（10）嘉宾总结发言。

（11）公布比赛结果，冠军一名、亚军一名、季军两名、最佳辩手一名、优秀辩手十三名。（注：总决赛最终结果由评委打分与观众投票产生，评委打分占总分的 70%，观众投票占 30%）颁奖。

（12）合影留念，工作人员留下打扫卫生。

三、 活动过程

一个月的忙碌,"青春师院·文明学子"系列活动之辩论赛终于迎来了最后的决赛。经过初赛、复赛,本次辩论赛由我校历史文化与旅游管理学院和人文与传媒学院进行最后的争霸,双方语言犀利且准确,句句均可反驳对方的观点。

首先,正、反方一辩作四分钟的发言,他们开门见山地阐述了他们各自的观点。接下来,正反方二、三辩选择对方二、三辩进行一对一攻辩,双方牢牢坚持自己的观点,时刻反驳对手观点,场面十分激烈。紧接着,正反方一辩对刚才的攻辩进行小结,他们均犀利地指出了对方言辞中出现的问题,也更加明确了本方的观点。接下来便是大家最期待的自由辩论环节,正方四辩率先发言,用一个简单的例子说明了自己的观点,反方变被动为主动,把本次辩论赛推向一个高潮。双方针锋相对,场上掌声、欢呼声、加油声、笑声、声声不断,大家均被台上选手们机智的反应能力、敏锐的洞察能力、严密的逻辑能力以及优秀的团队协作能力所折服。最后,双方四辩做总结陈词,他们先指出对方观点存在的漏洞,再重申自己的观点。

此次辩论赛取得了圆满的成功,体现出了我校大学生的风采和语言能力。而此次辩论赛的特别之处在于辩论赛的结果不仅仅是由评委决定的,观众也有一定的决定权,两者的结合让评定结果更加公平,同时,也开通了微博互动,观众可以为自己喜欢的辩手投票和加油,让整个比赛更加精彩。最后,此次辩论赛在观众热烈的掌声中结束。

四、 活动总结

接近一个月的辩论赛终于画上了句号,虽然称不上完美,但全体同学表现出来的热情和积极以及对工作负责任的态度,都得到了领导的一致好评。这对于全体工作人员是莫大的鼓励,可是我们也不能忽视这次活动存在的若干问题。

首先,前期宣传工作上的不足,与下级院校下发通知上存在一定冲突,表现在时间比较仓促上,这在一定程度上给各二级学院的负责人带来了工作上的挑战,在选拔的过程中,大大限制了优秀辩手的选拔。其次,辩论赛主题不够新颖也是本次活动初期的不足,辩论主题没有很鲜明的主题和针对性,建议在此后的工作中必须得在辩题上下足功夫，做出自己辩论赛的风格。最后，在活动实施过程中，我们的宣传力度不够，比如我们的观众倾向于辩手本学院的同学，其他学院的学生对活动进程了解甚少。建议在以后相关活动中，面向相应学院或相应班级发放一定数量的入场券，让真正想参与这次活动的学生能够参与其中。

总体来说，活动还是相当成功的，观众秩序井然，工作人员积极负责。不管从台前的领导还是幕后的物资管理，都体现出学生联合会是一个越来越成熟的部门；从初涉学生联合会时的懵懂到后来的能独当一面，都见证了我们每个成员在这里的成长；尽管在这里，我们有过汗水，也有争吵，但是，没有一帆风顺的一百分，只有不懈努力争取更加优秀。当看着台上选手精彩的表现，台下观众的欢呼雀跃，我们此时此刻的自豪感油然而生。抛开活动本身的进步，我们收获更多的是我们能做到让自己有一颗勇敢的心去面对一切，因为只有勇敢面对未知的和不确定的事情，我们的能力才会提升得更快。

活动十九

十佳辩论赛（二）

一、活动综述

这次活动是为了提高同学们的自我魅力、丰富同学们的生活、活跃校园气氛、开拓思想而开展的。通过辩论赛，让我校学生学会团体合作，提高他们的逻辑思维能力，体现大学生的精神和活力。辩论赛分多场次进行，同时也可以体现组织者的组织能力以及维护激烈辩论现场的能力。辩论不仅有利于提高参赛者的口头表达能力，也有利于扩展同学们的视野，引领学生关注时事、关心社会问题，抒发己见，达到理性的、有逻辑的交流。

二、活动策划

（一）活动目的及活动宗旨

大学是一个展现自我的平台，为了我们在校园里提高同学们的自我魅力，丰富同学们的课余生活；活跃校园气氛开拓思想，体现大学生朝气蓬勃、积极向上的精神状态；培养发掘辩论人才，提高学生的阅读、写作、试听、演讲、应变和团队协作的能力；关注社会热点，追求进步，锻炼口才，发展自我，我校本着"公平竞争，力争第一"的精神，开展此次"十佳辩论赛"。

（二）活动对象

遵义师范学院各二级学院2013级的全体同学。

（三）参赛方式

采用各系推荐的方式，每个系推举四名同学参赛；推荐方将所推选的四名对象的信息填入报名表（报名表见附件一），并将参赛表及相关个人材料交于学生联合会办公室。

（四）活动开展

1．前期

（1）10月16日向参赛各班级下发通知文件并下发活动报名表及参赛须知，让各院同学及时了解相关情况，使有意参赛者有充足的准备时间。

（2）10月24日在校园宣传栏上贴出活动海报，在教学楼下推出活动展板面向全体同学进行宣传。

（3）10月27日晚召开各学院参赛代表会，通知活动内容、比赛赛规则及评分标准（见附件二），并以抽签的形式决定对手及辩论题目。

（4）10月29日—11月7日，借助校园广播在下午时段进行宣传和活动结果的公布。

2．中期

（1）10月29日—11月3日为初赛阶段，15支队伍抽签选出一支幸运队伍，其余14支代表队双双对决，7支优胜队1支幸运队共8支队伍进入复赛（比赛流程见附件三）。

（2）11月4日—5日为复赛阶段，8支队伍双双对决，胜出4支进入半决赛。

（3）11月6日为半决赛阶段，4支队伍双双对决，胜出2支进入决赛。

（4）11月6日采集进入总决赛队员的相关信息、拍摄视频，制作PPT，并将进入总决赛队伍及队员的相关信息通过广播站公布。

（5）11月7日晚为总决赛阶段，2支队伍中胜出者为冠军，另一支则为亚军。

3．后期（总决赛，颁奖晚会）

11月7日晚进行总决赛和颁奖晚会（具体事宜见附件四）。

附件一：辩论赛评分标准以及比赛规则、团体评分标准

一、立论陈词标准（10分）

（1）破题准确，立论机智，论点明晰，论据充足，理论、事实证据引用得当、支持有力，分析透彻。

（2）逻辑合理、严密，语言表达清晰、流畅，层次清楚。

（3）审题准确并把握辩题内容和对外联系，对所持立场多层、多角度理解、深入。

二、攻辩环节评分标准（15分）

（1）提问简明，击中要害。

（2）辩论有理、有据、有力，说服力强。

（3）回答精准，处理问题有技巧。

（4）对辩题的理解和论述能在广度上展开，深度推进，并使整个辩论过程条理有序。

三、自由辩论评分标准（25分）

（1）攻防转换有序，把握战场主动权。

（2）针对对方的论点、论据进行有力反驳。

（3）坚守并能进一步巩固、扩大阵地。

（4）切中要害，明确阐述本方立论和观点。

（5）回答直面问题，有理有据，发言错落有致。

四、总结陈词评分标准（10分）

（1）全面归纳对方的矛盾与差错，并作系统的反驳和进攻。

（2）全面总结本方的立场、论证，系统反驳对方的进攻，为本方辩护，强化本方观点，并能首尾呼应。

（3）语言表达清晰、流畅；层次清楚，逻辑严密。

五、团体配合评分标准（10分）

（1）主要根据辩论队的整体形象，从辩风、台风、整体配合默契。

（2）发言条理清晰的运用，层层推进，发言方向统一。

六、各院团队尊重评委及比赛规则（10分）

七、团队服装统一，举止得体，文明礼貌（10分）

八、各院拉拉队人员整齐有素（准时到场），口号新颖响亮（10分）

注：（1）提问内容与辩题无关。

（2）发言内容不健康或者人身攻击。

（3）脱离实际的背稿。

（4）发言时间过长。若出现以上情况适当地扣分。

附件二：初赛、复赛、半决赛比赛流程

一、开篇陈词

正方一辩立论（2分钟），反方一辩立论（2分钟）。

（时间停止时，裁判举红牌终止发言）。

二、攻辩

（1）正方二辩向反方二辩或三辩提问（问30秒，答1分钟）。

（2）反方二辩向正方二辩或三辩提问（问30秒，答1分钟）。

（3）正方三辩向反方二辩或三辩提问（问30秒，答1分钟）。

（4）反方三辩向正方二辩或三辩提问（问30秒，答1分钟）。

注：每一轮攻辩时间均为1分30秒，用时满时，裁判举红牌终止发言，不得提问或回答。重复提问、回避问题或者反问都会被扣分。

三、自由辩论

正、反方辩手自动轮流发言。先由正方进行辩论。双方共同用时12分钟。发言辩手坐下为发言结束，也即为另一方发言开始的标志（注意事项：裁判在距时间结束前一分钟举黄牌提示，举红牌示意时间结束，时间结束后终止发言）。

四、总结陈词

正方四辩总结陈词（2分钟），反方总结陈词（2分钟）。

五、评委老师点评（略）

附件三：总决赛流程

一、18：45观众入场（本部音乐厅）

二、19：00决赛准时开始，开场舞开始（5分钟）

三、主持人出场

宣布比赛正式开始。主持人宣读比赛流程、赛制及评分标准和注意事项。

四、开通微博，进行有奖互动

五、主持人介绍进入决赛的代表队

代表队辩手自我介绍（要求介绍名字、系别、几辩和本队参赛宣言口号）。

六、比赛流程

（1）开篇立论阶段：

分别由正、反方一辩陈词立论，时间各为3分钟；（正方先发言）。

（2）攻辩阶段：

先由反方二、三辩发问，可指定正方任意选手作答，时间为3分钟；再由正方二、三辩发问，可指定正方任意选手作答，时间为3分钟；

（3）攻辩小结：

双方二辩或者三辩进行攻辩小结，（正方先发言）时间为双方各1分30秒。

（4）自由辩论阶段：

由双方辩手分别一对一进行自由辩论，辩论时间为正反方各6分钟。

（5）总结陈词：

分别由双方四辩作总结陈词，时间各为3分钟。

（6）辩论结束。

七、评委老师点评

八、公布比赛结果

冠军一名，亚军一名，季军两名，最佳辩手一名，优秀选手十三名（优秀辩手及最佳辩手评选标准见附件五）。

九、合影留念

注：工作人员打扫卫生。

附件四：优秀辩手及最佳辩手评选标准

一、语言表达

（1）辩手辩论时立论的理论深度符合辩题，不得在主要观点上脱离辩题，并能运用精炼的语言，阐述自己的观点。

（2）辩手吐字清楚、语速适当、语言文明，互相尊敬礼貌。

二、思路清晰

（1）辩手辩论式理应有策略、有理有据、有技巧、逻辑性强。

（2）辩手辩论应层次清晰，围绕本方观点进行辩驳。

三、辩驳能力
辩手实例证据的翔实、充分、提问简明、击中要害。
四、整体意识
辩手整体配合默契，辩论观点统一，未脱离本方观点。
五、临场反应
辩手应积极回答，从容应对，表现稳定心态和良好素质。
六、综合印象
（1）礼仪大方自然，仪态着装合理，现场渲染力强。
（2）尊重评委，对方辩友以及现场观众。

三、 活动报道

2014年10月29日7点整在本部音乐厅辩论赛正式开始，在一片掌声后，本晚的开场舞开始了。接下来主持人出场，宣布比赛正式开始，并宣读比赛流程、赛制及评分标准和注意事项。其次，主持人鼓励观众开通微博，进行有奖互动。主持人介绍进入决赛的代表队，并宣布进入代表队辩手自我介绍和参赛宣言口号环节。经过两个小时的激烈辩论，嘉宾总结发言。最后，主持人公布比赛结果，由出席的老师颁发奖项。在同学们的欢声笑语中，主持人宣布遵义师范学院"十佳辩论赛"活动到此暂告一段落，各参赛人员和老师合影留念。

（一） 辩论赛之初赛

为发挥辩论赛的德育功能，建构校园德育精品活动，11月3、4日中午12点半，遵义师范学院"青春师院·文明学子"系列活动之辩论赛初赛分别在教学楼101、102、409和401教室举行。本次活动由共青团遵义师范学院委员会主办，遵义师范学院学生联合会承办。校团委副书记李强、宣传实践部副部长李瑾、组织部麻杨及六位学生代表担任此次辩论赛的评委。

辩论赛分为三场，辩题分别为"女人能否顶起半边天""是高学历还是高能力有利于就业""成大事者不拘小节还是成大事者要拘小节""时势造英雄还是英雄造时势""成功者情商大于智商还是智商大于情商""学生就业压力大有利于就业还是不利于就业""学校成立火箭班是利大于弊还是弊大于利"。参加辩论赛的队伍为：化学化工学院对音乐与舞蹈学院、人文与传媒学院对政治与经济管理学院、教育科学学院对生命科学学院、物理与机电工程学院对外国语学院、计算机与信息科学学院对数学与计算科学学院、历史与旅游管理学院对工学院、体育学院对初等教育学院。

比赛伊始,主持人宣读了此次活动的评分标准。在正反双方辩手的自我介绍后,比赛正式开始。比赛共分为开篇陈词、攻辩、自由辩论、总结陈词、评委老师点评五个阶段。在开篇陈词阶段,正反双方一辩辩手都清晰表述了本方的观点。接着进行了攻辩,双方辩手你来我往,唇枪舌剑,现场气氛十分激烈。接着大赛进入了最激烈的自由辩论环节,辩手们清晰的思路、巧妙的陈词以及丰富的论据给观众留下了深刻印象,观众掌声不断。最后,三位老师分别在不同的赛场为这次比赛作出了精彩的点评。他们指出了比赛双方的优点和不足,并期待大家下次有更大的进步,让此次比赛的选手们都获益匪浅。经过激烈的角逐,化学化工学院、历史文化与旅游管理学院、外国语学院、计算机与信息科学学院、体育学院、人文与传媒学院、生命科学学院及美术学院直接抽签晋级获胜最终得以进入决赛。决赛将于2014年11月16日举行。

(二) 辩论赛之总决赛

2014年11月16日19点,由校团委主办、学生联合会承办的"青春师院·文明学子"系列活动辩论赛之总决赛在生物楼活动室举行。校团委宣传实践部副部长李瑾、两位学生代表担任比赛评委。

活动开始,双方辩手首先自我介绍,由主持人赵之荣介绍相关要求与规则,并宣布此次辩题为"人格能否决定人的成败"。辩论正方来自人文与传媒学院,论点为"人格决定人的成败"。反方来自历史文化与旅游管理学院,论点为"人格不能决定人的成败"。随后,活动进入第一阶段。开篇立论,由双方一辩各自立论陈词三分钟,十秒之后进行发言。正方一辩指出"人格是由人的性格、道德、能力的总和",反方四辩提出"成功是由内外诸多因素共同决定"。双方论点有力,竞争激烈且精彩。活动第二阶段,攻辩阶段。由双方辩手向对方提问,两方对手不甘示弱,问点一针见血,比赛愈发精彩。活动第三阶段,自由辩论,正反方辩手唇枪舌战,言辞有力。活动进入第四阶段,总结陈词。双方辩手总结对方论点中的误点、错点,并有力阐述己方的论点。活动最后,历史文化与旅游管理学院以总分6分的优势赢得此次比赛,获得遵义师范学院大学生辩论赛总冠军。最后,颁奖人员为最佳辩手及诸多优秀辩手颁奖,此次辩论赛圆满结束。

四、活动总结

这次活动，体现了大学生朝气蓬勃，积极向上的精神状态，同时也提高了同学们的阅读、写作、试听、演讲、应变和团队合作的能力，并让同学们从中追求进步、锻炼口才、发展自我。

此次辩论赛活跃了校园文化气氛，丰富了学生的课余生活，增强了学生明辨是非的能力、逻辑思维能力和语言表达能力，提高了学生的辩论水平，发掘培养了学校辩论人才，体现了青年大学生风华正茂的精神状态。

活动二十

"八字真经" 主题黑板报

一、活动综述

为加强广大青年学生的社会主义核心价值观，提高同学们对习近平总书记提出的"八字真经"——"勤学、修德、明辨、笃实"认识，我校组织开展了学习习总书记"八字真经"为主题的黑板报活动。"勤学、修德、明辨、笃实"是去年5月4日习近平总书记在北京大学同师生代表座谈时，对当代大学生提出的殷切期望。我们作为当代大学生应该秉承民族精神，去开拓去创造新的希望，迎接机遇与挑战。

二、活动文件

（一）活动组织

主办单位：共青团遵义师范学院委员会。

承办单位：遵义师范学院学生联合会。

（二）活动主题

"八字真经"。

（三）活动对象

各二级学院。

（四）活动时间

2015年5月12日—5月15日。

（五）活动地点

遵义师范学院黑板报宣传栏。

（六）活动内容

以"八字真经"为主题，各二级学院参与设计黑板报，以达到学习、宣传的效果。

三、活动报道

5月12日，各二级学院在学生联合会办公室抽取黑板位置并确定主题，并于5月15日进行全部黑板报成果评分。在抽取后，各二级学院都积极组织同学着手黑板报的开展。我部门同学也快速分工去做，此次去画黑板报的为b组同学。当天下午，b组同学即把黑板清洗干净并盖上墨汁等待设计版型，为了直接明了的突出此次的宣传主题我们直接把八字真经"勤学、修德、明辨、笃实"作为此次黑板报内容。5月15日下午15：40评分活动开始。

在本次活动中，各学院出黑板报的同学认真地设计黑板报的版式，并配上活跃的插图、工整的字迹，呈现出一张张主题突出的黑板报，成功吸引了广大师生的关注，起到了很好的宣传效果。

四、活动总结

通过此次活动，同学们更加了解了习总书记的"八字真经"，并将社会主义核心价值观作为自己的基本遵循，努力在实现中国梦的伟大实践中创造自己的精彩人生。同时，同学们更加深刻地认识到，当代大学生是国家的中坚力量，应该怀揣着新时代的梦想与希望，把"勤学""修德""明辨""笃实"这"八字真经"作为自己的行为指南。

第三部分　青春师院·秀我风采

"青春师院·秀我风采"系列活动作为我校的一个精品系列活动,精彩纷呈,成果颇丰。通过"青春师院·秀我风采"的系列活动,繁荣了校园文化,使同学们达到自我展示、自我塑造的目的。每届"青春师院·秀我风采"系列活动主题鲜明,活动丰富,涵盖面广,融思想性、学术性、知识性和趣味性于一体,像一道绚丽的彩虹闪耀在校园,深受学生的欢迎。特别是每一届"青春师院·秀我风采"系列主题活动,都以其独特的创意和深刻的内涵给所有师生留下了深刻的印象。活动形式丰富多彩:有深受学生们喜爱的艺术展演、实习服大赛、"我的生活·我来导"表演大赛等;也有提升学生素质的主持人大赛等。活动贯彻落实了十八届三中全会精神,创新了校园文化活动的内容和形式,努力适应新时期高校学生对校园文化建设的新需求。

历经了十届的"多彩青春·闪亮校园"大学生活动月,我校已经形成了自己独特的运作模式。从活动月的启动、活动月的主题活动到颁奖暨闭幕式晚会的策划都有着规范的操作流程。多年来,大学生的思想素质在提升,文化需求在改变,活动的形式当然不能一成不变。每一届的活动主题都在广泛征求在校师生的意见建议的基础上,大胆创造,在不断探索中力求举办与时俱进,推陈出新,形成了青春师院的独特魅力。随着每项活动和赛事的进行,从参加活动的同学脸上绽放出的自信与微笑中,我们确实看到了"青春师院·秀我风采"系列活动作为大学生生活中最亮丽的一道风景线,受到广大青年学生的欢迎。

"多彩校园·闪亮青春"大学生活动月之"青春师院·秀我风采"系列活动已经走过了漫漫旅程,我们看到在这里耕耘的是希望,收获的是辉煌。数以万计的学生参加了活动并展现出自己的才艺,还有无数的学生从"青春师院·秀我风采"系列活动的舞台走上了更加广阔的舞台。

还有许多在"青春师院·秀我风采"活动的舞台上展示过风采的年轻人们如今都成为当地这一领域的先锋。每一届"青春师院·秀我风采"的舞台也成为大学生展示才华的平台。对于学校和团委而言，通过开展丰富多彩的校园文化活动，引导青年学生加强文化道德修养，提高综合素质，促进德智体美全面发展；整合现有的校园文化活动内容，集中在一段时间内形成声势和规模，打造新的文化活动品牌，创造有利于学生健康成长的社会氛围和校园氛围，是他们孜孜追求的目标。"青春师院·秀我风采"系列活动，贴近青年学生生活，愿意倾听青年文化需求，以当前大学生喜闻乐见的形式为载体，长期、持续地开展下去，并且每一届都迸发出新的活力。

我校"青春师院·秀我风采"活动不仅仅是共青团青春力量的体现和一项重要品牌，更是遵义师范学院广大在校师生接受、喜爱和积极参与的盛会。

活动一

大学生"青春·使命"艺术展演活动

一、活动综述

为庆祝建党90周年、我校升本十年，展现当代大学生积极向上的精神风貌和我校艺术教育的成果，在我校党委的领导下、展演活动领导小组及组委会的各位同志的努力下、以及各学院和学校有关部门的大力帮助与支持下，我校历时近四个月的大学生艺术展演活动取得了圆满成功。在本次艺术展演活动期间，我校通过开展一系列丰富多彩的艺术展演活动，展现了我校十年升本硕果及我校大学生奋发向上的精神风貌，展示了我校艺术教育的丰硕成果、健康高雅的校园文化环境，体现了我校"向真、向善、向美、向上"的校园文化特质，丰富了我校学生的文化生活，提高了学生的综合素质。

二、活动文件

为深入贯彻党的十八大及十八届三中全会精神，全面贯彻落实党的教育方针，围绕立德树人的根本任务，促进我校学生德智体美全面发展，展示我校艺术教育成果，落实《学校艺术教育工作规程》，我校决定举办第四届大学生艺术展演活动。

（一）指导思想

展演活动要坚持育人为本，体现社会主义核心价值观，全面贯彻教育方针,大力推进素质教育,认真落实《学校艺术教育工作规程》的要求;面向全体大学生,立足于提高审美修养和人文素养,促进学生德智体美全面发展;展示我校艺术教育的丰硕成果,营造健康高雅的校园文化环境,体现向真、向善、向美、向上的校园文化特质,使展演活动成为培养我校学生文化自觉和文化自信的有效载体。

(二) 活动主题

展演活动的主题是"我的中国梦"。

展演活动的项目和内容应围绕主题,展现当代大学生报效祖国的远大志向、朝气蓬勃的精神风貌、自强不息的品格意志、甘于奉献的思想境界;充分反映他们热爱祖国、热爱社会主义、乐观开朗、积极向上的精神风貌;表现大学生实现中华民族伟大复兴的远大抱负和历史使命感,展示大学生高雅健康的审美追求。

(三) 项目分类

本次展演活动的项目分为艺术表演类、艺术作品类、教育系统领导干部摄影作品类、大学生摄影作品类、"我和大艺展"征文和高校艺术教育科研论文报告会六类。其中,表演类包括声乐、器乐、舞蹈、戏剧;艺术作品类包括绘画、书法、篆刻、设计、微电影、民族传统工艺制作。艺术表演节目、艺术作品、"我和大艺展"征文的具体要求,全省大学生摄影作品展、校领导干部摄影作品展方案详见附件,高校艺术教育科研论文报告会的具体方案另文通知(相关学院可以提前做好准备)。

(四) 分组范围

艺术表演类和艺术作品类的参加对象为全校学生,分为甲、乙两组,甲组为非艺术类专业的学生,乙组为艺术类专业的学生。校领导干部摄影作品参展对象为学校处级以上在职干部。艺术教育科研论文报告会的参加对象为全校教师。"我和大艺展"征文的参加对象为全校学生。

(五) 时间安排

本届艺术展演活动的时间为2014年3月至6月20日,以学院为单位。各学院可组织艺术专题讲座、文艺演出、音乐会、美术作品展等,让每个学生都有机会参加至少一项艺术活动。

各学院将评选出的优秀艺术表演节目(录像)、艺术作品、艺术教育科研论文按《遵义师范学院第四届大学生艺术展演活动艺术表演节目、艺术作品及"我和大艺展"征文的要求》（附件2），于2014年6月20前报送校展演活动组委会办公室。学校展演活动组委会将于6月22日对各学院报送作品进行评比，获奖作品将推荐至省级艺术展演比赛（省级为2014年7月至2014年8月，国家为2014年11月至2015年3月）。

（六）承办单位

团委、工会、科研处、美术学院、音乐与舞蹈学院。

（七）奖励办法

1．奖项设置

（1）优秀组织奖：按照评选要求，评选优秀组织奖。

（2）艺术表演节目奖：各项目甲乙组分设一、二、三等奖。

（3）艺术类作品奖：各项目甲乙组分设一、二、三等奖。

（4）指导教师奖：奖励艺术表演节目甲乙组一、二、三等奖的指导教师（每个节目不超过3名）和艺术作品甲乙组一、二等奖的指导教师（每件作品限1名）。

（5）优秀创作奖：鼓励广大师生积极创作，为本届展演活动创作具有时代特征、校园特色、学生特点的优秀原创节目，并从中评选创作奖，设一、二、三等奖。

（6）大学生摄影作品奖：设一、二、三等奖和优秀奖。

（7）领导干部摄影作品奖：设一、二、三等奖和优秀奖。

（8）"我和大艺展"征文奖：设一、二、三等奖。

（9）优秀论文奖：设高校艺术教育科研论文一、二、三等奖。

（八）组织领导

（1）成立遵义师范学院第四届大学生艺术展演活动组委会（名单见附件1），负责活动的组织和开展。组委会下设办公室，设在校团委。负责人：李强。联系电话：8927152。

（2）各承办部门要成立展演活动组委会或领导小组，由一位处级领导干部担任组委会主任或领导小组组长，要制订活动实施方案，明确责任，落实任务分工，根据本届艺术展演活动的宗旨和主题，精心组织，广泛宣传，充分发动广大师生积极参与展演，使本届艺术展演活动取得圆满成功。

（3）承办部门要加强领导，统筹安排，明确职责，以高度负责的态度，认真准备，精心谋划，做好承办本届大学生艺术展演活动的各项工作。

（4）要加大宣传力度，利用广播、电视、网络、报纸等多种媒体，为展演活动的深入开展营造良好的舆论氛围。

三、活动报道

本届艺术展演活动分为三个阶段。

第一阶段（12月至5月）为教工文艺汇演、建党九十周年红歌会以及各单位开展活动阶段。

各单位要制订分管艺术展演活动方案，发动广大师生广泛参与，开展内容丰富、形式多样的艺术活动，可组织艺术专题讲座、文艺演出（唱红歌、跳红舞、朗诵红色经典诗文等）、音乐会、美术作品展以及教工演出等活动，让每位同学都有机会参与到一项或多项艺术展演活动。

第二阶段（5月至6月）为组织评奖和集中展演阶段。

承办部门组织专家对各分院、学院推荐的优秀节目和作品进行评选，评选出优秀组织奖、优秀节目、作品和论文。优秀节目、作品和论文要进行集中展演。

第三阶段（6月至7月）为总结和报送阶段。

6月17日之前，各承办单位递交活动总结和各类材料、作品到学院组委会办公室，由学院组委会向省艺术展演活动组委会办公室报送艺术表演节目（DVD光盘）、艺术作品、校长书画摄影作品和艺术教育科研论文。

四、活动总结

本次艺术展演活动圆满落幕，但在整个艺术展演活动过程中，也发现了一些问题。这些问题产生的原因是多方面的。我校通过认真思考，反思存在的问题和不足，并提出应对措施，以便更好地解决这些问题。这对办好艺术展演活动，搞好校园文化活动，形成良好的文化育人氛围有着重要的意义。

我校的反思：

（1）在以后的活动中，还要加强新闻宣传、简报上传的力度，让宣传更及时、有效，促使我校艺术展演活动得以顺利开展。

（2）为了不影响学生的学期考试，我校的活动在6月必须结束。而材料的报送时间距离放假还有一个多月，因此要做好作品的保存、资料的收集、论文的整理等工作，要保质保量地将全部材料送到省里。

  本届艺术展演活动是一个契机，我校紧紧地抓住了这一契机，在学生中开展丰富多彩的艺术展演活动，这不但丰富了校园文化生活，也给青年学子提供了锻炼自己和展现自己的平台，提高了大学生的综合素质；并且通过认真总结、肯定成绩、指出不足等工作的开展，为今后进一步加强校园文化建设、加强大学生思想政治教育等工作积累了经验，也为今后的校园文化活动的开展打下了坚实的基础。同时，在本届艺术展演活动中，教师们勤于钻研，撰写了多篇艺术教育论文，为我校的艺术教育工作开拓了新的思路，促使我校的艺术教育工作再上一个台阶。

活动二

实习服设计大赛

一、活动综述

实习服设计大赛是我校特色活动之一，既契合了我校"厚德树人，笃学致用"的校训精神，又有利于培养当代大学生勤动脑、重实践和敢于创新的能力，同时也更好地体现了当代青年实习教师的文化涵养，展示了我校青年学生勇于创新的精神风貌。实习服设计大赛充分调动了我校大学生的创造设计潜能，激发了大学生的思维创新能力，展现了青春活力，发掘了艺术美、生活美、服装美，充分发挥了广大青年学子的创意才能，丰富了我校学生的文化生活，提高了学生的综合素质。

二、活动文件

  为发扬我校"厚德树人，笃学致用"的校训精神，培养当代大学生勤动脑、重实践和敢于创新的能力，更好地体现当代青年实习教师的文化涵养，并让学生体验到大学生活的丰富多彩，展示我校青年学生勇于创新的精神风貌，特举办"遵义师范学院第三届实习服设计大赛"。这次活动为广大设计创新人才提供了一个展现优秀能力的平台。各学院团总支、分团委要以举办本次大赛为契机，发动全校学生积极参与，展开有深度、有内涵、有代表性与表现力的创作，进一步在校园形成积极健康、乐观向上、敢于创新、欣赏美、追求美的艺术氛围。

三、活动报道

12月9日下午4点30分，遵义师范学院首届实习服设计大赛在美术学院展厅拉开了帷幕。

本次比赛参赛的作品共35件，分为实用装和创意装。实用装11件，以PPT的方式进行评比；创意装24件，由设计者担任模特或邀请朋友做模特，身着设计服，以T台走秀的方式进行评比。比赛以一段精彩的民族舞拉开序幕。紧接着，模特们一个个走上T台，轻盈的步伐，优美的姿态，充分展现了参赛服装的美观性、创新性、奇特性，给现场观众带来一场视觉的盛宴。

此次设计大赛意义重大，充分发掘了大学生的设计潜能，展现了同学们的青春活力，发掘了艺术美、生活美和服装美。

四、活动总结

今年十二月份，我校成功举办了首届实习服设计大赛。本次大赛由遵义师范学院共青团委员会主办，遵义师范学院美术学院承办。本次活动是与服装设计相关的，内容丰富并且充满趣味性，充分显示了美术学院的专业色彩，而且也有效地调动了各学院同学参加比赛的热情。我校副校长出席了活动现场并担任评委，增加了比赛的公平公正，也调动了参赛同学的积极性。大赛的成功举办激发了大学生的思维创新能力，增进了同学之间的友谊，培养广大学子勤动脑，重实践和敢于创新的能力。

本次活动总体来说还是比较成功，得到了学校领导的嘉奖，但是也有很多地方做得都很不到位，总结如下：

（1）前期准备不够充分。

虽然活动策划前期查阅大量资料，并进行了较大的宣传工作，但活动实际开展中仍出现一些漏洞。活动开展前出现紧急变动，增大了活动工作的难度。

（2）工作人员紧密配合，团结协作。

虽然活动有些许漏洞，但在所有工作人员紧密协作和积极努力下，仍能保证活动有条不紊地进行着。

（3）分工具体到人。

由于活动紧急变动，在老师的指导下我们召开紧急会议，将活动具体工作切实安排到人，保证各个环节协调一致。

（4）做好前期排练。

活动前期合理安排时间为参赛选手进行彩排，并请有经验的同学现场指导，保证台上同学们的走姿正确，走出气质、走出风采，从而更好地对服装进行展示。

（5）严格控制活动时间。

排练期间为每一组选手掐好时间，控制活动总时长，以保证活动开展的最佳效果。

（6）兼顾现场秩序与安全防护。

考虑到本次活动方式新颖、特色突出，而活动场地有限，所以安全工作也是重中之重，所以我们在各路口、门口安排固定岗位的安保人员，维护现场秩序。

在学校领导的支持和美术学院老师的指导下，我们坚定目标，不断努力，克服活动中的各种困难，以为同学服务为中心，让同学们在活动中真正得到锻炼，培养他们爱动脑的习惯和勇于创新的精神。

活动三

主持人大赛

一、活动综述

"看蔚蓝的天空，有幸福的彩虹。是属于你和我编织的梦……不怕孤单寂寞，不怕泪水坠落，我要飞越世界，勇敢的承诺。"有道是："心有多大，舞台就有多大"，站在不一样的舞台，用话筒传递不一样的情感，传递歌声、传递感言、传递梦想，在这个舞台上练就的是口才、练就的是胆量，在这个舞台上不只是实力的较量，更是信心与勇气的比拼，不只是激情的燃烧，更是感动与活力的绽放。遵义师范学院以"怒放青春，话筒梦想"为主题的主持人大赛，为爱好主持的同学们提供了展示自我的舞台，显现出当代大学生自信而富有朝气的真我风采。

跨过金秋，走过企盼，2011年遵义师范学院第一届主持人大赛隆重举行，此次活动为主持人大赛开创了先河，为爱好主持的同学提供了他们很好的平台，给予了很好的锻炼机会。此外，本届主持人大赛的成功举办也为以后的活动有着很好的借鉴作用。

时光荏苒，光阴似箭，度过2011，迎来了2012，在这一年里学生联合会全体成员带着新的希望、新的目标、新的梦想，努力地把学生联合会创办得更加辉煌。2012年11月"怒放青春•话筒梦想"第二届主持人大赛再一次隆重举办，本次大赛以培养和发掘大学生的口头表达能力、灵机应变能力为宗旨，以锻炼实践能力、发挥自身特长为目的，让同学们从活动中挑战自我、锻炼自我，培养当代大学生的口头表达能力，促进校园文化的发展，丰富大学生的校园生活。与往届主持人大赛相比，本次主持人大赛节目更多、内容更广更丰富、规模更大、准备更充分。本次大赛分初赛、复赛、决赛三个环节，经过层层比赛，最终有10位选手以优异的成绩得以在决赛中同台争风。决赛分为4个环节，分别是：自我介绍；记忆考验；大秀演技以及评委提问。无论是哪个环节各个选手都能随机应变，表演极好。

本届主持人大赛以"我健言我快乐，我主持我精彩"为活动口号，让热爱播音主持的同学朋友聚集在这个群贤汇集而又光辉的舞台上，展开知识与才华的翅膀，用话筒点亮人生梦想。

2013、2014……随着知识的不断积累，经验的不断增加，在学生联合会所有成员的不断努力与辛勤工作下，遵义师范学院主持人大赛举办得越加成功，活动节目与内容更加丰富，使得钟爱主持的同学得到了很好的锻炼，意义深远。相信通过学生联合会的不断创新，不断奋进，不断努力，今后的主持人大赛活动定会举办得更加非凡。

二、活动文件

（一）大赛主题

怒放青春•话筒梦想。

（二）活动口号

我健言我快乐，我主持我精彩。

（三）活动目的

锻炼同学们的实践能力，发挥自身特长，让同学们从活动中挑战自我、锻炼自我。为培养当代大学生的口头表达能力、促进校园文化发展、丰富大学校园生活提供平台。

（四）参赛对象

遵义师范学院全体学生。

（五）时间及地点

1．大赛时间

（1）初赛：11月02日（星期五），12：30生物楼活动室。

（2）复赛：11月09日（星期五），19：00音乐厅。

（3）决赛：11月23日（星期五），19：00音乐厅。

2．大赛地点

遵义师范学院本部。

遵义师范学院汇川分院。

遵义师范学院栋青分院。

遵义师范学院南白分院。

3．赛场

（1）初赛：各分院自设比赛点。

（2）复赛：本部音乐系音乐厅。

（3）决赛：本部音乐系音乐厅。

（六）活动组织

主办单位：共青团遵义师范学院委员会。

承办单位：遵义师范学院学生联合会，遵义师范学院汇川分院学生会，遵义师范学院栋青园分院学生会，遵义师范学院南白分院学生会。

（七）比赛环节

初赛、复赛、决赛。

（八）奖项设置

（1）金话筒奖（1名）。

（2）银话筒奖（1名）。

（3）铜话筒奖（1名）。

（4）一等奖（1名）。

（5）二等奖（2名）。

（6）三等奖（3名）。

（7）优秀奖（3名）。

（九）评选形式

（1）每个选手的比赛成绩，按评委的打分去掉一个最高分，去掉一个最低分，取另几位评委的平均分。如有选手成绩相同，则按照小数点以后的成绩评分。

（2）评委打分允许小数点后两位。

注：满分为十分，比赛评委所打的原分以及计分统计的评分一律保存归档备查，不得销毁。

（十）活动流程

1．前期准备

（1）宣传：对全校及各分院同学进行宣传，做好充分的宣传工作。如召开各二级学院的文艺部部长大会，加大宣传力度，并以海报的方式进行宣传。

（2）报名安排：活动以自愿报名到各院文艺部部长或直接报名到院学生会文体部负责人处，对报名参加本次大赛的人做好报名记录，最后一并上报负责人统计。

（3）赛前安排：整理好所有的参赛选手的个人档案，核实好个人信息以便通知比赛的各项事情。

（4）工作人员安排：合理安排好各个赛程的工作人员，另附工作人员表。

2．比赛流程

（1）初赛。

由各分院自行负责海选，最后各个分院选出四名、本部选出六名选手进入复赛。

（2）复赛（各分院4人、本部6人；共18人）。

① 选手自我介绍（两分钟内）。

② 才艺展示（不超过四分钟）。

③ 即兴主持（不超过四分钟）。以抽签的形式给每位选手安排一档节目，如：新闻类、体育类、娱乐类、访谈类、少儿类、英语类等，让选手即兴主

持自己抽取的那档节目，考察台风、主持能力以及随机应变能力。

（3）决赛（留12人参加比赛，前八名设有奖励，具体见奖项设置）。

① 开场舞蹈（不超过十分钟）。

（由舞蹈演员和选手共同完成开场，在舞蹈演员的烘托下选手每人秀几个舞蹈动作）。

② 主持人出场。

③ 选手自我介绍（两分钟内）。

④ 记忆考验，两环节（不超过三分钟）。

（一套题两个题目。常识题和绕口令，本环节主要对各位选手的常识和记忆能力做一个基本考察，工作人员提前准备好常识题和绕口令，选手进行现场抽取，待准备30秒后开始作答，每个绕口令念读三遍。）

⑤ 大秀演技（不超过三分钟）。

考察选手的合作能力和表演技巧，由两人一组合作完成，合作表演抽取的情景。如久违的朋友再相见时的情节、电视剧的某个情节等，具体的情节另作准备。

⑥ 评委提问。

由评委向选手提问在主持过程中的一些有关问题，重点考察选手的随机应变能力。

⑦ 进行现场互动环节。

游戏或脑筋急转弯等，评委可有足够的时间做最后的评定。

⑧ 举行颁奖及合影。

⑨ 整理现场。

（十一） 注意事项

（1）选手必须提前抽签确定比赛顺序。

（2）选手所用的碟片等一切道具均由选手自备并提前联系工作人员做好安排。

（3）要注意比赛选手的男女、民族比例。

（4）选手比赛所需碟片必须在每场比赛前半小时送到调音台。

（5）在比赛现场，评委、选手、统分处以及观众的座位安排要慎重考虑。

（6）保证比赛有关信息的透明化。

(7) 保证比赛单位以及个人充分了解比赛规则。

(8) 注意在比赛前期与过程中题目的保密。

(9) 比赛时任何一项超时都要扣除 0.5 分。

(10) 通知选手每场比赛要提前半小时到场，进行抽签决定出场顺序。

(11) 由文体部通知公布进入决赛的名单。

（十二） 整理现场

所有工作人员留下整理现场。

（十三） 应急方案

(1) 晚会期间，禁止携带易燃物等危险物品进场，一经发现一律没收并上报。

(2) 演出期间，禁止出现喝倒彩、吹嘘等不良行为，禁止乱扔物品。

(3) 晚会道具器材非工作人员未经允许不可乱用。大赛过程中，必须遵守现场秩序，配合现场工作人员的工作。

(4) 活动过程中，保持现场清洁，不允许大声喧哗。

(5) 若遇到紧急撤离，要冷静处理并配合现场工作人员做好疏散离场工作。

(6) 演出过程中，若出现器材问题，马上重新开始表演；选手表演失误不得重演。

(7) 晚会当晚各环节责任分清，晚会工作人员须佩戴工作证。

(8) 停电应急预案：若活动前停电，活动最多推迟 1 小时举行，此间观众自由处理自己的时间；如果一小时后仍没有正常供电，则由主持人宣布活动结束。

(9) 若在晚会期间停电，停电时间超过 15 分钟有负责人商讨是否活动闭幕。

(10) 在停电期间，负责演员的组织与服装道具的看管工作，工作人员负责领导及来宾的服务工作和维持现场秩序。

三、 活动报道

为展现当代大学生的精神面貌，张扬青春风采，2012 年 12 月 23 日 19 点，遵义师范学院第二届主持人大赛决赛在音乐厅隆重举行。

经过前两轮的初赛及复赛，本场决赛共有陈雪等10位选手同台争风。决赛有4个环节：自我介绍；记忆考验；大秀演技以及评委提问。在这几个环节中，选手们不仅展现了自己的才艺，还展现了自己对主持事业的无限热爱。评委提问环节更是精彩纷呈，此环节不仅考验选手的应变能力，也非常考验选手的语言组织能力。最有难度的要属大秀演技环节，此环节要求选手要根据随时更换的背景音乐来做节目主持。但是我们的选手真可谓是腹有诗书气自华，挑战再大也不怕。选手们都反应灵敏，应变自如。

在全程比赛中，经过了层层角逐，张静同学一路过关斩将，凭借其丰富的主持经验和稳定的发挥，最终夺得大赛金话筒奖。另外，陈晓洁同学获得大赛银话筒奖。比赛因竞争而精彩，因努力而令人回味。比赛落幕，成长继续，让我们大家一起期待遵义师范学院主持人大赛越办越好，期待更多热爱播音主持的朋友聚集在这个光辉的舞台，用话筒点亮人生梦想。

四、 活动总结

通过此次"怒放青春·话题梦想"遵义师范学院第二届主持人大赛的成功举办，与往届的活动相比，学生联合会深刻认识到不少问题：

（1）只有有针对性地举办活动，才能使活动更有意义、更有特色。

（2）只有提高选手比赛的积极性，让选手们全身心地投入比赛，才能使比赛更加精彩。

（3）只有预先做好防护措施，注重细节问题，才能使比赛顺利进行。

（4）只有事先预算好时间，按计划进行，才能在规定的时间内完成整场比赛。

（5）只有各个社团的各个部门团结合作，齐心协力，才能让比赛更加完美。

此次大赛的成功举办与圆满结束，既离不开各位老师及同学们的大力支持，也离不开学生联合会所有成员的辛勤工作。学生联合会将更有信心地去开展接下来的活动。文艺部每位成员从这次的主持人大赛中发挥了优点，各个成员将在学生联合会这个舞台上不断尝试、不断超越、勇于开拓、绽放精彩。我们会在以后的工作中更加认真负责，踏踏实实，真正地做到为我校广大同学服务。

活动四

"青春遵义——我有我的 Young"篮球比赛

一、活动综述

举办篮球大赛,对于丰富大学生课余文化生活,提高我校文明道德新风尚,推动体育运动的开展,促进各学院之间的沟通与联系,提高各个专业同学内部团结协作能力,以及建设积极向上的校园文化有着重要的作用。篮球大赛的开展,展现了我校青年学子文明进取的精神风貌,丰富了校园文化生活,推动了我校精神文明建设,同时也锻炼了同学们的协作能力,提高了同学们的综合素质。

二、活动文件

主 办:遵义师范学院。

承 办:体育学院。

（一）活动宗旨

为了深入学习宣传贯彻落实党的十八大精神,坚持立德树人的根本任务,提高学生人文素养,丰富我校的校园文化生活,增强我校学生的身体素质,特举办遵义师范学院"青春遵义——我有我的 Young"篮球比赛。

（二）比赛时间

2013 年 5 月 6 日—5 月 17 日。

（三）参赛对象

全校学生。

（四）参赛办法

（1）各学院独立组队,限报 1 队（男子）,每队领队 1 人,教练员 1~2 人,运动员 12 人。

（2）每队需自备深浅不同的比赛服装两套,号码必须是 4~15 号,号码和尺寸需符合相关规定。

（3）所有参赛运动员必须是身体健康、适宜参加篮球比赛者，并且必须办理"人生意外伤害保险"（在报到时交复印件），否则不能参加比赛。

（五）竞赛办法

（1）本次比赛执行国际篮联审定的 2012 年《篮球竞赛规则》。

（2）本次比赛分两阶段进行，第一阶段分组进行单循环比赛，第二阶段进行同名次决赛。

（六）奖项设置

以队为单位取前四名，最佳组织奖 1 名。

（七）纪律规定

（1）凡运动员打骂、侮辱裁判员、对方队员和其他的工作人员，取消该运动员本场比赛资格，如有多名运动员参与，取消全队比赛资格。本场比赛判对方胜，违纪方计"0"分。

（2）运动员不服裁判的裁决，无理取闹致比赛中断 10 分钟以上作弃权处理，判对方胜，违纪方计"0"分。

（八）报名时间

2013 年 4 月 12 日。

三、活动报道

5 月 17 日下午，在遵义市体育运动学校篮球场举行第五届"青春遵义·天翼飞 Young"大中专学生文化节之"青春飞 Young"篮球比赛的总决赛。遵义市体育运动学校和遵义师范学院之间将进行冠亚之争。该活动由共青团遵义市委、遵义市教育局、遵义日报传媒集团和遵义市广播电视台主办，遵义市体育运动学校承办。

经过十一天的角逐，在遵义市七所高等院校中脱颖而出的两所学校进行最终的对决。在第一环节中遵义师范学院以一分领先于体校。而在随后的二三环节中，体校以微小的差距领先。最激动人心的是最后两分钟，虽然此时体校领先师院两分，但在这两分钟内任何情况都是有可能发生的。此时每次的传球、接近篮板、将球抛向篮筐的瞬间都牵动着观众的心，最终体校以 59

分的成绩赢得了此次篮球赛的冠军，我校仅以一分之差位居第二。

四、活动总结

本次篮球大赛，在一定程度上丰富了大学生课余文化生活，对建设积极向上的校园文化有着重要意义，为我校精神文明建设增添了光彩。此次篮球比赛体现了"公正、公平、友谊"的原则，同学们在比赛中也表现出了"友谊第一，比赛第二"的比赛精神，同时也进一步提高了篮球爱好者的技术水平，更好地体现了素质教育的优越性和文明的典范。比赛中每个队员都是一名合格的文明使者，传播着积极向上、永不言输的拼搏精神。此次比赛展现了新时代大学生青春洋溢的新形象。与此同时，我们也回顾不足，认真结合我校实际情况，总结经验，改进不足，积极地为同学们提供更多更好的条件，并希望以后的篮球赛能举办得更好。

活动五

"我的生活·我来导"首届表演大赛

一、活动综述

随着时代的不断发展，社会对于教育人才的要求也不断提高，为顺应素质教育的要求，紧跟时代发展的节奏，遵义师范学院学生联合会举办表演大赛，希望在丰富同学们校园生活的同时，也能提高同学们表演能力，争做"我的生活，我来导"的先行人。

生活或许时而会不尽人意，但正如智人所说"你不能决定生命的长度，但你可以控制它的高度；你不能左右天气，但你可以控制心情；你不能改变自己的容貌，但你可以展现笑容；你不能预知明天，但你可以利用好今天；你不能事事顺利，但你可以样样尽力"。的确，生活并非总是一帆风顺，在充满鲜花与掌声的同时也充满了艰难与险阻，走过一路的风景，或孤单，或快乐，或悲伤，或幸福……每一段旅程都犹如一本传记，里面的人生需要我们自己去描绘、自己丰富、自己去完美。"我的生活·我来导"遵义师范学院首届表演大赛为同学们提供了展示舞台。

首先，本次表演大赛主要以小品、相声、音乐剧、话剧等各类表演节目为主，同学们可以在故事里扮演不同的角色，体味不同的生活境界，感受不同的人生。其次，活动是以各学院、各个组队及社团等多种形式报名的，既体现了公平的原则，也促进了学生参与的积极性与情感交流。再次，本届大赛沿袭了以往各类活动中的一些精彩之处，如外语系的话剧比赛、音乐系的话剧《暗恋桃花源》等，并在此基础上完善与发展，活动充分发掘了同学们的表演热情与表演能力。此次"我的生活·我来导"表演比赛，给同学们创造了一个自我展示的空间，能让同学们敞开心扉，带着梦想，尽展才能，让青春在舞台上闪光，让活力激荡心灵。

二、活动文件

（一）活动背景

为了顺应素质教育要求，提高大学生综合素质，促进大学生全面发展，促进校园文化建设，培养大学生的表演能力，也为学校各类型晚会提供后备资源，我校特举办此次"我的生活·我来导"表演比赛，给同学们创造一个自我展示的空间。

（二）活动主题

"我的生活·我来导"。

（三）活动目的

丰富大学生的课余生活，选出优秀的表演人才。

（四）活动时间

2010年4月23日—2010年5月23日。

（五）活动地点

遵义师范学院本部。

（六）活动对象

遵义师范学院全日制在校学生。

（七）活动组织

主办单位：共青团遵义师范学院委员会，遵义师范学院音乐系。

承办单位：遵义师范学院学生联合会，遵义师范学院音乐系团总支、学生会。

（八）活动流程

比赛分为初赛和决赛。

初赛：时间：2010年5月14日。

　　　　地点：生物楼活动室。

决赛：时间：2010年5月23日。

　　　　地点：音乐系音乐厅。

（九）活动时间安排

宣传：

2010年4月23日至5月14日通过海报、横幅、传单等方式展开宣传。

2010年5月7日将报名通知与报名表下发到各系。

2010年5月13日收集参赛报名表。

初赛：2010年5月14日。

决赛：2010年5月23日。

（十）参赛要求

（1）以组为单位报名（每组三至五个角色，必须自备道具，具体报名时间见海报）。

（2）比赛形式不限，如小品、相声、音乐剧、话剧等表演类节目。

（3）初赛时限时五分钟以内（根据具体情况再进行修改），决赛时限时十至二十分钟以内（根据具体情况再进行修改）。

（4）参赛者须准备两个主题鲜明、内容健康的作品进行参赛。参加初赛和决赛作品由选手自行决定。

（十一）评选形式

（1）每个选手的比赛成绩，按评委的打分去掉一个最高分，去掉一个最低分，取另几位评委评分的平均分，如有选手成绩相同，则按照小数点以后的成绩评分。

（2）评委打分允许小数点后打两位（不得超过）。

注：满分为十分，比赛评委打分原分以及计分统计的评分一律保存归档备查，不得销毁。

(十二) 奖项设置

(1) 一等奖（1组）：一定奖金，并颁发证书。

(2) 二等奖（1组）：一定奖金，并颁发证书。

(3) 三等奖（1组）：一定奖金，并颁发证书。

(4) 最佳表演奖（1组）：一定奖金，并颁发证书。

(5) 优秀奖（4组）：一定奖金，并颁发证书。

三、活动过程

在表演中升华性情，在故事里体味人生。春意渐退，夏意更浓，遵义师范学院学生联合会文体部秉承人文精神，在学校老师与同学的支持下，开展了"我的生活我来导"表演大赛。

在悠扬的古琴声中，大赛正式拉开了帷幕。各参赛队伍都带来了精彩的表演，这其中有西方浪漫剧，中国古典剧，搞笑穿越剧等一系列不同类型的表演，并赢得了大家阵阵好评。最后，比赛在一首优美的歌曲《难忘今宵》中拉下了帷幕。

这次比赛开阔了同学们的视野，丰富了同学们的校园文化生活，锻炼了同学们自编自导、生动表演、组织团队的能力，提高了同学们的语言表达能力以及各项综合能力。同时，比赛不仅对推动我校的文化建设以及精神文明建设具有积极意义，也有助于进一步营造良好的校园文化氛围，激发我校大学生文明生活、健康成长的情怀。

四、活动总结

首先，此次表演大赛沿袭了往届活动的一些精彩之处。本次活动可以以学院、各自组队、社团等多种形式报名，这样既体现了公平的原则，也促进了学生之间的积极性和感情交流。本次表演意义非凡，影响广泛。它的举办不仅丰富了我校大学生的精神文化生活，还开发了同学们的潜力，培养起了同学们对话剧的兴趣，对同学们今后的发展也有一定的帮助。

本次大赛的成功举办和圆满结束，离不开学生联合会各个成员的辛勤努力与无私付出。此次大赛无论是相声，还是小品与戏剧等都表演得十分成功，整个活动现场在学生会的精心布置下进行的有条有序，在各个活动环节的背后都有学生会成员的协作与帮助，积极参与活动并做好后勤工作。学生会这次的工作虽然取得了较好的成绩,但学生会成员并不会因此而感到骄傲,却依旧保持这种积极良好的风气,继续努力,继续进步,不断创新,不断奋斗,力求把学生会创办的更好,更优异。当然,这次学生会的工作还存在一定的疏忽和不足,比如分工不够详细,导致偶尔人员缺空,但作为学生会成员定会从中吸取教训,不断反思,望在下一届表演大赛的活动中做得更好。

学生联合会是一个充满朝气、不断进步的团体,也是一个展示才能、提高自我的平台,在接下来的工作中,所有成员将始终坚持自己的目标,秉承学生会的宗旨,再接再厉,给大家带来不一样的惊喜!

活动六

田径运动会

一、活动综述

身体是革命的本钱,是我们学习的基础。没有一个强健的体魄,一切的理想、抱负都是空谈。然而当代大学生,多数都是手无缚鸡之力的书呆子,不知运动为何物,不知操场在何地。少年强则国家强,青少年是一个国家的未来和希望,而看当今之中国,中国之青年,毫无运动之心,毫无强健之意,实为中国未来堪忧。为响应国家提出的"每天锻炼一小时,健康工作五十年,幸福生活一辈子",我校特举办了田径运动会,让同学们在欢乐中锻炼身体,在竞争中感受运动的快乐,提高同学们对运动的兴趣。只有先有了兴趣,才能让学生得到更好的锻炼,有了兴趣,才能为学生的终生体育到下良好的基础。

二、活动文件

(一)活动目的

鼓励大学生积极参加体育锻炼,发扬更高更快更强的体育精神。

(二)活动对象

遵义师范学院全体在校大学生。

（二）活动时间

2015年4月22日—4月24日。

三、活动过程

（一）开幕式

上午8点30分，本部田径场上盛大恢弘的开幕仪式成为了众人夺目的焦点，这标志着我校第十二届校运会盛大开幕。倾盆而下的大雨并没有浇灭同学们热爱体育的热情，反而激发了同学们奋勇向前的斗志。入场仪式结束后，主持人介绍出席本次开幕式的嘉宾和领导：遵义市体育局局长赵川东、遵义师范学院党委书记袁利民、校长王大忠、党委副书记洪涛、副校长娄胜霞、副校长岑玲、副校长曾伯平、纪委书记袁竞、副校长雷昌蛟以及各职能部门、各分院、各二级学校的相关领导。

（二）比赛过程

2015年4月22日早上在精彩的开幕式结束后，接下来就是激烈的运动项目比赛了。第一天上午比赛有女子100米预赛、男子100米预赛、女子400米、女子100米决赛、男子100米决赛、女子铅球、女子跳高预决赛；下午比赛有女子100米栏预赛、男子110米栏预赛、男女子200米预赛、男子四百米预赛、男女子800米预赛、男女子200米决赛。

在第一天的比赛中天空依然下着大雨，但这些都无法阻碍运动员们的热情。在比赛中，2014级数学系的唐芸芸同学以1米36的成绩打破跳高校记录。其余比赛的状况为：100米决赛中专业组第一名是南白分院，非专业组第一名是生物科学院，女子专业组和非专业组均由南白分院获得。铅球专业组第一名是2012级体教（1）班同学获得，非专业组第一名是南白分院获得。第一天的比赛在连绵春雨中结束，在期间所有的参加运动员们都竭尽全力进行每项比赛，且在比赛中获得优异的成绩。

2015年4月24日星期五，紧张的运动会到今天就剩最后一天了，在今天将进行运动会最后的比赛项目。早上比赛有女子400米拦决赛、男子400米拦决赛、男子1500米预决赛、女子5000米预决赛、女子4×100米决赛、男子4×100米决赛、女子标枪预决赛和男子跳高预决赛；下午有男子1500米决赛、女子 1500 米决赛、男子 5000 米预决赛、女子 4×400 米决赛、男子 4×400 米决赛和女子三级跳预决赛。比赛情况十分激烈，所有的运动员都在奋力拼搏，勇夺第一。

在比赛中各运动员都拼尽全力完成比赛，都在比赛中争取为班级、学院争光。他们最后都取得了可观的成绩，这标志着遵义师范学院第十二届田径运动会所有赛事圆满成功。

（三）闭幕式

2015 年 4 月 24 日下午 16：00，在我校本部田径足球场上准时举行遵义师范学院第十二届田径运动会闭幕式，主持人为组委会副主任、体育学院院长谭黔。出席开幕式的学校领导有校长王大忠、副校长娄胜霞、副校长岑玲、副校长雷昌蛟和学校各部门领导和各二级学院领导。

闭幕式举行第一项是裁判员队伍、运动员队伍和各学院观众入场；第二项介绍出席的各位领导；第三项是学校副校长岑玲宣布遵义师范学院第十二届田径运动会获得体育道德风尚奖和破纪录名单；第四项是裁判长赵军宣布团体总分名次；第五项是进行颁奖仪式；第六项是校长王大忠宣布遵义师范学院第十二届田径运动会闭幕。

遵义师范学院第十二届田径运动会在经过三天激烈而精彩的比赛中落幕。在比赛中我校运动员们都展现出来勇于拼搏、积极向上的体育精神，同时，我们也共同期待下次田径运动会的到来。

四、活动总结

本次田径运动会，丰富了大学生课余文化生活，对建设积极向上的校园文化有着重要意义，为我校的精神文明建设增添了光彩。此次田径运动会体现了"公正、公平、友谊"的原则，同学们在比赛中也表现出了"友谊第一，比赛第二"的比赛精神，同时也进一步提高了我校体育运动者的技术水平，更好地体现素质教育的优越性和文明的典范。每个运动员都是合格的文明使者，传播着积极向上、永不言输的拼搏精神。此次田径运动会展现了新时代大学生青春洋溢的新形象。

活动七

2013级学生即兴演讲比赛

一、活动综述

为充分锻炼大学生的随机应变能力，提高同学们的语言表达能力，遵义师范学院举行了2013级学生即兴演讲比赛。即兴演讲是在特定的情景和主题的诱发下，自发或是被要求立即进行的当众说话，是一种不凭借文稿来表情达意的口语交际活动。它与正式的演讲比赛不一样，即兴演讲者在事前没有准备，只能随兴而发，这更能锻炼我校学生面对新情况的解决能力，这更需要同学们有足够的经验知识，多读书，多实践才能有话可说，言之有理。

二、活动文件

（一）活动组织

主办单位：遵义师范学院教务处、校团委。

承办单位：遵义师范学院学生联合会。

（二）活动主题

"秀我风采、即兴演讲"。

（三）活动对象

主要为2013级学生。

（四）活动时间

2015年5月8日。

（五）活动地点

遵义师范学院篮球场。

（六）活动内容

遵义师范学院举办"青春师院·秀我风采"系列活动之2013级学生即兴

演讲比赛。出席本次比赛的评委是刘香环老师、王晶晶老师、李强老师和邓佳老师。各院参赛学生在现场随机产生，符合即兴演讲的要求。

三、 活动报道

2015年5月8日下午7点，遵义师范学院举办"青春师院·秀我风采"系列活动之2013级学生即兴演讲比赛。出席本次比赛的评委是刘香环老师、王晶晶老师、李强老师和邓佳老师。参加此次比赛的人员主要是各二级学院2013级学生代表。

比赛开始前，各学院学生代表抽取比赛顺序。接着比赛正式开始，主持人宣布比赛规则。参加本次比赛的选手和题目均由现场随机抽取产生，被抽到的选手自信地走上讲台进行即兴演讲。活动在紧张的气氛中有条不紊地进行着。比赛结束后，李强老师就此次活动做了讲话，他说道："走上讲台的每一个同学都是非常优秀的。通过此次活动，同学们的随机应变能力得到一定的锻炼。希望同学们能够积极参加此类活动"。最后，主持人宣布比赛结果，并颁发奖项。此次活动在同学们热烈的掌声中结束。

四、 活动总结

这次活动体现了大学生朝气蓬勃、积极向上的精神状态，同时也提高了同学们的随机应变能力，并让同学们从中追求进步、锻炼口才、发展自我。同学们的精彩演讲，也为我校师生献上了一道丰盛的精神晚餐。

第四部分　青春师院·爱心公益

为促进社会主义核心价值体系建设，不断提升广大青年学生思想道德素质，加强我校思想道德建设，积极传递青春正能量，宣传志愿者知识，弘扬志愿者精神，普及志愿者"奉献、友爱、互助、进步"的理念，从新的视角去探索志愿服务事业的新模式，从多维度为志愿服务事业的发展提出新思路；本着"立足校内、走向社会、校际合作、校外连手"的宗旨，共同推动社会的和谐发展；在弘扬志愿者精神的同时，共享优秀经验，共同推动志愿服务事业的发展，提高我校青年爱心志愿者的服务水平和服务意识，打造良好的基础，我校多方位、多角度地开展了"青春师院·爱心公益"系列活动，并取得了良好的效果。

"青春师院·爱心公益"系列活动举办期间，我校着重深入校园、社区和基层，通过"爱心家教"工程、"红城聚爱"、"传承雷锋精神，参与志愿服务"等一系列形式多样、内容丰富的宣传活动，激励全校广大青年学子及师生员工不断提高践行奉献爱心精神的积极性和主动性，使他们自觉投身到志愿服务中。通过"以贫帮困"志愿服务的方式，整合社会资源、汇聚志愿爱心，帮助遵义市困难家庭解决其子女教育困难问题，我校对我市留守儿童、流浪儿童等特殊青少年群体开展关爱帮扶系列活动，以及向校园、社区提供免费服务。我们力求通过奉献爱心来帮助遵义市困难家庭解决其子女教育困难问题，同时引起社会关注，让更多的人关心留守儿童，改善留守儿童的成长环境，让他们快乐地成长。我校在组织学生爱心公益活动的过程中，十分注重坚持"走出去、请进来"的原则，与校外有关单位合作组织学生活动，这一方面扩大了学校的知名度，使学校"爱心家教"等爱心公益活动受到多家媒体的关注报道，又培养了我校大学生"服务社会，奉献社会"的良好思想品德，使其在社会实践中达到锻炼自我和提高自身综合素质的目的。这不仅提升广大青年学生思想道德素质，加强我校思想道德建设，也赋予了志愿精神新的时代意义。此外，"青春师院·爱心公益"系列活动促进了社会主义核心价值体系建设,积极传递了青春正能量,提升了广大青年学生思想道德素质,加强了我校思想道德建设。在此活动中我校同学用实际行动充分地体现了乐于助人、积极向上的精神风貌,同时同学们也深深地体会到即使我们只是普通的一员,也可以尽自己的一份绵薄之力,为社会、为他人服务,为我校精神文明建设增光增彩。这次活动更好地帮助了我校学生树立正确的科学世界观、人生观和价值观,培养了他们良好的道德情操,努力提高了他们自身素质,并自觉地投入到为人民服务中去。

"青春师院·爱心公益"系列活动是形式多样的特色公益志愿活动,它为我校的精神文明建设增添光彩,并已成为我校发扬奉献互助友爱精神的生动实践。这些活动不仅培养了我校学生服务他人、锻炼自我的意识,发扬了不计名利、服务社会、服务农村和助人为乐的奉献精神,而且增强了大学生服务国家和人民的社会责任感、勇于探索的创新精神以及善于解决问题的实践能力,有力地促进了我校的精神文明建设和良好社会道德风尚的形成。

活动一

"爱心家教"工程

一、活动综述

教师不仅仅是传道授业,更是担负着历史的重任。师者——奉献也!这里,遵义师范学院大学生勤工助学服务中心组织在校大学生自愿为社会困难家庭提供无偿的上门家教服务,在传播知识的同时散播师爱。

遵义师范学院"爱心家教"工程是为了感谢社会各界一直以来对我校大学生勤工助学工作的关注和大力支持,为构建和谐社会而推出的一项服务社会的公益活动。自2008年至今,爱心家教工程共开展了六届。爱心家教活动累计派遣爱心教员710余人,分别在长征社区、新舟社区、汇川社区、添阳社区、红花岗社区、百艺社区、鱼芽社区、航天社区、长新军港社区,工农小学、儿童福利院、聋哑学校、海龙中学以及海龙镇周边三个村,16个社区、单位及学校进行服务,共计受助学生1650余人。爱心家教活动曾受到过多家媒体的关注报道,在遵义市爱心公益活动中有着较大的影响。

此活动旨在通过"以贫帮困"的方式,帮助遵义市困难家庭解决其子女教育困难问题，同时培养学生"服务社会，奉献社会"的良好思想品德，使其在社会实践中达到锻炼自我和提高自身综合素质的目的。

二、 活动文件

奉献爱心是中华民族几千年来的优良传统美德，是对雷锋同志助人为乐、乐于奉献的崇高精神的弘扬和发展。遵义师范学院大学生勤工助学服务中心爱心家教工程，是在校团委及社会各界爱心人士大力支持下开展的一项服务社会的公益性活动。爱心家教公益活动旨在贯彻落实《中共中央国务院进一步加强改进大学生思想政治教育的意见》精神，鼓励广大青年大学生关注社会、知行统一、奉献爱心、升华自我。爱心家教通过以贫帮困的方式，帮助遵义市烈士子女、孤儿、残疾人子女、低保户子女、特困职工子女、留守儿童等群体，以解决其教育资源缺乏、课后无人辅导等教育问题。遵义师范学院大学生勤工助学服务中心以"温馨师院，奉献爱心"为宗旨，以"服务社会、立足社会、锻炼自我"为发展方向，开展爱心家教活动。此项活动得到了遵义市民的认可，并在2010年被遵义市人大代表在中央两会上提出，在社会上具有很大的影响。爱心家教活动不仅为社会服务，同时也为遵义师范学院学生提供了社会实践、锻炼自我的平台，也体现了师院学生以立足西部，服务山乡为己任，寻"中国梦"奉献自己青春力量的当代大学生精神。

（一） 活动主题

红色圣地，凝聚爱心，弘扬美德，回报社会。

（二） 活动背景

（1）爱心活动是一项伟大而崇高的活动，遵义师范学院爱心家教公益活动鼓励广大青年大学生"关注社会，知行统一，奉献爱心，升华自我"。

（2）当今社会发展不平衡，城乡发展差距大，农村文化建设较滞后，结合我校相关政策，关注社会，关注农村，关注留守儿童，传递爱心。

（3）弘扬勤工"自立、自强、创新、奉献"的精神，为我校同学搭建社会实践的桥梁，丰富社会实践活动。

（三） 活动目的

响应"奉献爱心工程"的号召，弘扬"奉献、友爱、互助、进步"的志愿者精神，秉承服务团"实干、求是、感恩、奉献"的服务宗旨，我校组织本校大学生深入社会实践，丰富大学生活，感恩生活，服务社会。

（四）活动特点

形式新颖、阵容强盛、对象广泛、规模庞大。

（五）活动简介

(1) 活动时间：2014年3月-2014年6月。

(2) 活动地点：遵义市红花岗区海龙镇。

(3) 活动对象：

① 烈士子女。

② 孤儿、残疾人士子女。

③ 特困职工子女。

④ 低保户子女。

⑤ 留守儿童。

⑥ 单亲家庭子女。

(4) 活动内容：

① 以爱心家教的形式传递社会的爱，让受助学生获得快乐的同时收获知识。（学习辅导、培养兴趣、介绍学习方法、心理咨询、游戏娱乐、感恩教育、弘扬传统文化和树立梦想等等）。

② 在课余时间举办趣味益智游戏活动。

③ 开展关于农村发展问题的社会调研。

④ 活动结束时宣传家教成果，并进行师生文艺同台演出。

三、活动过程

(1) 受助学生家访、资料登记并整理。我们以小组为单位步行到各个支教社区、村庄进行家庭访谈，登记收集受助对象资料（包括个人基本资料及辅导课目等），确定受助人员的人数，处理以往出现有些需要帮助，却没有得到解决的遗漏问题。

(2) 信息核对。收集好资料后到社区居委会、村委会进行资料核对和登记，确定受助对象符合受助条件。在社区居委会进行登记，有利于带队教员与社区领导的沟通，保证活动能更好、更安全地在社区（村庄）顺利开展。

(3) 教员（自愿者）的募招。为了保证活动进行的质量，我们面向我校

第四部分　青春师院·爱心公益

全体学生进行"爱心教员"的募招。

募招教员的步骤是：（1）自愿填报申请表。每个要参与活动的同学自愿地把申请表填好，把自己擅长的科目及课余的时间均完整地填写，有利于教员的选拔。每年踊跃报名参加此项活动的同学上千人，但我们只能挑选更为优秀的教员去教导学生；（2）教员的选拔。教员的选拔可称为"闯三道关"即面试—笔试—面试：①在每一次面试中，面试官首先要求被面试者阐述自己个人的经历、未来打算或速读文章等方式来确定教员的表达能力等问题。其次是面试者提问题，以提问方式来评判教员解决问题的能力和教员对此项爱心公益活动的认识；最后是面试者的点评。②笔试，笔试是根据教员在报名时所报的科目出相应知识的考题进行考核，统一并严格地评卷。（3）确定教员。每轮面试笔试结束后，我中心人员马上进行综合考评，并通过受助对象的人数确定教员的人数及人员，通过海报、网络媒体进行教员名单公布。

（4）教员岗前培训环节。每一期教员招聘结束后，我中心将组织一批优秀人员对教员进行培训，培训的内容有教员的备课稿的写作要求、授课技巧、安全问题等，以保证活动的质量和安全，利于活动的长期开展。

（5）启动仪式暨爱心教员派遣仪式。每一次活动前期充分准备后，我中心将举行爱心教员派遣仪式。邀请学校领导、市领导、社区领导参加启动仪式暨爱心教员派遣仪式，领导们动员、鼓励我们经常组织这样的活动，并对活动的顺利开展及活动的影响作出肯定。

（6）教学跟踪环节。活动开展后，我中心将不定时地对教员备课、授课情况进行检查，及时与教员沟通，处理教员在活动中所遇到的问题。同时，回访受助学生及家长，了解学生的学习进度，为活动向着美好的方向发展提供保障，从而锻炼教员自身能力，提高学生学习成绩，实现共同进步，达到活动的最终目的。

（7）活动总结环节。活动开展结束后，我们都会开展活动闭幕式，对表现突出的教员发放荣誉证书，对在学习有进步的学生颁发奖状，鼓励他们，让他们在今后的学习工作中更加努力。同时我中心人员会进行总结，及时改正，不断地进步。

开展活动的教学方式是：教员在课余时间义务到社区或学生家里进行课后辅导。分为两种类型：

①周末辅导，即每周周末爱心教员对受助学生进行辅导。

②新舟社区、航宇社区"四点半"工程。即周一到周五每天四点半教员都到两社区给社区孩子进行辅导。

四、活动总结

我校"爱心家教"工程活动开展以来,不仅为社会做出了贡献,也为我校贫困学生提供了社会实践、锻炼自我的平台。活动帮助了一批批受助学生的成长,也锻炼了一批批教员,为他们今后走向教师岗位做好铺垫。爱心家教"工程活动体现了我校学生以"立足西部,服务山乡"为己任,求真务实,艰苦奋斗,寻中国梦,传递青春正能量,服务他人服务社会的当代大学生精神。我校学生在服务中收获,在服务中快乐,在奋斗中成长,为建造和谐美丽的家园而努力。相信在未来的爱心路上我们会有更好的发展,同时也希望有更多的人参与到奉献爱心的路上来,与我们一同关爱社会弱势群体,关爱我们的社会,建设我们祖国美好的未来。

活动二

春晖情满师院·反哺黔北大地

一、活动综述

春晖行动的目的是为参与贵州社会主义新农村建设的春晖行动使者提供指导服务,积极引导青年学生在促进社会发展的实践中学习贯彻"三个代表"重要思想,树立和落实科学发展观,继承和发扬"五·四"爱国、进步、民主、科学的光荣传统,把爱国热情和成长成才的强烈愿望转化为全面建设小康社会的实际行动。在实践中认识国情、省情,学会奉献社会,担当起实现贵州经济社会历史性新跨越的历史使命。我校开展的春晖行动是利用假期大学生回乡之机,力所能及地为家乡人民传授科学技术、信息、管理等方面的知识;密切与乡亲们的联系,加强对村情、乡情、县情的了解;培养和增强我校学生社会责任意识,扩大"三下乡"活动的外延。

二、活动文件

(一)活动主题

春晖感恩,服务三农。

(二) 活动时间

2013 年 7 至 8 月。

(三) 参与对象

全省高校"春晖社团"成员及其他有志参与"春晖行动"的学生。

(四) 活动原则

各高校要将此项活动纳入暑期"三下乡"社会实践活动中进行统一安排，广泛动员、组织春晖社团学生利用暑期返乡的有利时机，按照"就近就便、志愿参与、形式多样、力所能及"的原则，组织、引导学生回到家乡开展活动。

(五) 活动内容

1．人员招募

（1）以各高校"春晖社"贵州籍农村大学生为主，从 6 月底开始招募"大学生春晖使者"。其中贵州大学招募 150 人，贵州师范大学招募 100 人，各省属高校招募 80 人，其他各高校招募 50 人。

（2）"春晖社"非农村籍学生可组成"春晖行动大学生宣传服务队"，在社会上广泛宣传"春晖行动"理念和活动内容。

2．具体职责

各校"春晖使者"要结合家乡经济社会发展的实际需要，发挥大学生人力资源和知识技能优势，一方面在各自家乡积极参与配合地方团组织开展"春晖行动"等活动；另一方面要围绕服务家乡经济社会发展，重点结合以下几个方面的实践内容扎实开展活动。

（1）开展民情、乡情调研。针对所在县、乡（镇）、村经济社会发展现状、资源优势和制约发展因素等内容进行调研，寻求符合实际的解决途径。

（2）提供技术、信息服务。为家乡农业产业结构调整，资源利用开发，农副产品加工、生产、销售等涉及增加农民收入的方面，利用所学专业知识和信息优势，开展科技、市场、人才、项目等信息查询、信息发布、资料收集、数据分析等服务，为地方经济发展出谋划策。农学专业学生可开展实用技术和病虫害防治技术培训；利用所学知识对乡（镇）、村远程教育网络开展应用技术培训，提高当地干部的运用能力和维护能力。

（3）开展支教、支医活动。师范类学生可为当地教师开展英语、计算机、普通话培训，组织农村中小学生开展文化辅导和补习。医学类学生可进行医疗卫生宣传，开展疾病预防、保护环境、计生教育、医疗常识的普及和推广等活动。

（4）组织开展志愿服务。以乡镇或村为单位，在当地团委的协调下，组织假期回乡的省内外学子传播先进文化思想，开展对乡村（社区）弱势群体帮扶、救助的志愿服务活动。

（5）组织实施法律援助。通过各种形式的活动、通俗易懂的政策和法律法规宣传咨询活动，针对贫困农民和弱势群体提供法律援助，广泛动员和组织农村干部群众学法、知法、守法、用法、护法。增强广大农村干部群众的法律观念和依法办事能力，提高农村依法治理水平。

（6）教唱春晖歌曲。各高校、各市（州、地）、县团组织要整合资源、发挥优势，在此次实践活动中广泛教唱《忘不了你呀妈妈》和《游子吟》两首春晖行动音乐电视歌曲，播放春晖行动专题片《报得三春晖》。

（7）建立在外游子人才库。协助乡（镇）政府及村（居）委会收集整理外出务工、在外游子的情况资料，建立人才信息库，搭建家乡与在外游子的信息沟通平台。

各校"春晖使者"和"春晖行动大学生宣传服务队"要围绕主题，在乡村、城市和社区广泛开展宣传推介活动，让广大群众了解"春晖行动"，动员和感召更多的人参与到家乡的扶贫济困行动中来。

（六）工作要求

（1）高度重视、突出主题。"春晖行动——我与家乡共发展"主题实践活动是加强和改进大学生思想政治教育，坚持教书与育人相结合、坚持学校教育与自我教育相结合、坚持政治理论教育与社会实践相结合、坚持解决思想问题与解决实际问题相结合、坚持继承优良传统与改进创新相结合的有效实践。各高校团学组织要高度重视，认真组织，把工作抓好抓实，要注重突出活动主题，号召和鼓励学生广泛参与。

（2）精心组织、认真安排。各高校团组织要广泛宣传发动，精心组织，召开院（系）团组织、学生会、社团组织会议，提出明确要求，并通过校园广播、黑板报、宣传栏、横幅、海报、小册子等宣传形式，做到人人皆知。要提前了解本校大学生返乡的状况，活动的设计和安排要尽量考虑到学生的专业特长。各市（州、地）、县团委要帮助学生联系好服务地点和服务项目，指导组织大学生开展服务。

（3）加大宣传、形成声势。各高校、各市（州、地）、县团组织要积极组织，协调各新闻单位加大对本次社会实践活动的宣传力度，要组织精干力量深入一线进行采访报道，营造良好的氛围，宣传活动中的优秀典型和事例，形成较大的声势，扩大活动效果。

（4）注重培训、加强指导。各高校团组织要结合各校具体情况，加强对招募同学的培训工作。要在工作方式、工作重点、工作内容等方面进行指导，力争使活动更具针对性和实效性。

（5）加强领导、保障安全。各地、各高校团委要成立活动安全保障领导小组，明确责任，精心部署，落实安全保障工作。要做好对返乡大学生的安全教育和宣传工作，指导学生做好各种突发事件的应急工作，一旦发生意外，要迅速、周到、细致地做好救助工作。

三、活动报道

我校"春晖使者"和"春晖行动大学生宣传服务队"围绕"春晖感恩，服务三农"的主题，在乡村、城市和社区广泛开展宣传推介活动，让广大群众了解"春晖行动"，动员、感召更多的人参与到家乡的扶贫济困行动中来。通过开展关爱农民工子女系列活动，以及发放宣传资料、社会调查、下乡调研、问卷调查、农民工子女学业辅导、心理辅导、农技推广、慰问演出、走访老党员和免费维修家电等形式的活动，使学生在社会实践中经受了锻炼，接受了教育，展示了师院学子的精神风貌，体现了当代大学生乐于奉献的优良品质。

1. 组织开展了一系列关爱农民工子女活动

根据当地实际，我们办起了支教班，开设音乐、舞蹈、书法、绘画、体育等中小学各年级共十余个班级，为农村父老乡亲的子女义务进行了学业辅导，五年来共招收学生25000余人，上课达30000多课时；还开设了普通话培训、舞蹈和武术等特长班，深受当地学生及家长的欢迎。此外，还开展了"春晖行·乐山情"——爱心助学活动和"爱心手拉手"一帮一结对子活动，志愿者们经过走访，确定了当地家庭困难的留守儿童作为自己的"爱心手拉手"对象，向他们赠送了准备好的"爱心包"并建立了长期的联系。我校努力探索高校与农民工子弟学校结对帮扶的长效机制。志愿者们开通了"爱心亲情连线",让长期不能和父母联系的留守儿童给远方的父母通电话。

2．送电影、送文艺、送温暖下乡

在各个实践地点进行累计多达100场慰问演出,同时播放了春晖行动电视主题片《报得三春晖》和《多彩贵州》宣传片、《叶问》、《建国大业》等优秀电影。志愿者们还深入农户家中维修家电累计近5000台,受到了当地农民朋友们的热烈欢迎。各个实践服务团的同学还在当地党组织的带领下走访了多名老红军、老党员。在服务地为当地的百姓义务演出累计近500场。

3．广泛调研、深入探讨

"春晖行动——我与家乡共发展服务团"的志愿者在服务地开展了"留守儿童心理健康"和"当地农民可持续增收"等一系列的问卷调查,并深入到农户家中实地调研,足迹踏遍了黔北大地的村村寨寨。还与当地党政领导进行座谈,就"新农村建设"、"留守儿童问题"、"服务型党组织建设"等方面与当地领导交流,我们的大学生志愿者们获益匪浅。

4．广泛宣传各项知识技能

我们开展了法律宣传普及活动。为了增强活动的针对性,提高实效性,进一步深入加强农村的法制宣传教育的必要性和重要性,志愿者们在前期做好了充分的准备。志愿者们还认真解答了在外务工人员经常遇到的拖欠工资、工伤理赔、用工欺诈等问题,为外出务工人员提供了保护自己合法权益的途径和方法。我们还开设了"农技知识"培训班,免费为广大农民朋友播放《水稻病虫害防治》《果树栽培》《科学安全使用农药》等。农技推广组、法律咨询组、家电维修组的同学还深入山区,深入基层,为农民朋友们提供信息,宣讲法律。

5．教唱春晖歌曲

"春晖行动——我与家乡共发展"社会实践的队员们在实践活动中广泛教唱《忘不了你呀妈妈》和《游子吟》两首"春晖行动"音乐电视歌曲,播放"春晖行动"专题片《报得三春晖》,受到同学们和乡亲们的好评。

四、活动总结

遵义师范学院在"春晖行动——我与家乡共发展"社会实践中始终坚持

最广泛地发动同学、组织同学的宗旨。到目前为止，赴黔北各地区的服务团形成各类调研报告、活动日志、讲课笔记、实习稿件、家访调查表、心得体会等材料累计2000余件，其中团队专题报告近100份，合计约35000字，各项图片共1800余幅。文化宣传服务团开展了包括文艺演出、讲座、座谈、问卷等内容的活动，发放宣传材料25万余份、影响各地区群众50000人以上。通过"春晖行动——我与家乡共发展"社会实践活动的开展，我校同学纷纷表示学业有成后要"反哺故土，回报桑梓"，建设自己的家乡。

我校社会实践工作受到了社会的广泛关注。《贵州日报》《遵义日报》《遵义晚报》、遵义电视台、遵义人民广播电台及当地等新闻媒体予以报道。同时，团中央、团省委、《贵州省青年志愿者服务网》、团市委、遵义在线等省市的网站进行广泛宣传。

经过多年探索，我校的"春晖行动——我与家乡共发展"社会实践工作已基本实现了制度化，在管理和操作上已逐渐走向规范化，全校形成了"重视实践、参与实践、在实践中锻炼成才"的良好氛围。我们将继续以"春晖行动——我与家乡共发展"社会实践活动为载体，开展好"春晖行动"的所有工作，让更多离乡的游子带着感恩的心投身家乡的扶贫开发，反哺家乡的建设，为实现贵州经济社会又好又快发展和遵义"三新一强""一建双创"的建设奉献青春智慧和力量。

活动三

"红城聚爱"志愿服务活动

一、活动综述

"红城聚爱"是共青团遵义市委倡导发起的关爱留守儿童、流浪儿童等特殊青少年群体的一项公益行动品牌活动，旨在整合社会资源、汇聚志愿爱心，对我市留守儿童、流浪儿童等特殊青少年群体，开展关爱帮扶系列活动。本次"关爱留守儿童暖冬行动"是"红城聚爱"系列公益行动之一，力求通过奉献爱心，引起社会关注，让更多的人关心留守儿童，改善留守儿童的成长环境，让他们开心生活，快乐成长，并鼓励小朋友们克服困难的环境，好好学习，努力改变命运。同时，希望通过此次活动，我市特殊青少年群体养成关爱他人，学会感恩的优良品质。

二、活动文件

主　办：遵义师范学院。

承　办：共青团遵义师范学院委员会。

（一）活动宗旨

为促进社会主义核心价值体系建设，不断提升广大青年学生思想道德素质，加强我校思想道德建设，积极传递青春正能量，宣传志愿者知识，弘扬志愿者精神，普及志愿者"奉献、友爱、互助、进步"的理念，从新的视角去探索志愿服务事业的新模式，从多维度为志愿服务事业的发展提出新思路，我校本着"立足校内、走向社会、校际合作、校外连手"共同推动社会的和谐的原则，开展了"红城聚爱"志愿服务活动，在弘扬志愿者精神的同时，共享优秀经验，为推动志愿服务事业的发展，提高我校青年志愿者的服务水平和服务意识，打下良好的基础。

（二）活动主题

红城聚爱。

（三）参赛对象

由各学院、分院组建参赛团队参赛，参赛小组人数不限。

（四）比赛要求

（1）志愿服务项目创新设计的主题可以围绕扶贫济困、社区服务、社会实践、普法维权、环境保护、旅游开发、抢险救灾、大型赛会等经济、社会、文化建设各个领域的自创性服务活动。

（2）不得抄袭他人作品或创意，一经发现取消参赛资格。

（3）各参赛队必须按照自己的设计用一定的时间开展志愿服务，实践自身的设计，并以照片、DV、微博等形式将活动过程记录下来，在规定时间内制作出PPT、MV等展示形式，并在决赛时一人或多人作为讲述者以演讲的形式配合讲述。

（4）各参赛队成立教师辅导团，组建参赛队伍。各队的活动记录必须真实、可信，以照片或DV等形式记录下来后制作成决赛时展示的资料。

（5）陈述的内容可以是设计项目本身、参加感受、组织感想、活动中遇到的感人故事、感人场面等等，要求能清楚阐明创新设计的志愿服务项目内容。

（6）材料要求遵循自主创新的原则，针对目前志愿服务中存在的问题，对设计项目的社会效应、应用前景进行分析，提出具有可行性的实施方案和措施，并且制定出科学新颖、切实可行的设计方案。

（五）比赛流程

（1）各参赛队自行组织设计志愿服务项目，在4月10日前将本队成员信息交至校团委宣传实践部办公室。

（2）4月10日—4月20日，各参赛队根据自己的项目设计书认真开展志愿服务活动，并用照片或DV的形式将活动实施过程记录下来。

（3）4月25日前将完整的活动资料、图片、DV制作成PPT等展示形式交到校团委宣传实践部办公室（纸质档一式四份，电子版一份），大赛评审委员会对资料进行统一评审，评审后通过投票选择十个团队进入最后的决赛陈述。

（4）入围决赛的团队于5月15日上午9：00—12：00在学校101教室参加决赛答辩。

（六）评奖及奖项设置

由组委会邀请专家对参评材料进行统一评审。具体奖项设置为：一等奖1名，二等奖2名，三等奖3名，最佳创新奖1名。

（七）注意事项

决赛时，参赛团队自行携带PPT文档（需提前拷贝到决赛所用电脑），组委会将提供数字投影仪及电脑。同时允许参赛团队携带必要的文字、图片、产品样品等任何可用于辅助说明的器材。

三、活动报道

5月15日下午，第五届"青春遵义·天翼飞Young"大中专学生文化节系列活动之"红城聚爱"志愿服务项目创新大赛在遵义医专汇川校区学术报告厅举行。

市团委书记杨堃首先致辞，随后比赛正式开始。各参赛队按抽签顺序进行了介绍。每队陈述限时 15 分钟，评委对各参赛项目和参赛者的着装举止、语言规范、逻辑表述、PPT 制作等方面进行了评审，最终评选出前三名。

我校的《爱心家教》和《陪你走一段路，让梦想伴你行》项目荣获二等奖，一等奖由遵义医药高等专科学校的《放飞志愿服务梦想》项目获得，遵义市旅游学校的《让地球妈妈更美丽》、遵义职业技术学院的《红城聚爱·弘扬公交礼仪》以及遵义医药高等专科学校的《塑造最美中国》获得三等奖。

四、活动总结

通过本次活动我校更加深化青年志愿者行动，促进了青年团员良好的精神道德风尚的形成，进一步弘扬了"奉献、友爱、互助、进步"的志愿者精神，提高了同学们的正确的道德认识，陶冶了高尚的道德情感，磨炼了坚强的道德意志，调动了同学们参与的积极性。此次形式多样且有特色的志愿者活动，为我校的精神文明建设增添光彩。在市级比赛中，我校报送的两个项目均获得二等奖的荣誉。

活动四

"传承雷锋精神，参与志愿服务"主题活动

一、活动综述

为弘扬雷锋精神，倡导社会文明新风，深化学习雷锋活动；为培养我校大学生关爱他人、服务社会的优良品质，加强我校精神文明建设，我校掀起学雷锋活动新高潮。我校雷锋活动月将立足校园，走向社会，不断丰富和发展新时期学雷锋活动的内涵和形式；为将雷锋精神如春风般传遍校园，使雷锋精神能够更好更快地深入我校广大学子的生活与学习中，我校将以习总书记提出的实现伟大复兴的"中国梦"为基石，深刻围绕党的群众路线，开展"多点""多面"的宣传活动，使雷锋精神在遵义师范学院这所百年名校里散发出崭新的生命力。

二、活动文件

主办：遵义师范学院。

承办：校团委、青年志愿者协会。

（一） 活动主题

为贯彻党的十八大精神和团的十六届五中全会精神，传承和弘扬雷锋精神，我校开展以志愿服务为主题的学雷锋活动。这有利于促进社会主义核心价值体系建设，积极传递青春正能量，不断提升广大青年学生思想道德素质，也有利于加强我校思想道德建设，赋予雷锋精神新的时代意义。

（二） 活动内容

（1） 宣传雷锋精神。

利用黑板报、广播站、学校微博以及内容丰富、形式多样的主题班会，大力宣传雷锋事迹及学雷锋先进集体事迹，营造浓厚的学习氛围，让每个学生都能体会到"雷锋"就在身边。

宣传对象：全校师生。

宣传时间：2013年3月—4月。

（2） 举办学习雷锋精神交流座谈会。

邀请道德模范、优秀志愿者典型和新时期学雷锋典型，与青年学生进行面对面的交流，更进一步地学习了解雷锋精神，并深刻阐释雷锋精神的时代内涵，相约青春，让雷锋精神在校园闪光。

参加对象：各学院学生代表、各学生组织代表。

举办时间：2013年3月30日。

（3） 各学院、分院可根据自身实际情况自行开展雷锋活动月相关活动。

（三） 活动要求

积极参加学校开展的各项学雷锋活动，以实际行动来弘扬雷锋精神，参与志愿服务，让行动与雷锋精神同在，让雷锋精神在新时代绽放新的光彩。

（四） 承办单位注意事项

2013年3月10日以前交活动计划，5月20日前将活动的总结、简讯一式一份和电子版报送至校组委会办公室（校团委）。

三、 活动报道

1. 大力宣传

3月上旬，通过黑板报、广播站、制作横幅以及内容丰富、形式多样的主题班会，我校大力宣传雷锋事迹及学雷锋先进集体事迹，营造了浓厚的学习氛围，让每个学生都能体会到"雷锋"就在身边。经过各项宣传工作的深入开展，全校师生都积极投入到学习雷锋的行列中去，学习雷锋无私奉献、乐于助人的伟大精神。

2．举办学习雷锋精神交流座谈会

4月5日，学校邀请道德模范、优秀志愿者典型和新时期学雷锋典型与青年学生进行面对面交流，更进一步地学习了解雷锋精神。这有利于深刻阐释雷锋精神的时代内涵，相约青春，让雷锋精神在校园闪光。本次交流会受到全校各学院、各学生组织的广泛关注，在老师同学中产生了巨大影响。

3．实践雷锋、做好雷锋

各学院、分院根据自身实际情况开展了雷锋活动月相关活动，其中主要有学习雷锋启动仪式、清理马路社区小广告以及大量服务学校、服务社会等活动。同学们以自身实际行动讲述了学习雷锋的真正内涵，展现出当代大学生正确的价值观、人生观、世界观。

四、活动总结

为贯彻党的十八大精神和团的十六届五中全会精神，传承和弘扬雷锋精神，我校开展以志愿服务为主题的学雷锋活动。这有利于促进社会主义核心价值体系建设，积极传递青春正能量，不断提升广大青年学生思想道德素质，也有利于加强我校思想道德建设，赋予雷锋精神新的时代意义。此次学雷锋主题活动，同学们用实际行动充分地展现了当代大学生向雷锋学习、实践雷锋精神、做好雷锋接班人的决心，同时学雷锋活动也让我校学生深深地体会到虽然我们仅仅是普通的一员，但是我们也可以尽自己一份绵薄之力，为社会、为他人服务，为我校精神文明建设增光增彩。

活动五

海龙囤国际山地自行车挑战赛志愿服务

一、活动综述

志愿者队伍着力于弘扬"奉献、友爱、互助、进步"的志愿服务精神，创新服务形式、丰富服务内容、提升服务品质，体现国际水准的志愿服务体系，为赛事提供人性化、专业化、高水平的志愿服务，将海龙囤国际山地自行车挑战赛志愿者队伍打造成为迎宾微笑的传递者。志愿者是赛事的形象大使，高素质的志愿者队伍将本着"奉献友爱互助进步"的志愿者精神，自愿为山地户外运动挑战赛服务，展示遵义青年精神风貌，为成功举办具有高水平的户外运动盛会贡献力量。

二、活动文件

为做好各项筹备工作，确保海龙囤国际山地自行车挑战赛"安全、圆满、热烈、有序"地举办，根据组委会要求，我校组建了一支数量充足、训练有素的志愿者队伍，在挑战赛期间为代表团、运动员、观众和其他相关人员提供优质的志愿服务。

（一）志愿者要求

山地自行车挑战赛是一项大强度、长距离，高技术含量和高风险的户外运动，对选手身体状况有较高的要求。志愿者们同样需要保持良好的身体，有长期参加锻炼的基础。志愿者需要知道山地自行车挑战赛的相关知识。所有志愿者将获得由主办方颁发的赛事志愿者证书，这将成为他们日后参加某些国外赛事的必备证明（很多国外比赛要求报名者提交相应的比赛志愿者经历证明）。

（二）志愿者工作流程

首先，自愿者需将海龙囤进行路线实地考察和岗位培训。其次，将在海龙囤进行比赛模拟演练和查缺补漏。最后，正式投入岗位。

（三）志愿者分组

1. 赛道值守小组：起终点及赛道统筹

组员：15人。

岗位职责：

（1）在赛道指定位置、指定时间内观察挑战者的运动状况，纪录挑战者通过值守位置的时间，并通过对讲机报告给终点记录员；

（2）观察通过值守地点挑战者的安全状况，发现异常状况及时报告并按照应急预案展开救助；

（3）注意运动员饮料瓶和食品包装的收集，保证自己值守点不留下任何垃圾。

2．检录存衣小组：号码簿发放、运动员检录及存衣管理

组员：10人。

岗位职责：

（1）在指定位置、指定时间内发放挑战者的号码簿，进行参赛挑战者的检录，将挑战者存衣包按照号码分区存放；

（2）按照一个人对应50个号码的原则，做到不慌不乱，秩序井然。

（3）运动员用后饮料瓶和食品包装的收集，保证自己值守点不留下任何垃圾。

3．医疗急救小组：现场医疗急救统筹

组员：3人。

岗位职责：挑战者和志愿者在比赛过程中出现意外时，要进行简单处理和快速判断，必要时协助将伤员送往急救医院。

4．终点摄影摄像组：负责在终点区域拍摄挑战者的冲刺镜头

组员：2人。

岗位职责：在终点拍摄运动员冲刺镜头。

（四）其他重要提示

（1）活动期间，组员如感觉身体不适，请尽早通知组长或医疗小组成员。

（2）活动期间请尽量服从组织者安排，最好不要单独行动。

（3）除了相关组别使用对讲机，其他各组成员建议携带手机。

三、活动报道

此次，我校志愿者在挑战赛筹备和举办全过程中遵循自愿的原则，以志愿服务为基本形式，在挑战赛志愿服务工作项目体系内，接受志愿者工作组管理，赛会期间积极承担相应岗位职责。志愿服务工作具体包括三个项目：礼仪志愿者、后勤志愿者、医护志愿者。其中，礼仪志愿者主要涉及礼仪接待，在山地自行车挑战赛期间实行一对一全程指定跟队服务，同时协助完成山地自行车挑战赛组委会安排的其他工作任务。后勤志愿者服务主要涉及礼宾接待、观众指引、媒体引领、现场气氛组织、物品分发、沟通联络、竞赛

组织支持、场地运行支持、新闻运行支持、文化活动组织支持等领域，并由组委会志愿者工作组结合挑战赛实际设置后勤志愿者工作岗位。医护志愿者在赛事举办期间主要协助后勤志愿者开展志愿服务工作，紧急情况时协助或代替专业医护人员进行现场救护，并由组委会志愿者工作组结合挑战赛实际设置医护志愿者工作岗位。本届山地自行车公开赛组委会志愿者工作招募的志愿者，经过建立相应的培训、组织、管理体系，接受山地户外运动公开赛组委员会志愿者工作组分配的任务。

四、活动总结

本次志愿者筹备工作优于往届，主要在于赛事之前对志愿者的各项技能进行了多次培训。培训主要分为四类：通用培训、专业培训、岗位培训和实地培训。培训工作在发挥高校教育资源优势的同时，并争取到多方支持。

随着本届山地户外运动挑战赛的圆满落幕，我校志愿者获得了来自各界人士的肯定和赞扬，得到了服务积极热情、工作发挥有力、反应灵敏、行动迅速、信息顺畅，配合默契等良好评价。这为我校志愿者在迎来下一届活动中表现得更加出色奠定了基础。

活动六

"绿丝带"校园卫生活动

一、活动综述

有一个真实的故事，大家看后一定会有所感想。有一群中国人出国旅游，来到了美丽的澳大利亚。蓝蓝的天、蓝蓝的海，金色的海滩，是如此的惬意！游人过后，海滩上一片狼藉；又一群中国人来到这里，同样的事情再次发生；第三群中国人来到了这片海滩，管理人员讲"Chinese, Chinese, NO."，这一次，一个中国人也没有下车，只能坐在车上绕着海滩兜了一圈。为什么呢？中国人在外国人眼里真就成了没有文明素质的野蛮人吗？身为中国人，遇到这种事都会心里不舒服，甚至不服气。可事实就是事实，没有卫生意识，在别人眼里就等于野蛮。

学校，是培养人才的地方。人才的培养，不局限于老师课堂知识的传授，人才品格、情操的培养也尤为重要，后者则很大程度依赖于校园环境卫生潜移默化的影响。

校园卫生活动是一个以创建校园环境为主要内容的学生活动。这个活动是一个传统且富含时尚内涵的活动，既传承了民族优秀美德也迎合了热爱自然、保护环境的主题，同时增强了同学们的劳动实践能力，保持了校园环境的整洁与优美，积极营造了健康、文明、和谐的校园氛围，并为同学们创造一个良好的学习环境。

每个学校每年都会开展校园卫生活动。遵义师范学院在校园卫生活动中力求"更全面、更彻底"，让校园的每一个角落变得干净，让全体师生在健康、和谐的校园里奋发向上，共建学校的未来。

二、活动文件

（一）活动目的

为了增强同学们的劳动实践能力，为了保持校园环境的整洁与优美，为了积极营造健康、文明、和谐的校园氛围，同时也为了给同学们创造一个良好的学习环境，我校开展了"绿丝带"校园卫生活动。校园卫生活动，是一个以打扫校园卫生为主题的活动。活动内容为打扫校园里的道路、清理垃圾桶。这些内容看似简单平凡，但却在考验学生们的吃苦耐劳精神和团结合作精神中发挥了重要的作用。

（二）活动意义

劳动实践课的教育意义体现在劳动的实践过程中，通过打扫校园卫生的方式，让学生亲身感受到干净舒适的条件来之不易，使其真正懂得珍惜自己的劳动成果，进而学会珍惜别人的劳动成果，养成文明的卫生习惯。

（三）活动时间

2010—2011学年。

（四）活动地点

遵义师范学院汇川园校区整个校园。

（五）活动主题

青春师院，你我共建，绿色校园，创建文明。

（六）活动流程

（1）宣传工作：召集各学院负责人开会从而进行区域的划分，并向各学院发放活动的相关内容通知。

（2）协调工作：提前与临近清洁区域相关负责老师联系，解决活动所需用到的所有工具。

（3）区域划分：汇川园校区全校卫生区域划分图。

（4）活动部分相关物资由后勤集团提供。

（5）各二级学院代表队在行政楼门口集合。

（6）活动开始后学生联合会劳生部相关负责人带领各院清扫其区域。

（7）各二级学院负责建立文明监督岗监督其打扫之后情况。

（8）学生联合会劳生部负责对每天校园卫生的检查。每周校园卫生打扫完之后，各班将相关劳动工具归还遵义师范学院后勤集团。

（9）遵义师范学院校园卫生评分标准：

该标准满分为10分，及格分为9分。

（1）地面：

①地面垃圾较多，灰尘、瓜子壳、烟头等等较多（扣0.3~0.5分）。

②地面垃圾相对较少，无较多的尘土、瓜子壳、烟头等等（扣0.2~0.3分）。

③地面偶尔有一点垃圾，尘土、瓜子壳、烟头等等较少（扣0.1~0.2分）。

（2）角落：

①角落处的尘土、烟头、碎纸、瓜子壳等较多（扣0.3~0.4分）。

②角落处的尘土、烟头、碎纸等等较少（扣0.1~0.2）。

③角落处打扫清洁，无尘土、烟头、碎纸等，不扣分。

（3）花坛、草坪：

①花坛、草坪中有较多的纸屑、灰尘、碎纸、瓜子壳等等（扣0.3~0.5分）。

②花坛、草坪中纸屑、灰尘、碎纸、瓜子壳等等较少（扣0.2~0.3分）。

③花坛、草坪中纸屑、灰尘、碎纸、瓜子壳等等几乎没有，偶尔有一些（扣0.1~0.2分）。

④花坛、草坪中纸屑、灰尘、碎纸、瓜子壳等等没有，不扣分。

（4）下水沟：

①下水沟淤泥、瓜子壳、烟头等等较多（扣0.3~0.5）。

②下水沟淤泥、瓜子壳、烟头等等相对较少（扣0.2~0.3分）。

③下水沟淤泥、瓜子壳、烟头等等偶尔有一些（扣0.1~0.2分）。

④下水沟淤泥、瓜子壳、烟头等等几乎没有，不扣分。

（5）垃圾桶：

①垃圾桶的垃圾装满，有溢出（扣0.4~0.5分）。

②垃圾桶的垃圾大约装有三分之二（扣0.2~0.3分）。

③垃圾桶的垃圾大约装有三分之一或三分之一以下（早上和中午），不扣分。

④垃圾桶的垃圾全部倒掉，没有装有垃圾（下午），不扣分，否则按上面的规定扣分。

（6）态度：

①对检查人员故意刁难者扣0.3~0.6分。

②如对检查人员进行辱骂，甚至人身攻击者扣0.8分，并按校规移交有关部门处理。

（七）注意事项

（1）若检查到有未扫班级，将以班级为单位重修劳动课。

（2）扫地班级必须在周五下午四点半，于行政楼集合，由文明监督队队员进行具体劳动分配、工具发放以及"绿丝带"的分发，各班必须准时到达。若十分钟内还未到，文监队人员可进行劳动抽签安排，迟到班级将不参加抽签，后果自负。

（3）劳动课周，扫地的各班每天必须扫三次，扫地时间分别是早上7：00之前扫完，中午12：00开始扫，下午4：20开始打扫。文监队队员检查卫生时间分别是早上7：20，中午12：20，下午4：40（若有班级有三节课，下午5：20开始打扫，我们检查时间就视情况而定约在6：00）。

（4）如果在打扫期间下雨，就可以不扫。

三、 活动过程

"绿丝带"校园卫生活动的主要过程是对整个校园进行卫生打扫。通过打扫校园卫生的方式，让学生亲身感受到干净舒适的条件来之不易，使其真正懂得珍惜自己的劳动成果，进而学会珍惜别人的劳动成果，养成文明的卫生习惯；也希望本次活动可以推动校园环境建设，熏陶学生道德情操，提高学生个人素养，使我校广大青年学生展现当代大学生健康向上、积极进取的精神风貌和青春风采；激发同学树立环境保护意识，践行社会主义核心价值观。这次活动看似简单平凡，但却在考量学生们的吃苦耐劳精神和团结合作精神中发挥了重要的作用。

我校坚持学生在校期间每天开展全校范围内的清洁大扫除，认真清除卫生死角。学生一齐动手，既培养了学生良好的劳动习惯，又净化了校园，坚持做到"每周一大扫除，每天一小扫除"。

总的来看，通过生动的、富有成效的"绿丝带"校园卫生活动，广大师生提高了卫生安全意识，进一步规范了学校的卫生管理体制，为学校长期的卫生环境的营造和卫生意识的养成打下了基础。但是，我们应该看到，一些学生和部分老师的认识还不到位，学生的卫生习惯还很薄弱，我们要努力将校园卫生的活动意识带给身边的每一个同学。

四、 活动总结

（一） 校园卫生主要工作

（1） 负责监督各个二级学院打扫校园卫生的情况，并对他们的卫生打扫进行评分。

（2） 从第二周到第十五周，每个星期五由我部门的成员通知打扫校园卫生的班级进行校园卫生工具交接，并把打扫校园卫生的重要性传达下去，要求他们完成好自己的工作。

（3） 每天我部门的成员会对打扫的校园卫生情况进行打分。同时将各二级学院在卫生打扫中出现的问题及时地反应给各二级学院。

（4） 配合其他部门在各种活动中保持校园卫生的洁净。

（二） 取得的成效

（1） 在我部所有成员的团结合作尽心尽力及共同努力下，我部门被评为"优秀部门"。

（2） 打扫校园卫生可以增加学生们的劳动合作意识，使他们明白打扫卫生的不容易，并会保持好校园卫生的洁净，从而使大家有一个舒适清洁的学习环境。

（三）我们的不足之处

（1）我部门的人员与其他二级学院的劳生部部长交流还不到位，以至于有些二级学院的劳生部部长不能及时给各个班传达他们所要做的工作。

（2）负责校园卫生工具交接的成员没能每天都在校园里检查。

（四）对未来的展望

在未来的工作中，我们劳生部会尽我们最大的努力做好在校园卫生方面的工作，提高部门成员的工作积极性，加强与各二级学院劳生部部长的交流，保证校园卫生能够更好地开展，保持好校园卫生的洁净，不辜负校团委老师及同学对我们期望。我们相信，在劳生部和各二级学院劳生部部长及各个班同学的努力下，我们一定会有一个更加干净、舒适的校园环境。

2014—2015学年度绿丝带活动

一、主办单位、承办单位

共青团遵义师范学院委员会，遵义师范学院学生联合会。

二、活动时间

2014年9月2日，2015年3月23日。

三、活动对象

全校学生。

四、活动过程

2014年9月2日，由共青团遵义师范学院委员会主办、学生联合会承办的绿丝带活动在篮球场举行。我校团委负责人李强老师级各院学生参加了启动仪式。

中午12点30分，主持人宣布遵义师范学院绿丝带活动启动仪式开始。校团委负责人李强老师表示要贯彻"爱护校园，美化环境"的中心理念，希望大家认真对待本次活动，爱护我们的校园，爱护我们学习生活的地方，认真投入到此次活动中，建设美丽校园。接着，各院负责人上前，由李强老师给各代表系绿丝带，学生联合会各工作人员给各代表发放各院的绿丝带。最后主持人宣布遵义师范学院绿丝带活动开始，并由学生联合会劳生部部长陈林冲做整体活动工作安排，呼吁大家讲文明、树新风，倡导绿色环保。

由我校学生联合会组织策划的绿丝带活动于2015年3月23日在我校篮球场举行，遵义师范学院团委负责人李强老师及所有二级学院学生代表出席本次活动。下午4：30，李强老师首先发表讲话，他说："这个'绿丝带'的活动我们每年都举行，之所以我们这么看重这个活动是因为我们每天都生活在这个学校里，在这个学校里生活学习。首先，它是传播知识的一个场所，它让我们每个人都能够得到知识，并树立起正确的人生观、价值观；其次它也是培养我们环境意识的一个特定场所，一个学校的环境就是这个学校的脸面。在我们学习的这四年时间里，环境的影响对我们来说可谓是潜移默化的，它不仅影响着我们的生活还影响着我们的心情。所以希望大家能够认真对待本次活动，把它当作一次让自己更加热爱这个校园的机会，希望大家能够在自己的区域内认真地投入到本次活动中。"学生会相关负责人为大家分发了寓意着爱心的绿丝带，并且说明了活动的具体要求后同学们就迅速地投入到打扫学院的活动中。大家都按照事先划定好的区域有条不紊地开始了这次校园大扫除，有的同学打水有的同学扫地，大家分工明确，相互合作。

五、活动总结

在学校的每一个角落里都能看到同学们忙碌着的身影。一条条鲜艳的绿丝带在三月的春风中飘扬，它们与蓝天一起见证着同学们的青春汗水与奉献。在同学们的辛勤劳动下，我们的学校变得越来越干净整洁。我们通过"绿丝带"来传递着对校园的呵护和对青春的热情，在整洁的环境下"绿丝带"与美丽同在！

第五部分　青春师院·歌舞飞扬

"青春师院·歌舞飞扬"系列活动是"多彩校园·闪亮青春"遵义师范学院大学生校园文化活动月的系列活动之一。为宣传党的十八大三中全会精神和学习习近平总书记五四重要讲话精神，贯彻落实党中央关于"我的中国梦"教育实践活动的部署和要求，我校高度重视校园文艺活动的有效开展，并紧紧围绕我校"三推两申一巩固"的工作中心，努力探索，不断创新，贯彻落实科学发展观，引导、凝聚广大青年学生投身坚持科学发展、奋力后发赶超的伟大征程，加快"青春师院"品牌建设的步伐，促进青年学生的健康成长。为此，我校举办了舞蹈大赛和歌唱大赛等活动，形成了全方位、多角度的表演形式并取得了良好的效果。

唱歌跳舞作为一种有益于身心健康的高尚文娱活动，也是一种适宜的体育锻炼，这正是反映当代大学生青春激昂、朝气蓬勃的最佳方式。歌声唱出遵师学子的心声，舞蹈跳出遵师学子的热情，让遵师学子以青春的名义、年轻的方式表达对艺术的追求，让"多彩校园·闪亮青春"唱响舞动整个遵义师范学院，深入每个同学的内心。在音乐与舞蹈学院连续几年的承办之下，歌唱比赛和舞蹈比赛很好地展示了我校艺术教育成果。演唱大赛全面展示了我校大学生的艺术风采和朝气蓬勃的精神面貌，校园内掀起了歌唱校园、赞美校园、奉献校园的热潮，对我校精神文明建设有着重要意义。舞蹈大赛则有助于丰富大学生课余文化生活、营造高雅的艺术氛围、建设积极向上的校园文化；并且让热爱舞蹈艺术的大学生能尽情地表达自己对舞美意蕴的理解与诠释，使之成为耀眼灯光下的舞蹈精灵，尽情地展现当代大学生的魅力与风采；展现当代大学生青春洋溢、梦想飞扬的时代热情；展现新时代深刻的人生内涵。同时这些活动也展现我校艺术教育硕果，也给了广大学子提供一个尽情展示自我风采的舞台，锻炼自我能力的空间。

"青春师院·歌舞飞扬"系列活动的举办体现了社会主义文化建设的成果和我校特色的校园文化意蕴。它不仅丰富了我校广大学子的校园文化生活，而且还为校园文化各项活动选拔了优秀人才，展现了我校大学生热爱生活、积极向上、敢于挑战的精神，给广大学生的大学生活增添一抹亮色，给广大舞蹈爱好者和音乐爱好者提供了一个尽情展示自我的舞台。整个活动以"全方位、多角度"的形式在全校范围内掀起了一股新文艺浪潮，它体现了大家对艺术和美的追求，调动了同学们的参与热情并使同学们能够更好的加入到校园活动中来，丰富了校园文化生活，也进一步推动我校精神文明建设，营造了浓郁、积极、文明、和谐的校园文化氛围。这些系列活动推动特色鲜明的校园文化建设，弘扬爱校情怀，使艺术之风吹遍校园的每一个角落，艺术的种子播撒在同学们的心目中，为学校繁荣的明天谱写新的篇章！

活动一

舞动青春舞会周

一、活动综述

艺术与心灵结合，青春与梦想共舞。青春如画，展现着五彩缤纷的人生；青春如诗，勾勒出诗情画意般的意境；青春如歌，唱出的是动人心弦的歌谣。阳春三月，在这万物复苏、充满生机与希望的季节里，遵义师范学院学生联合会将举办舞会周，让同学们用舞蹈来展现当代大学生特有的活力与激情。"青春师院·舞动青春"，青春是你的亮点，快乐是你的主题，在这个舞台上，你可以用欢乐尽情演绎，用青春去追逐梦想，用坦诚之心跳出漂亮之舞，用真诚之手拉近友谊之情。

为了丰富校园文化生活，提高同学们的舞蹈能力，每个学期各个学院、各个社团与协会都会举办各种与众不同的舞会，但每次舞会的举办都具有不同的特色与亮点，学生联合会的舞会周更是非同一般。

学生联合会本次舞会主要分为几个环节：（1）嘉宾开场舞热身。（2）现场学跳舞课安排两队领舞者领舞。（3）今夜谁与我共舞（由抢凳子来决定舞伴）。（4）唯舞独尊。（5）浪漫激情。舞会上不同的舞蹈类型，多样的才艺，展现不一样的艺术风格，优雅的舞姿，嘹亮的歌声，多彩的优秀表演等，处处动人心弦。

学生联合会举办舞会周，希望能丰富同学们的校园文化生活，同时也为那些想唱想跳、会唱会跳的在校大学生提供一个平台，让他们的才能得以展现。同时也让他们锻炼胆量，提高社交能力，学到更多本领，为以后的成才之路奠定基础。

二、活动文件

（一）活动主题

"青春师院·舞动青春"。

（二）活动目的

为丰富同学们的课余生活，增进同学之间的感情，拓展同学们的交际范围，"青春师院·舞动青春"系列活动新颖的形式符合当代大学生的喜好，可以调动起很多学生的积极性。在晚会进行的同时，也能将所代表的乐观向上的积极情绪带到大学生活中来，打造优良学风，创建和谐校园。

（三）活动时间

2010年3月6日晚上7点。

（四）活动组织

主办单位：共青团遵义师范学院委员会。

承办单位：遵义师范学院学生联合会，遵义师范学院学生联合会文体部。

（五）活动流程

（1）宣传：悬挂活动横幅、张贴海报、传单、广播播报等方式展开宣传。同时，对舞会嘉宾分发邀请函。

（2）舞会时间安排：

①14：00集合幕后工作人员到场，开始晚会现场布置、舞台布置（包括舞台背景、音响、灯光等）。

②18：00做最后的修饰及确定工作。

③18：00观众开始有序入场，入场时工作人员提供卡片给观众，观众写上自己的姓名交回工作人员手中，工作人员分块维持现场秩序（包括调节气氛）。

④19：00晚会正式开始。

⑤21：30晚会结束。

⑥21：30—22：00 工作人员清理现场。

（3）舞会整体部署：

①主持人宣布舞会开始。

②嘉宾轻松愉快的开场舞热身。

③现场学跳舞课安排两队领舞者领舞。

④今夜谁与我共舞。

8个嘉宾中4个嘉宾选出5名女伴参加舞会，另4个嘉宾选出6名男生，预备一张凳子。主持人喊开始，男嘉宾迅速抢到女伴开始舞蹈，落空的人只能与凳子舞蹈。其他观众也可自由进入舞池。

⑤唯舞独尊：

邀请街舞选手表演街舞。舞罢，街舞领舞者从参与者中即兴挑选男女假面者各5位，放起音乐，亮起闪光灯进行现场走秀，秀后要求双方进行真心告白，亦或自己的感言。走秀最差的受现场搞笑处罚（处罚由主持人定）。

⑥浪漫激情：

主持人上台，说明游戏规则，全场黑灯5秒倒计时，在这5秒内，请迅速找到自己心仪的舞伴，牵起他（她）的手，在5秒过后，亮灯那一刻，将舞伴牵到舞台，第一个到达的，将评选为最佳勇气奖，奖励真情告白时间为3分钟。

⑦激情时刻：

由主持人上台抽卡片，抽出当晚舞会的QUEEN和KING，并赠送礼品。

⑧音乐响起，现场所有人一起随意跳舞，互留联系方式，主持人宣布晚会结束。

三、活动过程

由共青团遵义师范学院委员会主办，校学生联合会文体部承办的"青春师院·舞动青春"遵义师范学院舞会周于2010年3月在遵义师范学院总校区音乐厅圆满落幕。

本次舞会周共有来自学校各个系的多个团体报名参加，并有幸邀请到我校资深舞蹈老师作为嘉宾出席本次活动。

晚会过程中有很多游戏环节，但最为激动人心的是浪漫激情环节，全场黑灯5秒倒计时，在这5秒内，迅速找到自己心仪的舞伴，牵起他（她）的手。在5秒过后，亮灯那一刻，将舞伴牵到舞台，第一个到达的，将评选为最佳勇气奖，奖励 3 分钟真情告白时间。此游戏更是引发了同学们的兴趣，活跃了现场气氛，使整个活动洋溢在欢乐的海洋中。

在主持人宣布本次舞会周结束后，现场嘉宾们针对同学们的现场表现情况互相交换了意见，并给予了中肯的评价。随后现场各位同学随意地跳起舞，他们在音乐中释放自己，充满了活力。舞后大家互相留了电话、QQ 等联系方式，相信通过本次活动，既使同学们大显才艺，给我们带来了一场美的享受及盛宴，又加深了同学们的互动交流，加深了同学们的感情，意义深远。

四、 活动总结

此次活动从整体上来说举办得很成功，无论是后勤的准备工作，还是参与者的活动表演，各方面都准备得比较好，但再精彩的演出也存在着不足。具体分析如下：

（一） 成功之处

（1） 现场气氛活跃，能带动同学们积极参与，场地布置漂亮且非常有特色，为活动营造了一种很好的氛围。

（2） 活动的吸引力强，前期准备工作十分到位，尤其是教舞这一有趣环节，不仅能使同学们更好的体验跳舞的乐趣，还能起到很好的宣传效果。

（3） 实现了学院之间的联谊，给同学们提供了广阔的交流空间，促进了同学间的友谊。

（4） 此次活动丰富了同学们的业余生活，增强了参与者与其他同学的沟通。

（二） 不足之处

（1） 由于参与人数多，秩序不好维护，场面较乱。

（2） 后勤工作的安排不是很到位，工作人员没及时到位，导致人员短暂性空缺。

（3） 找舞伴出现较大偏差，其形式受到了场地制约，不能正常运作。

通过此次舞会活动的举办，不仅丰富了同学们的业余生活，锻炼了同学们的胆识；还增进了彼此间的友谊，提高了同学们的综合素质。虽然在活动中还存在着一些不足的地方，但是我们坚信只要敢于尝试、敢于拼搏、敢于创新，并从活动中去汲取教训，取其精华去其糟粕，总结经验，相信在以后的日子里学生联合会所举行的活动将更加精彩！更加完美！

活动二

"红 fans"大学生艺术团汇报演出

一、活动综述

为了弘扬中华民族红色文化，倡导校园文化，丰富校园生活，遵义师范学院"红 fans"大学生艺术团特进行汇报演出。本次活动有利于大学生发挥个人特长、增强团体荣誉感，同时也可以为大学生活增加青春的色彩，为未来放飞梦想。

二、活动文件

（一）活动目的

首先，对近年来在学校表现好、积极向上的同学进行表彰和鼓励，以此带动很多同学的参与度。其次，以此为介质，传播更多优良的文化素养与优秀的品德素养，使其散播到校园的每个角落，对学生以及老师产生正面影响，使其我们校园更加开朗化、文明化、素质化、品德化。让素质传播校园，让鼓励带动同学的能动性。

（二）活动组织

主办单位：共青团遵义师范学院委员会、遵义师范学院诗词学会、遵义师范学院教务处、党委宣传部。

承办单位：遵义师范学院学生联合会。

（三）活动时间

2015 年 6 月 9 日。

（四）活动地点

遵义师范学院音乐楼音乐厅。

（五）观看对象

大学生艺术团毕业校友以及师生。

（六）活动前期准备

（1）召集全体部员，进行活动前期有关会议讨论与分析。

（2）筹划有关晚会的节目，进行讨论分析，并进行意见的交流。

（3）分配当日晚会各部门工作负责人员，分好小组使其对晚会进行管理与维护，确保晚会的顺利进行。

（4）共同筹划有关晚会的活动。相互交流，作出决定。

（5）制定晚会主题，突出主题。

（6）决定晚会场所。

（7）张贴海报，做好晚会宣传，确保晚会人员流量。

（七）活动期间准备

（1）工作人员必须确保现场秩序，保证晚会有序进行。

（2）主持人必须有应变能力，以备不时之需（如出现冷场）。

（3）微信平台必须有专门人员进行管理，保证微信正常运行。

（4）现场灯光，音响需专门人员操作。

（5）对部分同学进行表彰。

（八）活动安排（章节）

第一章节：红色经典，生生不息。

节目流程：

（1）开场舞。（2）红歌独唱。（3）红歌小合唱。

第二章节：流世书香，回味其群。

节目流程：

（1）朗诵（乐器）。（2）乐器连凑。

第三章节：生息母校，憧憬未来。

节目流程：

（1）朗诵。（2）舞蹈。（3）大合唱。

（九）经费预算

略

（十）活动后期

（1）各成员各尽其责，负责整理自己所在区域物品，必须保证所在区域物品齐全，完好无损。

（2）等待观众离场，进行现场清扫，保证现场干净整洁。

（3）关好门窗，关拉电闸，检查一切安全设施，准备离场。

（十一）活动结束

（1）召集所需部员参与会后会议。

（2）以个人观点，从多方面谈谈对本次晚会的看法。

（3）所有部员相互交流，指出此次晚会的优点与缺点，引以为戒。

（4）交流心得，说说自己的收获，以便利用于下次晚会借鉴。

（5）新成员谈谈自己参加本次活动以及自己之前写策划的感想。

（6）由部长为这次晚会作总结。

三、活动报道

6月9日晚7点，由遵义师范学院学生联合会主办的"红fans"大学生艺术团汇报演出在我校本部音乐厅进行。遵义师范学院副校长颜永强，学校各部门、院系负责人，大学生艺术团毕业校友和千余名师生观看了本次演出。

本次晚会分为三大篇章，首先进行的篇章主题为红色经典，生生不息。艺术团的同学们先后表演了《红星照我去战斗》《红军战士想念毛泽东》和《中国妈妈》这些脍炙人口的歌曲与舞蹈，让大家感受到了革命先烈的不易，应当珍惜当下的美好生活。第二篇章主题为流逝书香，品味校园。从朗诵《我们今年二十一岁》到歌曲《菊花台》展现了我校大学生的高昂激情，诠释了当代大学生的无限风采。第三篇章的主题为声息母校，憧憬未来。舞蹈《上学路上》让我们想起了那些年秉烛苦读的夜晚，只为了那时刻在心中召唤的大学梦，奋斗不止。

四、活动总结

在此次演出中，节目编排独特，表演精湛。演员们用最美的舞姿与最动听的歌声，展现青春，献礼遵师，得到了师生的一致好评。通过此次演出也丰富我校学生的业余生活，发挥了每一个人的特长，反映了同学们的水平，也体现了大学生的精神风貌。

第六部分　青春师院·创新创业

"青春师院·创新创业"系列活动是"多彩校园·闪亮青春"遵义师范学院大学生校园文化活动月的系列活动之一。创新创业教育是以培养具有创业基本素质和开创型个性的人才为目标，以培育学生的创业意识、创业精神、创新创业能力为主的教育，训练同学们基本的创业技能，培养具有创新思维和创业能力的高素质创新型人才。创新创业教育本质上是一种素质教育。近年来，我校根据《中共中央国务院关于进一步加强和改进大学生思想政治教育的意见》的精神，高度重视社会实践和志愿服务在大学生思想政治教育和成长成才中的重要作用，并紧紧围绕我校"三推两申一巩固"的工作中心，努力探索，不断创新，深入贯彻落实科学发展观，以"实践青春"为主线、以"触摸理想"为桥梁、以"体味幸福"为归属，主要开展了"创业梦想"创业设计大赛、大学生科研训练计划和挑战杯，形成了科学化、项目化、制度化的创新创业培育体系并取得了良好的效果。

我校遵循大学生的成长规律，进一步深化学生自主创业行动，立足全面贯彻党的教育方针和高等教育实际，引导学生锻炼强化创新意识及能力，提升学生综合素质，挖掘学生创业潜能，为学生创业提供服务，促进其创意成果转化为经济效益和社会价值，推动学生就业再就业工作的深入发展，提高学生创业就业能力。并且，从实践育人的培养目标、指导思想和工作原则等方面，我校不断完善学校实践教育体系，努力提高学生实践的针对性、实效性、吸引力和感染力。

我校高度重视创新创业教育活动的开展，坚持强基础、搭平台、重引导的原则，打造良好的创新创业教育环境，优化创新创业的制度和服务环境，营造鼓励创新创业的校园文化环境，着力构建全覆盖、分层次、有体系的高校创新创业教育体系。

第六部分　青春师院·创新创业

创新创业活动的顺利开展离不开学校相关院部的大力支持。学校在工作队伍建设、指导队伍建设、成果转化等方面加大投入力度，努力为大学生营造良好的创新创业氛围，并教育、引导大学生重视自身的全面发展，积极传递青春正能量。在这浓郁氛围的萦绕中，我校成功开展了"创业梦想"创业设计大赛、大学生科研训练计划和挑战杯等一系列实践活动。

为进一步贯彻落实我校"三推两申一巩固"的工作精神，深入践行我校"留得住、下得去、用得上"的应用型人才的培养目标，引导我校大学生了解创业知识，培养创业意识，树立创业精神，营造良好的创业氛围，我校特开展"创业梦想"创业设计大赛，旨在进一步深化学生自主创业行动，引导学生锻炼强化创新意识及能力，提升学生综合素质，挖掘学生创业潜能，为学生创业提供服务。

大学生科研训练计划是青春师院·创新创业系列活动的一大特色。大学生参加科研训练，既是新时期高等教育教学改革中加强实践教学环节的基本要求，更是培养大学生创新意识与提高自身创新能力的必要途径。本次科研训练调动了同学们开展专业学习和科学研究的主动性、积极性，激发了大学生的科研兴趣、创新思维和创新意识，提高了学生自身分析问题、解决问题和创新的能力。

我校举办的挑战杯得到了全校广大师生积极响应，极大地提高了同学们参加大学生课外学术科技作品竞赛的热情，丰富了校园文化活动，激发了我校大学生参与课外学术科技活动的积极性，提升了其科研创新能力，促进了学生全面发展，并营造了良好的校园学术氛围和科研环境，为我校发现和培养一批在学术科技上有作为、有潜力的优秀人才作出了贡献。

在全校师生的共同努力下，我校的"青春师院·创新创业"系列活动取得了丰硕的成果。通过此次"青春师院·创新创业"系列活动的开展，同学们掌握了科学的研究过程和方法，能够初步掌握进行科学研究、科技论文写作的方法步骤，全面掌握了进行科技活动必备的素质要求，激发了学生热情和学习兴趣，促进了青年创新人才成长，深化了高校素质教育，进一步推动了我校大学生创业教育工作的顺利开展，为我校广大青年学子提供了一个展示自己的专业优势以及挑战创业梦想的广阔舞台，促使大学生将所学专业知识运用到创业实践中，激发他们的创业热情，鼓励他们树立新型的就业理念。

活动一

创业设计大赛

一、活动综述

为深化我校校园科技文化活动，引导大学生了解创业知识，培养学生的创业意识和创业精神，提高学生的创新、创业能力和实践能力，促进我校学生就业创业行动广泛深入地开展，同时激发广大青年的创新、创业意识，选拔创新人才和发现创新成果，完美展现人才、技术、资金等要素的有机结合，推动生产力的跨越式发展，我校特开展以"创业梦想·新启航"为主题的创业设计大赛，为实施我校大学生创业计划，推动大学生创业教育，引导和帮助大学生学习创业知识、树立创业精神、培养创新意识、提高创业能力、转变就业观念提供了平台。我校将以本届大赛为契机，不断改进和完善不足之处，积极探索创新，把创业教育与职业生涯规划有机的结合，把我校的创业就业教育推向更高的台阶。本次比赛进一步推动了我校大学生创业教育工作的顺利开展，展现了我校学生健康向上的精神面貌和青春风采；不断提高了我校大学生的综合素质，增强了广大学生的综合竞争能力，活跃了校园文化生活，营造了浓厚的校园科技文化氛围，进一步培养了我校大学生的创新意识、创意思维、创造能力和创业精神，激发了我校大学生科技创业、实践成才的热情。

二、活动文件

主办：遵义师范学院。

承办：共青团遵义师范学院委员会、大学生创业协会。

（一）活动宗旨

为适应复合型、创新型人才的素质教育需要，我校特开展以"创业梦想·新启航"为主题的创业设计大赛，为实施我校大学生创业计划，推动大学生创业教育，引导和帮助大学生学习创业知识、树立创业精神、培养创新意识、提高创业能力、转变就业观念提供了平台。

（二）活动要求

（1）参与对象：全校学生。

（2）活动时间：2012年3月1日—2012年5月25日。

（3）各系（分院）自行组队，每个系（分院）报送创业材料至少2件。

（三）活动步骤

第一阶段：2012年3月1日—2012年3月26日为活动报名及作品提交阶段。

报名方式：各创业团队队长在3月26日前将填写《参赛报名表》，交至大学生创业协会办公室。

参赛作品提交方式：各创业团队于3月26日前将参赛作品交到校组委会办公室（A4打印稿一份，联系人：范星佑），作品必须有扉页和目录，扉页填写参赛者的真实姓名、系、专业、班级、联系电话、E－MAIL、QQ号等相关信息。

（注明：参赛作品自留底稿，来稿不退。）

第二阶段：2012年4月6日—2012年4月16日为活动作品的评选阶段。

4月20日公布入围决赛资格的名单。

4月21日—4月22日进入决赛的团队做参加答辩准备。

4月23日上报获奖前三名作品至团省委参加省复赛。

校组委会根据各团队提交的作品报评委会，对参赛作品进行评选。本次比赛将设一等奖1名，二等奖2名，三等奖3名，最佳创意奖1名，最佳团队奖1名，最佳辩论奖1名，最具发展潜力奖1名，优秀奖4名，最佳指导老师奖3名。

三、活动报道

为总结、交流近年来开展大学生创新创业活动的工作经验，搭建一个以学术交流为主的省级沟通平台，进一步推进大学生研究性学习和创新性实验计划的实施，我校举办了创业设计赛。我校领导长期以来高度重视大学生科技创新创业工作，坚持项目引导、强化训练；坚持教研结合、科学指导，努力搭建和拓展活动平台，积极参加"挑战杯"、"大学生科研训练计划"等创新创业活动，有效推动了大学生科技创新人才培养。我校将以此次活动为契机,与兄弟院校一道相互交流、共同研讨,共创高校大学生创新创业成果分享、合作共赢新局面。4月23日,遵义师范学院团委举行了2012年遵义师范学院"多彩校园·闪亮青春"创业设计大赛。参加此次比赛的团队有新芽界培训学校、毅达巅峰创业团队、晨之蕴、笑脸团队、宝宝族创业团队、ADD创业团队、天然居生态养殖场、九香虫开发有限公司。

此次创业设计在内容上侧重于绿色环保、教育教学、生物养殖,但都强调创新。在答辩过程中,各团队在查阅资料、市场分析、实践体验的基础上,分别对公司介绍、公司战略、产品评述、市场与竞争分析、财务分析、风险评估及控制进行了详细的阐述,并对评委的提问迅速地做出了回答,体现了团队合作精神和较强的专业性。

此次比赛引导和帮助大学生学习创业知识、树立创业精神、培养创新意识、提高创业能力、转变就业观念。

2014年"创青春"全省大学生创业大赛遵义师范学院选拔赛于4月21日、22日分别举行了一场现场答辩。27支创业团队参加现场答辩。

第一场现场答辩由学校科研处处长张鹏,招生与毕业就业指导处副处长黎雯,化学化工学院教授李丽,团委副书记李强,大学生科技创新创业指导中心主任罗宿星担任评委。第二场现场答辩由罗宿星、团委组织部教师李星和麻杨担任评委。

现场答辩包括团队自我介绍、五分钟创业项目陈述、三分钟答辩三个部分。现场答辩分创业计划竞赛、公益创业赛两类进行。创业计划竞赛类别中,传承传统文化的剪纸、发展黔北特色的肉牛养殖基地、引领新潮流的自行车4S店、回收利用资源的废弃药渣栽培食用菌等创业方案都各有特色。公益创业赛类别中,以只在校园中开业的"诚信小铺"为代表,向现场的每一位观众诠释了新时代大学生的诚信及其在校园中的公益服务性作用。评委们也对各组创业方案的优缺点进行了点评,提出了意见和建议。

最终,在创业计划竞赛类别中,历史文化与旅游管理学院的"创青春"

创业团队获得一等奖,数学与计算科学学院的"贴心人"创业团队、化学化工学院的"OPY—dandelion"创业团队、政治经济与管理学院的"闯青春"创业团队夺得二等奖;在公益创业赛类别中,初等教育学院的"创我青春,诚信至上"创业团队、计算机科学与信息学院的"遵义微创联盟"创业团队分获一、二等奖。

四、 活动总结

此次比赛积极响应了我校强力推进"三大工程"的号召,深受学校领导重视,同时得到各学院(分院)团总支和学生会的大力支持,共收到23件创业计划书。比赛进一步推动了我校大学生创业教育工作的顺利开展,展现了我校学生健康向上的精神面貌和青春风采,不断提高了我校大学生的综合素质,增强了广大学生的综合竞争力,活跃了校园文化生活,营造了浓厚的校园科技文化氛围,进一步培养了在校大学生的创新意识、创意思维、创造能力和创业精神,引导并激发了大学生科技创业、实践成才的热情,也使同学们将课堂知识充分运用在本次创业活动中,对课堂知识进行了一次大练兵,并让同学们学会劳逸结合,轻松学习,充分磨砺了同学们的社会生存意志,为他们将来的社会生活增加了一笔宝贵经历,更为他们迈入社会进行自主创业打下了基础。

活动二

大学生科研训练计划

一、 活动综述

随着社会的发展,高等教育的改革,各高校开展大学生科研训练计划已经成为一种趋势,SRTP项目已成为培养人才的有效途径之一,对于提高大学生的综合素质意义重大。因此,我校决定借鉴国内外著名大学教学改革与培养模式的经验,结合我校的实际情况,建立和完善大学生课外学习系统,实施大学生科研训练计划("SRTP"),并取得了优越的成果。我校开展大学生科研训练计划旨在提升同学们的创新能力、实践能力、科研能力以及综合素质。大学生科研训练计划成为我校培养创新型、复合型人才,提高大学生综合素质的有效途径之一，有助于我校早日实现"强本争硕"目标。

二、活动文件

主　办：遵义师范学院。

承　办：遵义师范学院科研处、共青团遵义师范学院委员会、遵义师范学院校学生会。

（一）活动宗旨

大学生参加科研训练，不仅是顺应新时期高等教育教学改革中加强实践教学环节的基本要求，更是培养大学生创新意识与提高自身创新能力的必要途径，为此我校特开展了大学生科研训练计划活动，旨在增强同学们的创新意识，提高同学们分析问题、解决问题的能力，同时也加强同学们的动手能力和团队合作意识。

（二）活动内容

号召全校学生积极参加大学生科研训练计划活动，自己申报课题并在本学院老师的指导下完成。内容形式多样，如学术论文、实践报告、创业或其他。

（三）活动要求

（1）全校在校学生均可申报大学生科研训练计划活动。

（2）请于4月15日前填写《遵义师范学院大学生科研训练计划立项申报书》交至承办单位。

（3）通过专家评审后，正式立项进入调查研究阶段。

（4）在规定时间内按时完成科研项目。

（四）承办单位注意事项

（1）统一收齐各学院、分院《遵义师范学院大学生科研训练计划立项申报书》后报专家组进行课题立项的评审工作。

（2）按时开展中期检查和结题工作。

（五）活动概况

1. 准备阶段

学校领导对于大学生科研计划高度重视，以科学发展观为指导，组成了校团委、科研处共同参与的大学生科研计划领导小组。本着早计划、早宣传、早准备的方针，领导小组制定了我校大学生科研计划的实施方案，制定了课题申报、立项、中期检查、结题等工作的具体实施办法并由学生会科技部具体执行相关工作。

2．宣传阶段

从今年年初开始，校团委联合学校科研处、学生会科技部对大学生科研计划进行了广泛的宣传与动员。以网站发布公告、宣传栏张贴海报、广播等方式让广大同学充分了解大学生科研计划的流程、参与方式等细节、让同学们了解大学生科研计划并参与到其中。

3．立项申报阶段

今年三月份，在校团委、科研处的筹划与指导下，学生会科技部下发了《2012—2013学年度大学生科研训练（SRTP）立项申报的通知》。根据通知要求，各系同学组成2～7人的课题研究小组，在相关专业指导教师的精心指导下撰写了《2012—2013学年度大学生科研训练（SRTP）立项申报书》。

4．课题审查立项

在课题申报完成后，学校组织相关专家对各系、各分院申报的课题进行了评选。经过专家的仔细评选，正式立项的课题科研小组开始进行科研课题研究。

5．中期审查

为保证大学生科研训练计划的顺利实施，切实达到培养学生创新精神和实践能力，促使学生知识、能力等综合素质协调发展，保证创新实践学习的真实价值，根据《遵义师范学院大学生科研训练计划（SRTP）项目实施办法（试行）》要求，学校大学生科研计划领导小组将于十月中旬对科研项目进行严格的中期检查。检查结果分为优秀、良好、合格以及不合格四类，并在校内公布。对检查结果不合格的项目，要求项目负责人书面说明原因，并待学校课外科技领导小组根据具体情况做出整改、撤项等相关处理。学校将根据检查结果写出中期通报，对完成情况优秀且有资金困难的，予以考虑追加一定资金；对完成情况不好的，将视具体情况提出警告，暂缓划拨经费，直至撤销项目。

6．结题阶段

结题报告应在研究工作结束后两周内填写，项目负责人在科研计划指导教师签署意见后向所在系部申请结题，系部审查并签署意见后，由系团总支报送校团委。学校科研计划领导小组将组织专家进行评审。

（六）活动反响

本次系列活动由于准备时间充足、宣传效果较好、学生参与面广，得到了全校广大师生积极响应，极大地提高了同学们参加大学生科研活动的热情。通过此次活动的开展，同学们掌握了科学研究的过程和方法，掌握了进行科学研究、科技论文写作的方法步骤，全面掌握了进行科技活动必备的素质要求，激发了学生的专业热情和学习兴趣。

三、活动报道

为推进"三大工程"，实现"强本争硕"目标，服务学校发展、强化部门管理、精炼创新成果，4月15日，我校大学生校园文化活动月之科研训练计划正式启动。此次活动旨在号召全校学生积极参加大学生科研训练计划，自主申报课题，并在学院老师的指导下完成科研。活动内容形式多样，有学术论文、实践报告、创业等。

课题申报后，经专家评审，即可进入调查研究阶段，根据申报课题的不同，学生需在规定的时间内完成科研项目。此次活动，不仅顺应了新时期高等教育教学改革中加强实践教学环节的基本要求，还能培养和提高大学生的创新意识，增强同学们分析问题，解决问题的能力。

四、活动总结

大学生参加科研训练，既是新时期高等教育教学改革中加强实践教学环节的基本要求，更是培养大学生创新意识与提高自身创新能力的必要途径。本次科研训练过程调动了同学们开展专业学习和科学研究的主动性和积极性，激发了大学生的科研兴趣、创新思维和创新意识，提高了学生自身分析问题、解决问题和创新的能力。

活动三

"挑战杯"全校大学生课外学术科技作品竞赛

一、活动综述

为了深入学习十八大和十八届二中、三中全会精神，增强大学生创新、创意、创造、创业的意识和能力，深化大学生创业实践，将大学生的创业梦与中国梦有机结合，将创业引导与立德树人有机结合，打造增强大学生社会责任感、创新精神及实践能力的有形工作平台，我校举办"挑战杯"竞赛，旨在崇尚科学、追求真知、勤奋学习、锐意创新、迎接挑战。其在促进我校青年创新人才成长、深化我校素质教育等方面发挥了积极作用，在我校乃至社会上产生了广泛而良好的影响。

二、活动文件

主　办：遵义师范学院。

承　办：遵义师范学院科研处、共青团遵义师范学院委员会、遵义师范学院校学生会。

（一）竞赛宗旨

为积极传递青春正能量，创建美丽共青团，丰富校园文化活动，激发我校大学生参与课外学术科技活动的积极性，提升科研创新能力，促进学生全面发展，营造良好的校园学术氛围和科研环境，发现和培养一批在学术科技上有作为、有潜力的优秀人才，我校特举办第十三届"挑战杯"全校大学生课外学术科技作品竞赛。

（二）竞赛主题

崇尚科学、追求真知、勤奋学习、锐意创新、迎接挑战。

（三）竞赛时间

2013年3月—4月

（四）竞赛方式

（1）参赛对象：全校学生。

（2）参赛方式：申报参赛的作品必须是2013年7月1日前两年内完成的学生课外学术科技或社会实践活动成果，可分为个人作品和集体作品。参赛作品分自然科学类学术论文、哲学社会科学类社会调查报告和学术论文和科技发明制作三类。自然科学类学术论文的作者限本、专科生。哲学社会科学类社会调查报告和学术论文限定在哲学、经济、社会、法律、教育、管理六个学科内。申报个人作品的，申报者必须承担申报作品60%以上的研究工作，作品鉴定证书、专利证书及发表的有关作品上的署名均应为第一作者，合作者必须是学生且不得超过两人；凡作者超过三人的项目或者不超过三人，但无法区分第一作者的项目，均需申报集体项目。集体项目的作者必须均为学生。凡有合作者的个人作品和集体作品，均按学历最高的作者划分至本专科生类进行评审。

（五）竞赛要求

（1）所有参赛选手必须是参赛作品的原创作者，并保证其拥有该作品的合法著作权。如发现参赛作品有抄袭、盗用现象，则取消参赛者的参赛资格（参赛者对作品的版权负法律责任）。

（2）作品必须有扉页和目录。

（3）电子文档和书面作品首页需写清参赛者的姓名、院别、专业、年级及联系方式。

（4）所有参赛作品概不退稿，请参赛者自行保留底稿。

（5）作品申报书纸质档和电子档各交一份。

（六）参赛作品提交方式

各参赛选手于2014年4月12日前将参赛作品（电子文档和书面作品）交到团委宣传实践部办公室。

（七）活动概况

（1）竞赛主题：

崇尚科学、追求真知、勤奋学习、锐意创新、迎接挑战。

（2）竞赛时间：2013年3月—4月。

2013年3月29日上报初稿。

2013年4月12日初稿评比。

2013年4月18日最终截稿。

（3）竞赛过程：

通过文件下发、网络新媒体等宣传方式在校内广泛宣传。发动各院积极参与由校团委、科研处各院科研带头教师对第一轮36项选送作品进行评比，选出12项进行第二次修改和指导，最终选出6项作品参加省级评选。

（八）活动反响

本次活动由于准备时间充足、宣传比较到位、学生参与面广，得到了全校广大师生积极响应，极大地提高了同学们参加大学生课外学术科技作品竞赛的热情。通过此次活动的开展，同学们掌握了科学研究的过程和方法，并能够初步掌握进行科学研究、科技论文写作的方法步骤，全面掌握进行科技活动必备的素质要求，激发了学生的专业热情和学习兴趣，并在促进青年创新人才成长、深化高校素质教育等方面发挥了积极作用。

三、 活动报道

近日，由共青团中央、中国科协、教育部、全国学联、江苏省人民政府主办，苏州大学、苏州工业园区管委会承办的第十三届"挑战杯"全国大学生课外学术科技作品竞赛决赛在苏州大学落下帷幕。我校选送的作品《基于氧化石墨烯－多壁碳纳米管/离子液体修饰丝网印刷电极的苏丹红Ⅰ电化学传感器的研制》《水族活化石——马尾绣的传承创新及市场化运作》和《高容量MnO_2/C纳米复合材料的水热原位合成、表征及其电化学性能》经过最终角逐，均获三等奖。同时，我校也获得"高校优秀组织奖"。

成绩的获得离不开我校相关老师、同学的努力和付出。决赛期间，校团委宣传实践部李星老师亲赴决赛现场为我校学生加油打气，给参赛同学极大的鼓舞。

四、 活动总结

我校举办的第十三届"挑战杯"全校大学生课外学术科技作品竞赛，丰富了校园文化活动，激发了我校大学生参与课外学术科技活动的积极性，提升了学生科研创新能力，促进了学生全面发展，营造了良好的校园学术氛围和科研环境，发现和培养了一批在学术科技上有作为、有潜力的优秀人才。

第七部分　青春师院·缤纷社团

"青春师院·缤纷社团"文化活动是"多彩校园·闪亮青春"遵义师范学院大学生校园文化活动月的系列活动之一。学生社团作为校园第二课堂的重要载体，在提高学生综合素质、加强校园文化建设、培养学生适应社会、增强学生艺术修养等方面发挥了积极的作用。

遵义师范学院社团联合会，自成立以来，一直在不断进步，为丰富校园文化，展示社团风采，展现当代大学生的个性魅力，以各类文化、艺术活动为载体，搭建了展示自我的平台。其中书法协会、美术爱好者协会举办的第七届"任逸杯"三笔字绘画展极大地激发了同学们学习书法和绘画的学习兴趣，提高了师范生的职业技能；青年心理研究协会开展"微笑进校园"活动，分享了学生的秘密，帮助他们解决心理困惑，带领他们树立积极的生活学习心态。文化活动主要分为三大部分，即文化月开幕式、社团主题活动、文化月闭幕式。通过更加全面、立体的形式展示出我校多样化社团的丰富内涵及风采。各社团围绕"丰富校园文化、打造精品活动、发掘原创思维、展现自我才华"为主题，推出了一系列有规模、有影响、符合本社团的特色活动。这不仅增强了学生的参与意识和团队协作能力，同时也为进一步繁荣大学校园朝气蓬勃的氛围，营造积极健康、文明和谐的校园文化做出了巨大贡献。

社团联合会成立十年有余，每年积极开展"青春师院·缤纷社团"文化活动，通过各式各样内容丰富、主题鲜明的活动，树立起我校学生社团活动的品牌，贯穿我校整个学生活动始终，并且，其扩大了校园文化活动的影响面和覆盖面，让大学生校园社团文化活动深入每个学生的内心，让校园社团文化活动成为广大学生喜欢参与、能够参与的舞台，为广大学子构筑了一个长才干、受教育、受锻炼的平台。

活动一

"青春师院·缤纷社团"文化月活动

一、活动综述

为庆祝遵义师范学院社团联合会成立十周年，丰富校园文化，展示社团风采，在学校领导、老师的指导下，在学校各部门和各组织的全力配合与协助下，我校成功举办了第十二届缤纷社团文化活动月。文化月主要分为三大部分，即文化月开幕式、社团主题活动、文化月闭幕式，通过更加全面、立体的形式展示出我校多样化社团的丰富内涵及活跃风采。各社团围绕"丰富校园文化、打造精品活动、发掘原创思维、展现自我才华"为主题，推出了一些有规模、有影响、符合本社团的特色活动，在一定程度上为丰富学生生活、繁荣校园文化做出了重大贡献。

二、活动文件

主办：遵义师范学院。

承办：共青团遵义师范学院委员会、社团联合会。

（一）活动宗旨

为庆祝社团联合会成立十周年，积极开展"青春师院·缤纷社团"文化活动；为进一步丰富校园文化，展现当代大学生的个性魅力，我校以各类文化、艺术活动为载体，搭建展示自我的平台，增强学生的参与意识和团队协作能力，提升校园文化品位，营造积极健康、文明和谐的校园文化氛围。

（二）活动内容

（1）社团联合会每周组织一个社团开展一个主题活动。

（2）各社团开展的活动必须积极、健康、向上并能充分体现各自社团特色。

（3）各社团在活动开展前要作好相关宣传工作以便能让更多的同学知晓并参与。

（三）活动时间

2012 年 4 月—6 月。

三、活动报道

此次社团文化活动月于 4 月 22 日开幕，持续了近一个月。先后开展了"五四"手工作品展、第八届三笔字"任逸杯"绘画展、普法辩论赛等主题活动，吸引了广大学生的关注和参与，引起了各方的积极讨论，并丰富了校园文化生活，营造了良好的校园文化氛围。

活动二

"青春师院·缤纷社团"启动仪式

3 月 8 日下午，"青春师院·缤纷社团"启动仪式在学校篮球场举行。学院团委范老师、社团联合会学生干部、各社团负责人参加启动仪式。

首先，范老师对"青春师院·缤纷社团"活动进行了简要介绍，呼吁广大同学踊跃参加，希望"缤纷社团"的活动能充分体现天天有活动，期期有精彩，并预祝活动取得圆满成功。随后，书法协会、街舞协会负责人先后发言，表示各社团将加强沟通与合作，认真开展社团活动，希望各位同学积极参与，共创社团美好明天。最后，伴随着街舞协会会员热情洋溢的街舞表演，"青春师院·缤纷社团"活动正式拉开序幕。

（一）活动概况

（1）4 月 22 日我校于教学楼举办了社团文化活动月开幕仪式，届时各社团活动也将拉开帷幕。

（2）部分活动概括：

①5 月 11 日手工艺苑协会在校园大道举办了"五四"手工作品展，通过一幅幅形象生动、逼真的剪纸作品引来无数师生及路人的观赏，向广大师生展示了我国民间传统剪纸艺术。

②书法协会、美术爱好者协会于 5 月 17 日在我校美术系展厅举办了第七

届三笔字"任逸杯"绘画展。本次活动受到了老师同学的广泛关注，得到学校的大力支持，获得了圆满的成功。

③5月20日三个代表协会在教学楼前的大道上举办了"招新活动"，许多对此感兴趣的同学纷纷填写了入会申请表，都希望能加入协会，加强自身理论建设。

④5月24日博弈棋社在篮球场举办了"这个残局我来解"交流活动，使得许多象棋、围棋、跳棋爱好者互相切磋棋艺，交流心得和经验。此次活动提高了同学们的综合素养。

⑤5月25日家电维修协会在篮球场举办了"电子琴组装大赛活动"，参赛选手们用敏捷的思维、熟练的手法，快速将琴装回原样，引来围观同学们的阵阵喝彩。

（3）6月9日在音乐厅举办了社团联合会成立十周年庆典暨第十二届社团文化活动月闭幕式。至此，为期一个多月的社团文化活动月圆满闭幕。

（二）活动反响

学生社团作为校园第二课堂的重要载体，在提高学生综合素质、加强校园文化建设、培养学生适应社会、增强学生艺术修养等方面发挥了积极的作用。其中书法协会、美术爱好者协会举办的第七届"任逸杯"三笔字绘画展极大地激发了同学们学习书法和绘画的学习兴趣，提高了师范生的职业技能；青年心理研究协会开展"微笑进校园"活动，分享了学生的秘密，帮助他们解决心理困惑，带领他们树立积极的生活学习心态等。本次社团文化月取得了较大的突破，它以各类文化、艺术活动为载体，为同学们搭建了展示自我的平台，不仅增强了学生的参与意识和团队协作能力，同时也为进一步丰富校园文化、展现当代大学生的个性魅力、营造积极健康、文明和谐的校园文化氛围做出了巨大贡献。

第八部分　青春师院·激情实践

"青春师院·激情实践"系列活动是"多彩校园·闪亮青春"遵义师范学院大学生校园文化活动月的系列活动之一。

我校遵循大学生的成长规律以及实践与志愿服务自身规律，立足全面贯彻党的教育方针和高等教育实际，从实践育人的培养目标、指导思想和工作原则等方面，不断完善学校实践教育体系，努力提高学生实践的针对性、实效性、吸引力和感染力。

我校在充分调研、总体规划、科学论证的基础上，确定实践的基本范围，并提供选题供学校各学生组织参考。各学生组织根据实际情况，认真做好项目内容设计，并附详细的实践计划书。校团委指导老师对所有的申报材料统一进行评选，并根据所申报方案的时效性、可行性、特色性等选出优秀且切实可行的实践方案。在团委老师的指导下，各组织针对方案的特色与不足对方案进行进一步修改。

每一次的实践活动都是以动员会的形式拉开序幕。动员会不仅点明活动的意义和核心，而且能够加强沟通、统一思想、增强组织的凝聚力和向心力。我校广泛的宣传平台也为实践活动的顺利开展夯实了基础，如通过我校大学生新闻中心、广播站、校报、团刊、黑板报以及QQ、微博及微信等媒体的宣传，加之团校学习和班团活动的宣讲，不但使实践活动队伍不断壮大，而且充分调动了大学生参与实践的积极性、主动性、创造性，有利于发挥他们在实践过程中的能动作用。从开会动员到宣传宣讲再到文件下发，团委老师与有经验的学生干部全程参与、悉心指导，各学生组织紧密沟通、通力合作，全校师生大力支持、积极参与，齐心协力为实践活动的正式开展奠定了扎实的基础。

实践活动的顺利开展离不开学校相关院部的大力支持。学校在工作队伍建设、指导队伍建设、实践基地建设、成果转化等方面加大投入力度，努力营造"重视实践、参与实践、在实践中锻炼成才"的良好氛围，教育、引导大学生重视自身的全面发展，积极传递青春正能量。在这一浓郁实践氛围的中，我校成功开展了勤工助学、志愿服务、文明修身、创新创业、多彩社团、多彩校园等一系列实践活动，"勤工助学，砥砺人生""志愿服务，凝聚爱心""文明修身，礼仪随行""创新创业，激扬魅力""多彩社团，绽放活力""多彩校园，闪亮青春"。

我校的实践活动形式多样、丰富多彩，实践之路虽布满荆棘但意义非凡。每一次实践后我们都会通过集体会议、新闻报道和网络讨论等多种形式认真总结，肯定成绩、指出不足。肯定成绩，即通过"五·四"和"一二·九"表彰等形式凸显实践成果，这不仅培养了我校学生服务他人，锻炼自我的意识，发扬了不计名利、服务社会、服务农村、助人为乐的奉献精神，加深了实践活动的影响力，而且调动了学生参与实践的积极性，增强了学生的凝聚力和自豪感；指出不足，即针对实践过程中的问题提出整改措施，不断推陈出新构建新的实践范式，为今后实践活动的顺利开展打下了坚实的基础。

我校在不断汲取实践经验和长期探索中，已基本实现了实践活动的制度化，在管理和操作上已逐渐走向规范化，全校的实践氛围愈加浓郁，实践的针对性、实用性不断提高，实践的科学性不断增强，实践活动的影响力不断扩大。我校还对学生的其他课余实践活动进行了进一步探索，形成了完整的实践活动体系。这些实践活动进一步激发了青年学生成长进步、奋发有为的主动性、积极性和创造性，使学生在丰富的社会实践中服务广大人民群众，同时也使青年大学生在实践中接受了深刻的教育，经受了艰苦的锻炼，促进了他们全面发展、健康成才。此外，实践活动也产生了深远的社会影响，增强了我校学生的民族自豪感和时代的紧迫感、使命感，为培养"与时代同步伐、与祖国共命运、与人民齐奋斗"的新时代栋梁抒写了华丽乐章。

活动一

2013年暑期文化科技卫生"三下乡"社会实践活动

一、活动综述

社会实践是大学生奉献社会、报效国家的有效载体，是大学生直接参与现代化建设的重要方式。近年来，我校根据《中共中央国务院关于进一步加强和改进大学生思想政治教育的意见》及《国务院关于进一步促进贵州经济社会又好又快发展的若干意见》，高度重视社会实践和志愿服务在大学生思想政治教育和成长成才中的重要作用，努力探索，不断创新，树立和落实科学发展观，并以"红色"精神为主线，在实践中认识国情、省情，服务西部，形成了科学化、项目化、制度化的社会实践和志愿服务长效机制并取得了良好的效果。我校大学生投身到社会实践的大潮中，将理论与实践相结合，锤炼自己的意志和品格，在服务社会的过程中提高综合素质，在构建和谐社会的实践中增长才干，在奉献中实现和创造人生价值。

（一）科学组织，完善实践体系

我校遵循大学生的成长规律和社会实践与志愿服务自身规律，立足全面贯彻党的教育方针和高等教育实际，从实践育人的培养目标、指导思想和工作原则等方面，不断完善社会实践教育体系，努力提高社会实践的针对性、实效性、吸引力和感染力。在校内，我校组成了以院党委书记为组长，党委副书记、副院长为副组长，以教务处、组织部、宣传部、办公室、学工部、招生就业处、保卫处、团委、马列部、学生会等负责人和各学院党总支书记为成员的领导小组；在校外，结合我校实习、预就业、创业工作，与地方政府、企业、校友合作，形成了"学校—社会—企业"有效的资源整合体系。

（二）内涵提升，深化实践途径。

我校牢固树立"厚德树人，笃学致用""育人为本，德育为先"的理念，围绕党和国家的发展大计，贯彻落实中央16号文件和国发2号文件精神，并坚持把社会实践和志愿服务工作与大学生思想政治教育紧密结合，以"爱祖国、爱贵州、爱家乡"为切入点，教育、引导大学生积极投身贵州经济建设事业，帮助大学生牢固树立中华民族伟大复兴的崇高理想和永远跟党走的坚定信念。几年来，学校充分发挥社会实践的优势，提出"立足西部，服务山乡"的口号，鼓励大学生思考如何发挥专业特长，促进地方发展，探讨如何为西部发展培养人才，提供科技支持等问题；并结合大学生就业创业教育，鼓励大学生投身基层，参加"西部计划"及"欠发达地区计划"，在实践中发现和解决社会生产、生活中的各种问题，在实践中重温红色记忆，感受社会民生，树立报国之志，抒发爱国情怀。

(三) 项目运作，强化实践实效。

我校自 2010 年以来，每年暑期都开展规模大、层次多、范围广的"三下乡"社会实践活动，着重追寻红色足迹，深入农村、深入社区、深入基层，把竭诚服务基础建设作为全部实践活动的出发点和落脚点。为引导广大团员青年积极投身到服务三农的社会实践中去，更好地服务青年学生，我校先后与中国地质大学、四川理工学院、西南大学的实践活动交流团进行经验交流，并先后组织近 700 名大学生，组建了 48 支"三下乡"重点服务团队，足迹遍及遵义市汇川区、红花岗区、新蒲新区、遵义县、道真县、务川县、湄潭县、绥阳县、仁怀市、赤水市、黔东南州天柱县等地，形成各类调研报告、活动日志、家访调查表、心得体会等材料 4000 余件，其中团队专题报告 185 份，合计 230 余万字，各项图片共 22000 余幅。服务总队还开展了包括文艺演出、座谈、问卷调查等活动，发放宣传材料 4 万余份、影响群众 15000 人次以上。我校的社会实践活动受到了社会的广泛关注，《贵州都市报》《遵义日报》《遵义晚报》、遵义电视台、遵义人民广播电视台等新闻媒体都予以报道。另外，省团委、市团委、遵义在线、道真人民政府网等省市网站都对本次活动广泛宣传。我校还加入团中央"青春三下乡"微博群，每天更新微博，及时分享活动成果，并得到团中央的肯定与支持。我校从多年的实践过程中不断总结经验，形成了一批重点服务项目。

1. 追寻红色足迹，青春凝聚党旗

百年老校遵义师范学院沐浴着红色文化的阳光，红色文化已经成为这个百年学府的精神食粮，同时也成为遵义师范学院的精神内涵。我校的"三下乡"社会实践活动更是充分运用地域资源，先后开展了"重走长征路，信仰代代传""忆红色经典，寻理想信念""走访老党员，传递正能量"等主题活动，组织实践服务队参观遵义会议会址、红军烈士陵园、娄山关红军战斗遗址等红色爱国主义教育基地；并走访退役老党员，给他们送去温暖关怀，传递他们的爱国情怀和正能量；在此基础上还邀请有关专家解读长征历史，并结合学习党史的研究课题开展实地调查研究活动，引导服务队队员们坚定跟党走中国特色社会主义道路的理想信念，将红色文化浸染到每一个队员心中，让队员们的思想得以升华，心灵得以充实，也使每次的社会实践活动多了一份历史的沉淀和红色的韵味。

2. 情系新农村，推进"三下乡"

"三下乡"社会实践活动是青年学生服务地方发展的重要内容，也是锻炼学生的一个重要载体，我校根据实际情况，在各实践地区特别是农村地区积极认真地开展关爱农民工子女、支教扫盲、文化宣传、国情、政策宣讲、法律普及、农技推广、送电影、送文艺下乡、慰问演出、免费维修家电、走进敬老院、义务劳动及社会调查等各项服务活动，让大学生在实践中受教育、长才干、做贡献，树立正确的世界观、人生观和价值观，努力成为中国特色社会主义事业的合格建设者和可靠接班人，真正实现了"三下乡"的宗旨，同时也使学生在社会实践中经受了锻炼，接受了教育，展示了我校青年学子的精神风貌，体现了当代大学生乐于奉献的优良品质。

（四）深刻启迪，升华实践经验。

经过多年探索，我校的社会实践工作已基本实现了制度化，在管理和操作上也已逐渐走向规范化，全校形成了"重视实践、参与实践、在实践中锻炼成才"的良好氛围。今后我们将进一步提高社会实践的针对性、实用性；增强社会实践的科学性；进一步加强宣传力度，使社会实践工作发挥更加充分广泛的社会效益。我们还将对学生的课余实践活动进行进一步探索，形成完整的社会实践活动体系。这次社会实践活动，进一步激发了青年学生成长进步、奋发有为的主动性、积极性和创造性，进一步服务了广大农民群众，同时也使青年大学生在实践中接受了深刻的教育，经受了艰苦的锻炼，促进了大学生全面的发展和健康成才。今年我校暑期"三下乡"社会实践活动，为贵州又好又快发展做出了突出贡献，产生了积极广泛深远的社会影响，同时队员们增强了民族自豪感和时代的紧迫感、使命感。我校为培养"与时代同步伐、与祖国共命运、与人民齐奋斗"的新时代栋梁抒写华丽乐章。

总之，我校大学生的暑期"三下乡"社会实践活动，部署周密、组织得力、安排具体、特色鲜明、总结及时。暑期"三下乡"活动在规模档次、服务质量、社会影响等方面都取得了重大突破，活动的组织及实施受到了校党委、行政、当地政府和基层组织的大力支持和充分肯定，社会反响强烈，成绩丰硕喜人，充分展现了我院学生"锻炼自我、服务社会、甘于奉献"的良好精神风貌，有力地促进了大学生在实践中更好地成长成才。

二、活动文件

为学习宣传党的十八大精神，贯彻落实中央关于"我的中国梦"教育实践活动的部署和要求，进一步激发广大青年学生成才报国的责任感和积极性，充分发挥社会实践作为，加强和改进大学生思想政治教育重要途径的优势，进一步引导、凝聚广大青年学生投身坚持科学发展、奋力后发赶超的伟大征程，唱响主基调、实践主战略、勇做突击队、立功献青春，促进我校"三推两申一巩固"中心工作的顺利开展，我校紧紧抓住"两个围绕"，全面提升我校大学生实践能力和综合素质，大力推动文明和谐校园建设，积极传递青春正能量，共建和谐共青团，学校决定今年继续在暑期深入开展大学生志愿者"三下乡"社会实践活动。

（一）活动主题

实践激扬青春志，奋斗成就中国梦。

（二）组织机构

成立"遵义师范学院2013年暑期社会实践活动领导小组"，负责组织动员、指导和协调今年我校学生暑期社会实践活动。

（三）活动内容

2013年暑期"三下乡"社会实践活动要以贯彻落实科学发展观为指导，以深入学习党的十八大精神为契机，以"十二五"规划启动实施为动力，坚持"按需设项、据项组团、双向受益"的原则，以组建青年突击队的形式，广泛动员学生开展形式多样和内容丰富的实践服务活动，努力扩大活动覆盖面、提升活动实效性，实现促进学生成长、服务基层、发展双向受益。在前期调研基础上，紧紧围绕基层宣讲、科技支农、携手成长·青春黔行、文化宣传、医疗卫生、生态环保、科普宣传及城镇信息化建设等基层经济社会发展和干部群众生产生活中的实际需求，组建八个方面的扶贫攻坚青春突击队，确保2013年"三下乡"活动取得实实在在的效果，并激发我校学生奉献才智、成才报国的热情，引导青年学生坚持理论联系实际，为基层提供力所能及的服务，在社会实践中得出正确的社会观察结论，明确坚定的政治方向和理想信念，真正实现引导和帮助学生在实践中"受教育、长才干、作贡献"

的目标。

（1）"我的中国梦——基层宣讲"青年突击队。

深入农村乡镇、城市社区等，开展党的十八大精神、"我的中国梦"和国家民生政策宣讲活动；结合"青年马克思主义者培养工程"的实施，组织"志向中国梦"大学生骨干实践锻炼营，到农村基层与老百姓同吃、同住、同劳动；依托"三下乡"社会实践官方网站和新浪微博等网络平台，开展"圆梦中国·公益我先行"专项实践活动。

（2）"我的中国梦——科技支农"青年突击队。

立足于培养现代职业农民、促进现代农业发展，重点动员全校的涉农院系，在前期基层需求调研基础上，有针对性地招募组建由专业教师和学生组成的实践服务团队，到相关县域与当地农业部门或农广校合作，开展农技人员培训、农业科普讲座、先进农技推广、为农民提供"田间地头"生产实践指导等服务活动。

（3）"我的中国梦——携手成长·青春黔行"青年突击队。

以关爱留守儿童为重点，组织大学生团队到乡镇农村，为当地中小学生举办课业辅导、素质拓展、亲情陪伴、爱心捐赠等活动。重点到中西部地区基础教育薄弱、教育资源匮乏的贫困县（乡），协助当地教育部门开展各科目教师培训工作，帮助当地优化教育资源、提升教学质量。

（4）"我的中国梦——文化宣传"青年突击队。

以弘扬时代精神、倡导文明新风为目标，依托全校各类学生艺术团（队）和文艺类学生社团，精心编排基层人民群众喜闻乐见、贴近基层生活实际，反映新时代、新生活、新风尚的文艺节目，并采取就近原则，到乡村开展巡回演出，丰富基层群众文化生活，促进农村精神文明建设。

（5）"我的中国梦——医疗卫生"青年突击队。

以医学、医药类学院专业为主，组建专业服务团队，重点到少数民族自治区（州、县）的农村基层，开展流行性疾病防治宣传、基本医疗卫生知识普及活动，为农民进行健康普查和常见病治疗，并结合基层实际需求培训当地医务人员，捐送部分药品和医疗器械，协助建设乡（村）医疗站。

（6）"我的中国梦——生态环保"青年突击队。

广泛组织全校相关学科专业的学生特别是学生环保类社团，到农村基层、县域城镇和城市社区，围绕水资源保护、垃圾处理、环境污染、气候异常、资源开发、自然灾害预防等，开展科普知识宣讲、社会调查研究、发展建言献策等活动，普及生态环保理念、引导健康生活方式、推动科学发展方式。

（7）"我的中国梦——科普宣传"青年志愿者突击队。

以传播科普知识、崇尚科学文明为活动口号，在全校招募科普志愿者组成高校科普志愿者小分队。科普志愿者利用暑期深入基层，依托分布在全省各地的志愿者"微笑小屋"进行科普授课。科普志愿者在课堂上通过文字、图片、视频、及小游戏等形式，对农民工子女和留守儿童开展防灾减灾、自救互救、心理辅导等内容的科普常识宣传。通过科普志愿者的授课，让农民工子女和留守儿童在轻松愉快的学习中感受快乐，增长知识，营造全社会关爱农民工子女和留守儿童的良好氛围，吸引、带动更多的人投身科普活动。

（8）"我的中国梦·天翼与你同行"城镇信息化建设专项调查实践服务团。

结合国家推进城镇化建设的战略实施，以促进基层信息化、缩小数字鸿沟为目标，到不同县城、乡镇，开展网络建设和使用状况调查，宣传普及网络信息化建设的新技术、新成果，为城镇基层单位提供信息化建设咨询服务。

（四）组织方式

今年我校的社会实践活动按重点组队、就近就便原则，分"点""面"同步进行。

"点"上是在全校团员青年中招募青年志愿者，分别在学校组成重点服务团队："我的中国梦——基层宣讲"青年突击队、"我的中国梦——科技支农"青年突击队、"我的中国梦——携手成长·青春黔行"青年突击队、"我的中国梦——文化宣传"青年突击队、"我的中国梦——医疗卫生"青年突击队、我的中国梦——生态环保"青年突击队、"我的中国梦——科普宣传"青年志愿者突击队、"我的中国梦·天翼与你同行"城镇信息化建设专项调查实践服务团等八支重点团队。学校重点服务团队将围绕遵义市汇川区、赤水市白云乡、道真仡佬族苗族自治县隆兴镇等地开展一系列活动。各学院（分院）组成的"实践激扬青春志·奋斗成就中国梦"实践分队，以就近就便原则开展活动。

"面"上是分散回家乡度假的学生，分别在各自的家乡就近开展一次乡情、民情调研；提供一条农技、致富信息；开展一次支教活动；组织一次乡村（社区）志愿服务活动；实施一次法律援助；开展一次实用技术培训；为回报母校做一件实事。各学院（分院）同学可联系家乡所在地的大学生，根据自身专长、结合家乡实际，开展丰富多彩的社会实践活动。

（五）工作要求

认真贯彻落实党的十八大会议精神，加强对青年学生思想政治教育，引导学生健康成长，提高社会竞争能力和落实学生培养目标。各学院要高度重视，精心组织，做好策划动员、组织实施工作，确保活动取得实际效果，不断推动我校暑期"三下乡"社会实践活动的深化和创新。

（1）运作机制。各学院（分院）要建立完善社会实践基层需求调研制度，通过各种渠道认真做好基层需求的了解收集工作；要在调研基础上依据学生所学专业、兴趣爱好等，有针对性地组建、派出重点服务团队，实现精准对接；要在活动组织实施中完善过程管理和规范机制，开展必要的思想作风和服务技能培训，选派相关专业教师带队指导；要进一步加强"三下乡"社会实践基地建设，建立与基地间的稳定、长期服务的合作关系，变"三下乡"为"常下乡"。

（2）新媒体宣传。各学院（分院）要充分利用好大众传媒和校园媒体，特别是微博、博客、手机报等新媒体，在活动的策划、动员、实施和总结等阶段进行宣传推广，取得最大的育人效益和经济社会效益。团中央将联合腾讯微博组织开展"心发现·微梦想"2013大学生暑期社会实践传播大赛。遵义师范学院已在新浪网站注册"遵义师院三下乡团队"官方微博，各学院（分院）"三下乡"社会实践活动的学生以团队为基本单位加入微博互相关注、互为粉丝，通过文字、图片、视频等方式，及时将社会实践中的所见所闻、所思所想、所作所为进行展示和分享。团省委学校部官方微博也将开设"青春三下乡"专栏，专门报道2013年全省大学生"青春三下乡"活动的开展情况。

（3）提升活动实效、确保安全。各学院（分院）要在活动组织实施中完善制度规范、突出过程管理，开展必要的思想作风和服务技能培训，选派相关专业教师带队指导。要进一步加强社会实践基地建设，真正做到"按需设项、据项组团"，不给基层添麻烦，服务内容和形式要切合基层实际和需要，切忌走马观花、变相旅游等形式主义。加强安全教育和保障，做好前期调研和出发准备工作，保障学生人身和财产安全，特别是要高度关注极端气候变化和服务地区的自然条件，做好自然灾害和突发事件的应对预案。

（4）总结提高。各学院（分院）要根据新的经济社会发展形势和条件，根据青年学生新的思想行为特点和成长发展需求，主动从社会实践活动的内容设计、组织方式、运作机制等方面进行探索创新。要在暑期活动结束后，做好校园内的总结表彰工作，通过各种传播方式让更多的学生分享重点团队的活动经验和成果，并及时做好总结。

各实践服务团队活动结束后及时将总结、简报、图片、影音和成果统计表等相关资料（电子档和纸质）上报校团委。

三、活动报道

（一）寻红色足迹　传承红色经典

7月19日上午，遵义师范学院暑期"三下乡"社会实践服务团队追寻红色足迹，来到了茅台镇红军四渡赤水纪念园。

他们穿山绕梁来到了茅台镇红军三渡赤水渡口。1935年3月16日，时任红军团政委杨成武就是在这里，率领红军战士打败了渡口守敌，使红军第三次成功渡过赤水河。

当年的硝烟早已散去，红军"四渡赤水"纪念碑高高地耸立在镇边三渡赤水渡口上面的山坡上。整个塔高25米，寓意着红军长征二万五千里。塔身由四根巨大的浪形柱依次错位重叠构成，塔座为木船造型，寓意着中国人民的革命事业乘风破浪、不断前进。塔体用红色花岗岩板材贴面，通体赭红。纪念塔北侧建有一面船形浮雕墙，生动地再现了当年红军四渡赤水英勇战斗的场景。

服务团志愿者们在纪念碑前开展"讲红故事"活动，让大家了解在赤水渡口发生的战役，表达了对红军战士不畏险阻，不怕困难的敬佩之情。

红军四渡赤水纪念园是遵义师范学院暑期"三下乡"社会实践活动"追寻红色足迹"的最后一站，虽然先烈长征的脚步在此停住，但是作为年轻一代追寻红色革命精神的脚步却永不停留！红军烈士的革命精神将继续激励着大学生前行！

(二) 坚定党的信念　献青春热血

7月18日上午，遵义师范学院暑期"三下乡"社会实践服务团临时党支部全体学生党员在后山乡新山村村委领导和校团委宣传实践部部长范星佑的带领下，前往新山村老党员王从达、田兴祥老人的家中走访。

王从达与田兴祥两位老人都是少数民族乡的老党员，党龄都超过了四十年。两位老人对自己的入党经历作了简要介绍后，又回忆一路走来的风雨历程，并对新农村改建前后的生活做了对比，以此告诉同学们生活来之不易，应当好好珍惜现今的美好生活。他们希望大学生党员们要在党的引领下，严格要求自己，应时刻联系群众，不能脱离群众，为祖国建设奉献自己的青春。最后，大家就自己心中的困惑及入党感受与两位老人进行了交流。据新山村村委领导的介绍，这两位老党员起到了模范作用，一直坚持党的信念，积极响应党组织的号召，为新山村的发展作出了很大贡献。走访结束后，临时党支部的学生党员们纷纷表示，老党员的话虽然朴实，但对自己来说却是一次深刻的教育，让他们明白了如何加强自身的党性修养以及如何更好地为人民服务。

(三) 精彩汇演　欢聚一堂

7月18日，遵义师范学院暑期"三下乡"社会实践服务团为后山乡的乡亲们送上了一场精彩的文艺演出。

下午3点，服务团的志愿者们在后山乡政府大坝进行了正式演出前的最后彩排，演员们认真彩排，为送出一台精彩的晚会做好了充足准备。

晚上7点30分，文艺演出在乡政府大坝前正式开始。三百余名乡亲到现场观看演出。此次文艺演出是服务团在后山乡的一系列活动的收尾。此次"三下乡"社会实践活动以"永远跟党走，青春献祖国"为主题。服务团志愿者们精心编排了一系列红色节目，如音诗画《红军不怕远征难》，将红军长征时的情景再现眼前；歌伴舞《遵义会议放光辉》将红军革命精神表达得淋漓尽致；一首顶天立地的《脊梁》，歌颂了我们伟大的党等精彩演出。除了志愿者们自备的节目外，后山乡的村民也积极参与到晚会中，演唱极具特色的民谣。在演出中，后山乡的留守儿童们一起吟诵了《游子吟》，表达对志愿者们的感谢。

"三下乡"社会实践服务团在后山乡的活动暂告一段落，但是他们将青春的激情留在了这个偏远的村寨,将青春的热血洒在了后山的每一个角落。

(四) 了解国酒文化 秉承国酒精神

7月19日上午,遵义师范学院暑期"三下乡"社会实践服务团抵达仁怀市茅台镇,继续开展以"永远跟党走,青春献祖国"为主题的社会实践活动。

服务团在校团委老师的带领下来到了茅台酒股份有限公司,参观了规模恢宏,气势磅礴的中国酒文化城。

据了解,中国酒文化城是迄今为止中国最大的酒文化博物馆,该馆分汉、唐、宋、元、明、清、现代七个展馆:汉馆古朴巍峨,唐馆富丽堂皇,宋馆古典玲珑,元馆粗犷明快,明馆精巧别致,清馆华丽凝重,现代馆明晰流畅,每个馆都蕴藏着深厚的酒文化。

服务团师生一行跟随讲解员逐一参观,一道门一个展厅,一道门一个朝代,酒文化就在这代代相袭中传承与发展。他们被馆内古色古香的建筑风格、栩栩如生的浮雕、气韵生动不凡的书画等深深吸引。杜康造酒图,深思飘渺,相交千年;展厅穹顶红星闪耀,茅台酒浸润着红色文化;诗词、雕塑、建筑与绿树都氤氲在酒的神韵与芳香中,师生们感叹国酒文化的博大精深。

通过参观,服务团志愿者们对国酒茅台有了更全面的认识。

(五) 实践出真知 青春献祖国

7月17日,是遵义师范学院暑期"三下乡"社会实践服务团抵达仁怀后山乡的第二天,服务团继续开展"永远跟党走,青春献祖国"的主题活动。

上午7时30分,服务团的志愿者们携带维修工具和宣传资料,冒着大雨,沿着泥泞不堪的山路,前往后山乡新山村展开调研。据新山村村主任陈洪同志介绍,新山村是一个少数民族村落,有大部分孩子是留守儿童,由于去年改建为新农村建设示范点,村民们对改建工作的态度都十分积极。志愿者们在村里走家串户,义务帮助村民现场维修家电,为农户解决实际困难。同时其他小分队发放宣传资料,向当地村民耐心介绍资料手册中防治病虫、农村法律小知识等内容。下乡调研结束后,志愿者们又纷纷带上宣传资料赶到集市,向前来赶集的村民们发送宣传手册,以求能真正达到下乡服务的目的。此外,志愿者们也在调研过程中,积极寻找"手拉手"帮扶对象,与小朋友结对子,把温暖带给他们。

活动结束后,志愿者们进行了总结交流会,分享自己的体会与感受。志愿者们表示，自己的力量虽然微薄，但是希望能为当地村民办实事、做好事。

调研时间虽然不长，但却更加坚定了志愿者们下乡服务的决心，以及履行青春献祖国的誓言。

（六）与党政座谈　展时代新风

7月17日中午1点，遵义师范学院暑期"三下乡"社会实践后山乡座谈会在后山乡政府会议室举行。仁怀团市委副书记李华禄、后山乡党委政府领导、遵义师范学院团委教师、后山乡民族中学的教师及遵义师范学院暑期"三下乡"社会实践服务团全体志愿者参加了此次座谈。

在座谈会中，后山乡党委政府领导对后山乡当前的发展做了详细的介绍，让大家对后山民族乡有了全面的了解。然后，遵义师范学院团委书记唐露萍做了发言，她首先表达了对后山乡政府的感谢，然后对暑期"三下乡"社会实践活动做了简要介绍，同时也对暑期"三下乡"社会实践活动主题"永远跟党走，青春献祖国"做了精简阐述，并传达了"工业强省，青年先行"的精神。随后，后山乡民族中学的教师以自身的教育经历让志愿者们明白了奉献的真正意义，坚定了他们立足西部服务山乡的决心。此外，仁怀团市委副书记李华禄强调了后山乡作为少数民族乡，具有鲜明的标识、特色的文化和浓郁的艺术气息，他也希望志愿者们能将这个特别的地方推向更广的领域。

会上，志愿者们还与后山乡党政领导就大学生就业创业、农村发展前景等问题进行了交流。志愿者们都能深刻体会到现今农村的大变化，并明白我们是年轻的一代，要在奉献中竭力展现自己的青春风采。

四、活动总结

为学习宣传党的十八大精神，贯彻落实党中央关于"我的中国梦"教育实践活动部署和要求；进一步激发广大青年学生成才报国的责任感和积极性，充分发挥社会实践作为加强和改进大学生思想政治教育重要途径的优势；进一步引导、凝聚广大青年学生投身坚持科学发展、奋力后发赶超的伟大征程，唱响主基调、实践主战略、勇做突击队、立功献青春；促进我校"三推两申一巩固"中心工作的顺利开展，全面提升我校大学生实践能力和综合素质，大力推动文明和谐校园建设，积极传递青春正能量，共建和谐共青团，根据黔青联发〔2013〕23号文件精神，结合我校师范专业特色，加强"青春师院"品牌建设，促进青年学生的健康成长，遵义师范学院在暑期中开展了规模大、层次多、范围广的"三下乡"社会实践活动，深入基层、深入农村、深入社区，为农民群众做好事、办实事，把竭诚服务、基础建设作为全部实践活动的出发点和落脚点，受到了当地政府地一致好评和广大人民的热烈欢迎，并产生了良好的社会反响。

（一）领导重视　主题突出　力求实效

根据上级有关文件精神，结合自身师范专业特色，学校团委经过充分酝酿、考察、设计，向学校党委汇报了"关于我校2013年暑期社会实践活动的实施意见"。学校党委听取汇报后，非常重视，指出要深入贯彻胡锦涛总书记向青年学生发出的"向实践学习、向人民群众学习"的号召，为建设社会主义新农村服务，把温暖送给农民工子女，把先进的科技、文化、卫生等送到农村，引导广大青年团员积极投身到服务"三农"的社会实践中去，更好地促进青年学生的健康成长。校团委还专门对宣传动员、活动形式、活动内容、组织措施、物质保障、实践纪律、考评办法等方面都作出了明确安排。校党委下发了《关于开展2013年暑期文化科技卫生"三下乡"社会实践活动的通知》，组成了以校党委书记袁利民，校党委副书记、校长王大忠为组长，校党委副书记王爱华、副校长娄胜霞、岑玲、王刚、曾伯平、雷昌蛟，纪委书记袁竞为副组长，以教务处、组织部、宣传部、办公室、学工部、招生就业处、保卫处、团委、马列部、学生会等负责人和各二级学院党总支书记为成员的领导小组，明确指出具体工作由团委牵头，同有关部门组织实施。《通知》明确指出今年的社会实践活动要以"实践激扬青春志·奋斗成就中国梦"为主题，组织青年学生以邓小平理论和"三个代表"重要思想为指导，深入贯彻落实科学发展观，以工业强省为动力，以前期基层需求大调研为基础，紧紧围绕基层宣讲、科技支农、携手成长·青春黔行、文化宣传、生态环保、科普宣传等基层经济社会发展和干部群众生产生活中的实际需求，努力扩大活动覆盖面、提升活动实效性。同时，激发我校学生奉献才智、成才报国的热情，引导青年学生坚持理论联系实际，在社会实践中激发青春斗志，明确坚定的政治方向和理想信念，真正实现"受教育、长才干、作贡献"。

校团委和学生会根据校党委的统一安排，做了细致入微的前期工作。首先，广泛宣传，发动学生积极参与，投身社会实践。校团委利用团刊、团讯、广播、微博等媒体平台宣传今年暑期社会实践的内容及意义，号召同学们以满腔的热情投身到社会实践中去，服务社会，增长才干，回报家乡。

同学们踊跃报名参加服务队，纷纷表示，发挥自己的专业特长，积极认真地开展基层宣讲、科技支农、携手成长·青春黔行、文化宣传、生态环保、科普宣传等各项服务活动，扎扎实实地为新农村建设尽一份力量。7月16日上午，我校在百年广场召开了暑期"三下乡"社会实践启动暨授旗仪式，在会上学校党委副书记、校长王大忠勉励同学们在暑期社会实践活动中要坚定永远跟党走的理想信念，为广大群众提供切实有效的服务，不断提高自身素质。

经本人申请，组织推荐，校团委选拔、考核后，在"点"上组织了188名大学生组建了十五支服务团队，其中一支是省级重点服务队。学校团委组建了基层宣讲青年突击队、科技支农青年突击队、携手成长·青春黔行青年突击队、文化宣传青年突击队、生态环保青年突击队、科普宣传青年突击队六支分队，奔赴遵义市道真县隆兴镇开展社会实践活动。组队后，校团委组织编印了《胡锦涛总书记在中国共产党第十八次全国代表大会上的讲话》《凝集中国力量，实现中国梦》《禁毒宣传资料》《农村农作物常见病虫害防治及农药配制》《关爱留守儿童，共享美好明天》《预防艾滋病，你我共参与》等方面的宣传汇编资料共1万多册。7月6日—17日，各团队集中的从安全注意事项、农作物知识、自护自救、农村法律知识、留守儿童心理辅导等五方面作了相关培训。通过培训，提高了各团队成员的理论水平和为人民服务的本领，增强了政治意识和组织纪律观念等。

（二）全面策划　满怀热情　投身实践

在十多天的社会实践活动中，服务总队的40余名大学生志愿者先后前往遵义会议会址和红军山烈士陵园开展瞻仰革命烈士、追寻红色足迹活动，同时响应党的十八大报告精神，积极开展基层宣讲和文化宣传，为遵义的发展献计献策。志愿者们充分发挥了专业优势，在为隆兴镇的群众提供关爱农民工子女、科技支农及文化服务的基础上，通过开展关爱农民工子女系列活动、发放宣传资料、下乡调研、问卷调查、农民工子女心理辅导、农技推广、慰问演出、走访老党员、免费维修家电、走进敬老院等形式，真正实现了"三下乡"的目的，同时也使志愿者们在社会实践中磨炼了意志、增长了才干、感悟了人生，展示了师院学子的青春昂扬的精神风貌，体现了当代大学生乐于奉献的优良品质。基层宣讲青年突击队、科技支农青年突击队、携手成长·青春黔行青年突击队、文化宣传青年突击队、生态环保青年突击队、科普宣传青年突击队六支分队活动丰富多彩，扎实有效。志愿者认认真真为当地人民做好事、办实事的干劲，受到了当地政府的一致好评，也与当地基层干部和人民群众建立了深厚的感情。他们希望我们还能再开展更多有意义的事情，让更多的人感受到当代大学生的风采。

（1）开展基层宣讲活动。

我校组织学生到遵义市道真县隆兴镇开展考察学习、社会调查等内容丰富的政策宣讲活动，帮助大学生深入基层，了解人民所需、所想、所悟，帮助隆兴人民更好、更全面地了解国家的惠民政策。此次活动丰富了隆兴居民的精神文化需求，调动隆兴人民的工作激情和奉献精神，激发了我校学生参与志愿服务的热情，提升了活动实效性，实现了"促进学生成长、服务基层发展"的目的。

（2）推广"科技支农"活动。

我校生命科学学院组建的一支"科技支农"专业团队，与湄潭县的农业部门合作，与当地农业主导产业科技部门对接，到农村为农民进行农业科技咨询服务和实地开展生产技术指导，同农技站的工作人员一起为农民解决实际遇到的问题。在惠农政策宣传的过程中，农民们都认为，这样深入基层宣传的方式很好，为咱们农民办实事、办好事，希望以后有更多的服务队伍深入基层进行农业方面的宣传与指导，为农民解决农业养殖业等方面的问题，为新农村的建设贡献一份自己的力量。

（3）开展"义务支教"活动。

我校开展"义务支教"活动。志愿者们为隆兴镇的父老乡亲们热情地介绍此次招生的要求及开设的课程，不少学生家长听了志愿者们声情并茂的讲解后，都纷纷为他们的孩子报名，并填写报名登记表。在志愿者们不懈的努力及家长的大力支持下，此次共招收到学生240余名。随着支教工作接近尾声，志愿者们感觉到的是一种喜悦、一种满足，因为他们把知识带给了那一双双渴望知识的眼睛、用爱心温暖了那一张张天真无邪的笑脸。短短几天，志愿者们与孩子们建立了深厚的感情，开展的"手拉手"活动更是让这份师生情得到升华。几天的支教让志愿者们更加确定他们所付出的艰辛都是值得的，他们留下的是汗水，得到的是希望，带走的是感动。

（4）忆红色经典，寻理想信念。

坐落在红色文化名城的遵义师范学院有着浓厚的红色底蕴，我校服务总队以"实践激扬青春志·奋斗成就中国梦"为主题，组织学生参观遵义会议会址、红军烈士陵园等红色爱国主义教育基地，感悟革命先辈的爱国情怀、学习革命先辈的吃苦精神、沿着革命先辈的光荣传统，为实现中国梦不懈奋斗。

（5）关爱农民工子女教育帮扶活动。

根据当地实际，我校服务总队开展了"手拉手"爱心帮扶和"亲情连线"活动。志愿者们通过上课观察和下乡走访，确定了当地家庭困难的留守儿童作为自己的"手拉手"帮扶对象，指导他们为远在他乡的父母写信，寄去遥远的思念并向他们赠送了准备好的"爱心包"并建立了长期联系。由于长期不能感受到父亲母亲的爱，留守儿童的内心世界是很脆弱的，服务总队组织心理学专业的志愿者对他们进行了心理辅导，帮助他们健康、快乐地成长。

（6）送电影、送文艺下乡。

我校服务总队在道真县隆兴镇举行了文艺汇演，在隆兴镇隆兴中学播放了建党九十周年纪录片《旗帜》和动画片《疯狂原始人》。我校的文艺汇演内容丰富，形式多样，涵盖舞蹈、小品、朗诵、独唱、合唱等老百姓喜闻乐见的节目。表演吸引了十里八乡的村民来前来观看。志愿者们给老百姓带去了一场视听盛宴，引得观众阵阵真挚的掌声。

家电维修组的同学还深入农户家中维修家电。在走访的过程中，志愿者们为村民修好了电视机、电风扇、电冰箱、电饭锅、电磁炉、电动打米机等家庭常用电器，受到了农民朋友们的热烈欢迎。

志愿者们还在隆兴镇爱国村村委领导的带领下，走访慰问了爱国村前村支书——年近70岁的老党员邓世谋同志。邓世谋同志回忆了他的人生经历。他于1963年参加工作，在民校进行义务支教并兼任团支部书记，开展青年工作。他在基层工作了几十年，几十年间他工作上兢兢业业，任劳任怨，实现了入党时的誓言，积极履行了党员的责任和义务。虽然现在已年过古稀，但是年老心不老，愿意发挥余热，为共产主义事业奋斗终生。老党员的这番讲述让大家看到了他丰富的人生历程，看到他为党和国家奉献的心，看到了他作为基层干部的艰辛与不易，也看到了他的人格魅力。老党员丰富的人生阅历激励着我们青年一代要好好学习，时刻以党员的要求来严格要求自己，身体力行，在实践中不断锻炼自己，在思想上和行动上都积极向党组织靠拢、永远跟党走，为实现"中国梦"而努力奋斗。志愿者们纷纷表示要将自己有限的精力投入到无限的为人民服务中去。"三下乡"只是一个开始，大家要将这股精神与斗志延续到以后的工作中去，要沿着老党员的路继续走下去。队员们也纷纷表示，要踏踏实实地学习和工作，以邓世谋同志为榜样，在今后的人生道路上尽自己最大的努力为人民服务！

（7）开展环境保护宣讲服务。

此次"三下乡"恰逢贵州数十年一遇的大旱，组织志愿者深入到基层，通过走访、调研等方式宣传节约用水，倡导环境保护的观念，考察当地生态环境，治理环境污染，为抗旱救灾做出贡献。

（8）别样的青春活力，各二级学院尽展风采。

除校级重点队以外，其他实践服务队的活动也开展得丰富多彩，有声有色。其中计算机与信息科学学院青年突击队在湄潭县兴隆镇开展关爱农民工子女、普法、文艺汇演、文化宣讲等活动的同时，着重对湄潭县兴隆镇进行了实地考察与专题调研，开展了义务支教活动。生命科学学院"科技支农青年突击队"，在遵义市新舟镇开展了各项丰富的实践活动，并进行了实地的考察，为农民解决了很多实际问题。这不仅锻炼了学生在实践中应用知识的能力，这为大学生参与"科技支农"提供长期实践基地。

人文与传媒学院、政治经济与管理学院、美术学院、外国语学院、数学与计算科学学院、历史文化与旅游管理学院、教育科学学院、物理与机电工程学院、体育学院等分队开赴湄潭县石莲乡、红花岗区、遵义县龙坪镇、赤水市、遵义县新蒲镇、绥阳县旺草镇、绥阳县风华镇、遵义县三合镇、道真县三江镇等地进行实践活动。各分团分别在实践地进行关爱农民工子女活动，走访驻地各村的贫困家庭，结对帮扶了一些贫困青年及学生，使学生坚定了战胜困难的决心，学生们纷纷表示，一定要好好学习，将来更好地建设家园。

（三）在实践中学习　在学习中成长

今年我校暑期"三下乡"社会实践活动，积极引导学生在实践中锻炼，在奉献中成长，在服务人民的过程中，以德修身，以理服人，从个人做起，从小事做起，达到自我教育、自我加强、自我提高的目的。

各服务团志愿者们在此次实践中思想得到了洗礼,心灵受到了净化。可谓在实践中学习,在学习中成长。志愿者们追忆红色足迹,感受中国共产党的光辉历程,以自身的实际行动贯彻了科学发展观,为建设社会主义新农村服务,并大力推进城乡发展一体化的步伐,使广大农民群众从中得到了启示,增强了农民群众的科学务农意识,关心和开导了农民工子女,也使青年大学生得到了锻炼,使他们踊跃投身到推动农村经济发展的浪潮和关注社会问题中去。各服务团的大学生党员代表走访了老党员,从中认识到了今天幸福生活来之不易,了解了农村翻天覆地的变化,坚定了他们永远跟党走的信念,并感悟到社会主义制度的优越性。

在实践中,志愿者们把书本知识与实践结合,下乡走访调研。志愿者们的调查情况表明:科技支农的政策还未完全普及,只有少数的农民明白用科学的方法进行农作物种植和农作物病虫害的防治,尤其是养殖业,科学的养殖方法比以前的常用办法要有效得多,所以同学们在农村开展科技支农、农技推广、惠民政策宣讲等活动是有必要的。通过科技支农突击队的实地考察,很多农民都对种植农作物和养殖牲畜的科学方法有了更深的了解和认识。志愿者们也更加深刻地理解和懂得了社会需要奉献精神,也进一步学会了怎样去奉献社会。"服务社会,奉献自我"已成为志愿者们的终身座右铭。

此外,严格的纪律、健全的机制是实践活动顺利进行的保障。通过有效的思想教育,志愿者们严守纪律,服从指挥,听从安排,行动一致。面对异常艰苦的工作与生活,他们任劳任怨,知难而进,团结一心,积极主动地完成各项工作。

(四) 在实践中收获累累硕果

遵义师范学院在社会实践中始终坚持最广泛地发动同学、组织同学。到目前为止,赴隆兴镇服务总队形成各类调研报告、活动日志、家访调查表、心得体会等材料470余件,其中团队专题报告16份,合计约50万字,各项图片共7000余幅。服务总队还开展了包括文艺演出、座谈、问卷等活动,发放宣传材料1万余份、影响隆兴群众1000人次以上。

另外,由各二级学院组成的13支青年突击队形成各类调研报告、活动日志、讲课笔记、实习稿件、心得体会等材料1000余件,其中团队专题报告近27份,合计约11万字,各项图片共5000余幅,足迹遍及道真县、湄潭县、遵义县、赤水市、绥阳县等地。

第八部分 青春师院·激情实践

在此次"三下乡"实践活动中,我们不仅收获了支持与肯定,还收获了成长与经验:

(1) 紧紧围绕"实践激扬青春志·奋斗成就中国梦"的主题,充分发挥师范院校优势,高标准、深层次、多角度地开展"党的十八大"精神、"科技支农"宣讲、"教育帮扶"实践服务和送科技、文化、卫生"三下乡"等实践活动。在制定今年社会实践方案时,我们一方面认真结合全国大学生社会实践的总体指导思想,注重将我校的社会实践工作融入到全省大中学生志愿者宣讲"党的十八大"精神和宣传相关资料及送文化、科技、卫生"三下乡"服务活动中去;另一方面结合我校实际情况,发挥我校专业全面的综合优势,组建综合团队,使实践服务活动涉及各学科、各领域;第三方面结合大学生的成长成才需求,充分调动广大同学的积极性、主动性、创造性。全校上下协调一致、目标一致,通过分院、班会层层动员,使我校暑期社会实践工作主题鲜明,成效突出。

① 领导高度重视,部门相互协作、措施配套有力、不断创新工作机制。成立校、院两级领导小组,党政负责同志亲自抓,是我校长期形成的工作传统。由学校各有关部门组成的学校领导小组加强协调与沟通,使各项措施得到了有效的落实。

此外,从计划制定到组织落实,我校还总结了一整套规范的工作方法和措施。社会实践开始之前,校、分院组织了各种有利于社会实践的讲座,学校及各分院专门组织了重点团队培训班,进行理论和工作方法上的指导。特别需要指出的是,在大学生社会实践中,我校逐步实现了制度化、项目化、专题化运作,同时重视参与社会实践是我校教师的优良传统,今年我校参与社会实践的教师近百名,他们对社会实践表现出极大的热情,积极地参与,这是我校社会实践不断进步、成效显著的重要保证。

② 重点突出、特色鲜明、内容丰富、形式多样。我校今年社会实践活动以宣传"党的十八大"精神、"科技支农"推广、"教育帮扶"实践服务和送科技、文化、卫生"三下乡"活动为重点。校、分院组织服务队形成自己工作特色,先后开展政策宣讲、社会调查、科技支农、义务支教、科技文化服务、结对扶贫、家电维修及爱心帮扶等志愿服务活动,并广泛开展勤工助学、社会援助等形式多样、内容丰富的实践活动,均取得显著效果。

(2) 以"实践激扬青春志·奋斗成就中国梦"实践服务和"科技支农"服务为抓手,形成全社会支持的良好局面。

今年我校社会实践活动得到了社会各界的支持和帮助，他们指导服务队员制定实践计划，提供当地的农业、科技、人口等有关资料，并及时解决同学们在实践中遇到的困难，将志愿者们在实践中遇到的困难和服务实践情况及时与学校保持联系。同学们通过自己的行动也获得了各界的理解和认可，使得各项活动得到顺利落实。我们还继续依靠学校和社会实践活动基地的大力支持进一步扩大社会实践的领域，将社会实践与学生成才、勤工助学紧密结合。学校将社会实践活动与胡锦涛总书记在党的第十八次代表大会重要讲话精神紧密结合起来，让同学们在实践中学习，在学习中成长。

经过多年探索，我校的社会实践工作已基本实现了制度化，在管理和操作上已逐渐走向规范化，全校形成了"重视实践、参与实践、在实践中锻炼成才"的良好氛围。今后我们将进一步提高社会实践的针对性、实用性；增强社会实践的科学性；进一步加强宣传力度，使社会实践发挥更加充分的社会效益。我们还将对学生的其他实践活动进行进一步探索，形成完整的社会实践活动体系。这次社会实践活动，进一步激发了青年学生成长进步、奋发有为的主动性、积极性和创造性，进一步服务了广大农民群众，同时也使青年大学生在实践中接受了深刻的教育，经受了艰苦的锻炼，促进了大学生全面的发展和健康成才。今年我校暑期"三下乡"社会实践活动，为贵州又好又快发展做出了突出贡献，产生了积极广泛深远的社会影响。志愿者们在此次实践活动中激发了巨大热情，凝聚了无穷力量，催生了丰硕成果，展现了全新魅力，增强了民族自豪感和时代的紧迫感、使命感，并为培养"与时代同步伐、与祖国共命运、与人民齐奋斗"的新时代栋梁抒写华丽乐章。

活动二

2014年暑期文化科技卫生"三下乡"社会实践活动

一、活动主题

为祖国勤学修德·以实践明辨笃实。

二、组织机构

成立"遵义师范学院2014年暑期社会实践活动领导小组"，负责组织动员、指导和协调今年我校学生暑期社会实践活动。

三、活动内容

2014年暑期"三下乡"社会实践活动要以贯彻落实科学发展观为指导，以深入学习宣传贯彻党的十八届三中全会精神为契机，以"十二五"规划启动实施为动力，坚持"受教育、长才干、做贡献"的宗旨，按照"目标精准化、工作系统化、实施项目化、传播立体化"和"按需设项，据项组团，双向受益"的原则，通过实施重点团队和专项计划的形式，广泛动员学生开展各种形式和内容的实践服务活动，努力扩大活动覆盖面、提升活动实效性，实现促进学生成长、服务基层发展。在前期调研基础上，我校紧紧围绕理论政策宣讲、科技支农、深化改革、教育关爱、文化艺术、美丽中国、智慧调研、"圆梦中国"等基层经济社会发展和干部群众生产生活中的实际需求，组建八个方面的扶贫攻坚青春重点团队，以及大学生"我的中国梦·天翼与你同行"城镇信息化建设专项计划和全省大中院校"知行国学社"走进迤那、息烽、麻江、丹寨服务专项计划两个省级专项计划，确保2014年"三下乡"活动取得实实在在的效果。同时，此次活动激发了我校学生奉献才智、成才报国的热情，引导了青年学生坚持理论联系实际，为基层提供力所能及的服务，使他们在社会实践中得出正确的社会观察结论，明确了坚定的政治方向和理想信念，真正实现了引导和帮助学生在实践中"受教育、长才干、作贡献"的目标。

（一）理论政策宣讲团

深入农村乡镇、城市社区、厂矿企业等，通过多种形式开展党的十八届三中全会精神、习近平总书记系列讲话精神和社会主义核心价值观宣讲活动。

（二）深化改革观察团

深入城镇、乡村及各类企业事业单位等，实地考察了解各领域变迁发展的历史和现实，感受改革开放的发展成果，把握和理解国家深化改革的政策举措。

（三）科技支农帮扶团

积极到相关县城与当地农业部门或农广校合作，开展农技人员培训、农业科普讲座、先进农技推广、为农民提供"田间地头"的生产实践指导等服务活动。

（四）教育关爱服务团

以关爱留守儿童为重点，组织大学生团队开展课业辅导、素质拓展、亲情陪伴等活动，并到中西部地区基础教育薄弱、教育资源匮乏的贫困县（乡），协助当地教育部门开展教师培训，帮助当地优化教育资源、提升教学质量。

（五）文化艺术服务团

以弘扬时代精神、倡导文明新风为目标，我校依托全校各类学生艺术团（队）和文艺类学生社团，精心编排基层人民群众喜闻乐见、贴近基层生活实际、以反映社会主义核心价值观为主要内容的文艺节目，并采取就近原则，到乡村开展巡回演出，丰富基层群众文化生活，促进农村精神文明建设。

（六）美丽中国实践团

组织全校相关学科专业的学生特别是学生环保类社团，到农村基层、县域城镇和城市社区，围绕环境污染、水资源保护、垃圾处理、气候异常、资源开发、自然灾害预防等，开展科普知识宣讲、社会调查研究、建言献策等活动，普及生态环保理念、引导健康生活方式、推动科学发展方式。

（七）"天翼"智慧调研团

面向全国高校组建100支智慧城镇信息化应用专项调查实践服务团，到不同县城、乡镇，开展信息化应用情况调查，宣传普及信息化应用新技术、新成果，为城镇基层单位提供信息化应用咨询和技术服务。

（八）"圆梦中国"公益团

以帮助他人或需要帮助的群体实现心愿、梦想为宗旨，参加全国高校组织社会实践类微公益活动设计大赛；由新浪微博联合部分社会企业出资并吸引社会爱心人士参与捐助，对100个优秀活动项目进行支持；以此向全社会倡导热心公益、共圆梦想的理念，展现大学生良好的精神追求和风貌。

（九）"天翼"信息服务团

以促进基层信息化、缩小数字鸿沟为目标，到不同的县城、乡镇宣传普及网络信息化建设的新技术、新成果，为城镇基层单位提供信息化建设咨询服务。

（十）弘扬"国学"服务团

紧紧结合"青春聚力工程"，围绕"知·行·爱"三个主题，积极弘扬中华优秀传统文化，参与到发掘、传承和保护贵州本土优秀传统文化的行动中，并通过开展"青春兼爱"志愿服务和走访活动，践行雷锋活动，随时随地随手做公益。

四、 组织方式

今年我校的社会实践活动按重点组队、就近就便原则，分"点"、"面"同步进行。

"点"上是在全校团员青年中招募青年志愿者，分别在学校组成重点团队：理论政策宣讲团、深化改革观察团、科技支农帮扶团、教育关爱服务团、文化艺术服务团、美丽中国实践团、"天翼"智慧调研团、"圆梦中国"公益团等八支重点团队。学校重点团队将围绕道真仡佬族、苗族自治县、隆兴镇等地开展一系列活动。各学院（分院）组成的"实践激扬青春志·奋斗成就中国梦"实践分队，以就近就便原则开展活动。

"面"上是分散回家乡度假的学生，让其分别在各自的家乡就近开展一次乡情、民情调研；提供一条农技、致富信息；开展一次支教活动；组织一次乡村（社区）志愿服务活动；实施一次法律援助；开展一次实用技术培训；为回报家乡做一件实事。各学院（分院）同学可联系家乡所在地的大学生，根据自身专长、结合家乡实际，开展丰富多彩的社会实践活动。

五、 工作要求

为深入学习、宣传、贯彻党的十八届三中全会精神，我校实施加强对青年学生思想政治教育、引导学生健康成长、提高社会竞争能力和落实学生培养目标的重要举措。各学院要高度重视，精心组织，做好有关策划动员、组织实施工作，确保活动取得实际效果，不断推动我校暑期"三下乡"社会实践活动。

（1）完善运作机制。各学院（分院）要建立完善社会实践基层需求调研制度，通过各种渠道认真做好基层需求的了解、收集工作；要在调研基础上依据学生所学专业、兴趣爱好等，有针对性地组建、派出重点服务团队，实现精准对接；要在活动组织实施中完善过程管理和规范机制，开展必要的思想作风和服务技能培训，选派相关专业教师带队指导；要进一步加强"三下乡"社会实践基地建设，建立与基地间的稳定、长期服务与合作关系，变"三下乡"为"常下乡"。

（2）注重新媒体宣传。各学院（分院）要充分利用大众传媒和校园媒体特别是微博、博客、手机报、微信等新媒体，在活动的策划、动员、实施、总结等各个阶段进行宣传推广，以取得最大的育人效益和经济社会效益。团中央将联合中国青年网、腾讯网、新浪网等开展"镜头中的三下乡""微视三下乡"等摄影、视频作品评选活动。遵义师范学院已在新浪网站注册"遵义师院三下乡团队"官方微博，各学院（分院）"三下乡"社会实践活动的学生以团队为基本单位加入微博互相关注、互为粉丝，并通过文字、图片、视频等方式，及时将社会实践中的所见所闻、所思所想、所做所为进行展示、分享。团省委学校部官方微博也将开设"青春三下乡"专栏，专门报道2014年全省大学生"青春三下乡"活动开展情况。

（3）不断提升活动实效、确保安全。各学院（分院）要在活动组织实施中完善制度规范、突出过程管理，开展必要的思想作风和服务技能培训，选派相关专业教师带队指导。要进一步加强社会实践基地建设，真正做到"按需设项、据项组团"，不给基层添麻烦，服务内容和形式切合基层实际和需要，切忌走马观花、变相旅游等形式主义。加强安全教育和保障，做好前期调研和出发准备，保障学生人身和财产安全，特别是要高度关注极端气候变化和服务地区的自然条件，做好自然灾害和突发事件的应对预案。

（4）及时总结提高。各学院（分院）要根据新的经济社会发展形势和条件，根据青年学生新的思想行为特点和成长发展需求，主动从社会实践活动的内容设计、组织方式、运作机制等方面进行探索创新。要在暑期活动结束后，做好校园内的总结表彰工作，并通过各种传播方式让更多的学生分享重点团队的活动经验和成果，及时做好普遍性、规律性的总结提炼。

各实践服务团队活动结束后于7月28日前将总结、简报、图片、影音和成果统计表等相关资料（电子档和纸质）上报校团委。

活动三

寒假"情暖学子——共青团新春关爱行动"活动

一、活动综述

为积极响应团中央、省团委有关"情暖学子——共青团新春关爱行动"活动的文件精神号召,我校近年连续集中开展遵义师范学院"情暖学子——共青团新春关爱行动"。此活动由共青团遵义师范学院委员会主办,遵义师范学院大学生勤工助学服务中心协办,活动主要针对寒假留校的家庭经济困难的学生,通过组织举办"新春联欢歌咏会""吃年夜饭"亲情连线等丰富多彩的活动,让同学们真正领会到团中央、省团委、学院党委和学院团委对全体学生的关心与厚爱;感受到在学校过年的祥和、愉快和温馨,这有利于构建我校温馨和谐的校园氛围。

二、活动文件

为贯彻落实团中央、省团委有关"情暖学子——共青团新春关爱行动"活动的文件精神,结合本校地处西部、经济困难学生读书难等各种实际情况,经学院党委批准,院团委决定在春节前夕,针对寒假留校的 375 名家庭经济困难学生,集中开展"情暖学子——共青团新春关爱行动"活动。特拟定本方案,具体事项如下:

(一)活动主题

新春关爱莘莘学子,构建温馨和谐师院。

(二)活动时间

2011 年 1 月 15 日—2011 年 1 月 31 日。

(三)活动组织

主　办:共青团遵义师范学院委员会。
协　办:遵义师范学院大学生勤工助学服务中心。

（四）活动内容

（1）举办"新春联欢歌咏会"活动，让每个同学都能体会到寒假留校的快乐。2011年1月26日（农历小年），学院团委将组织寒假留校学生在学生活动室唱响健康快乐、激情昂扬的"新春联欢歌咏会"，为寒假留校学生提供一个展示自我，秀出自我的舞台，同时，也让大家在轻松与快乐中，度过一个舒适而温馨的新年。

（2）送上一个"共青团爱心包"，让每个同学感受到共青团的关爱。学院团委将会在春节前夕，组织购买学生留校所需的生活用品、学习用品、体育用品，作为新年的第一份礼物送给经济困难留校学生，让留校学生能够领会到团中央、团省委、学院党委和学院团委对全体学生的关心与厚爱。

（3）配合学院组织一次"吃年夜饭"活动，让每个同学都感受到学院的关爱。学院预计在2011年1月30日组织寒假留校学生到本地餐厅吃上一顿和谐、愉快的"年夜饭"，届时学院领导及相关部门领导、老师将陪同寒假留校生同吃年夜饭。通过领导和老师们的关怀与祝福，让寒假留校学生感受到在学校过年的祥和、愉快和温馨。

（4）亲情连线，让每个同学都能和家人畅谈新春祝愿。除夕前后，学院团委将会在大学生勤工助学服务中心办公室（学院团委二楼）免费提供一次"报平安，送祝福"亲情电话，为寒假留校家庭经济困难学生提供便利条件，帮助他们与身在异地的父母、亲人通过免费电话进行亲情交流。

（五）活动要求

（1）高度重视，迅速行动。关心服务寒假留校家庭经济困难学生是学院团委送温暖工作的重要组成部分。我们要充分认识做好这项工作的重要性，切实增强责任感，集中力量把工作抓紧抓好。春节即将来临，做好这项工作时间紧、任务重，需要学院团委、大学生勤工助学服务中心全体师生迅速行动起来，认真部署安排。

（2）集中行动，落实到人。学院团委、大学生勤工助学服务中心近期要深入到经济困难学生中间，摸清我院经济困难学生的基本情况，对他们的具体数量、困难程度进行逐一统计，做到心中有数。要从学院实际出发，结合团中央、团省委的文件精神，有针对性地开展工作，真正把关心和服务带给每一名留校经济困难学生。

（3）整合资源，形成合力。本次活动主要负责人要积极发动广大团员干部与经济困难学生开展结对服务，让他们过一个欢乐、祥和的春节，切身感受到党团组织的关怀和学院大家庭的温暖。

（4）加强领导，精心组织。将本次"情暖学子——共青团新春关爱行动"作为学院团委团学工作的重要组成部分，每一个工作人员都应该全身心地投入其中，围绕团委工作重心，精心安排组织好每一场活动，让每一个留校学生能够过上一个温馨、舒适、愉快的春节。

三、活动报道

每年春节来临之际，我校校团委、大学生勤工助学服务中心全体师生就迅速行动起来，对寒假"情暖学子——共青团新春关爱行动"活动认真部署安排，让大家共享新春佳节。

首先，团委师生深入到寒假留校的经济困难学生中间，摸清我校经济困难学生的基本情况，对他们的具体数量、困难程度进行逐一统计；其次，针对具体情况，为他们精心安排组织活动，让寒假留校的学生切实地感受学校的温暖；最后，老师和同学们在其乐融融的氛围中度过了一个温馨、舒适、愉快的春节。

四、活动总结

在学校团委的领导下，在大学生勤工助学服务中心的配合下，我校开展的"情暖学子——共青团新春关爱行动"活动取得了卓著的成效。在活动期间，通过一系列的"新春联欢歌咏会""吃年夜饭"、亲情连线等丰富多彩的活动，为寒假留校的经济困难学生带去了欢乐，并营造了我校温馨和谐的校园氛围。

"每逢佳节倍思亲"这句千古名句一直深深地表达着游子的思乡之情。我校开展的此次活动，恰好能有效地缓解同学们的思乡之情。活动开展的过程安排合理，集中又迅速，能够全面周到地考虑到各方面的因素和情况，突出显示了我校将本次"情暖学子——共青团新春关爱行动"作为学院团委团学工作的特色。当然，我们也在回顾不足，争取把下一次活动开展得更加完美，更加切实地贯彻落实团中央、省团委有关"情暖学子——共青团新春关爱行动"活动的文件精神。

后　记

本书是遵义师范学院校园文化活动中"青春师院"系列活动的成果汇编。本书的编纂，既是对之前"青春师院"系列活动中部分精彩活动的记录、整理和总结，也是将来举办类似活动的参考模板。我们在一起铭记青春成长成才的历史中，总结经验和不足，争取在未来的活动和成长道路更加出彩。

本书摘录了《遵义师范学院学报》2011年第3期的论文——《论特色校园文化的打造——以遵义师范学院"青春师院"精品活动为例》，用以诠释"青春师院"系列精品活动。本书分为"青春师院·多彩校园""青春师院·文明学子"等八大版块。我们对每个版块都编写了总体综述，并在每个版块中都插入了相应的活动。本书的每一个活动都包含着组织者、策划者和执行者的心血与参加者的心路历程。我们将每一个活动进行了整理分类。本书中的活动皆以丰富学生们的校园生活，宣传当代大学生文明向上的青春风貌，彰显我校广大学子的个性和展示我校学生的才艺为目的，让青春的旋律在广阔的舞台上激扬！在编纂过程中，编者仅对活动进行整理和查漏补缺，并未对该活动的内容做大的改动。"残缺意味着记忆（记录）的真实，而完整和完美永远是我们未来努力的方向"，在对活动选取方面，同一主题不同内容（例如连续几年的女生节活动）我们都给予了保留。但是，由于时间等原因，也存在精彩活动方案遗漏的现象。

在本书的编纂过程中，得到了校领导的关心和指导以及相关职能部门和二级学院的大力支持，遵义师院学院团委全体教师和各级团组织以及团学干部全程参与其中，负责出版的责任编辑也对本书的出版给予了很多的帮助和支持，在此表示真心的感谢！

后 记

对于本书的编纂,虽付出了十足的努力,并做过多次修改,但由于编者水平有限,相信本书中仍有疏漏与不足,望读者不吝批评指正,也真诚地希望本书对大家有所帮助。

编　者

2017 年 1 月